LA FAMILLE

DE RONSART

Nogent-le-Rotrou. — Imprimé par A. Gouverneur, avec les caractères elzeviriens de la Librairie Franck.

LA FAMILLE DE RONSART

RECHERCHES GÉNÉALOGIQUES
HISTORIQUES ET LITTÉRAIRES SUR P. DE RONSARD
ET SA FAMILLE

PAR

ACHILLE DE ROCHAMBEAU

Correspondant du Ministère de l'Instruction publique pour
les travaux historiques,
Membre de la Société des Antiquaires de France,
de l'Institut des Provinces, de la Société française
d'archéologie, de la Société archéologique du Vendômois,
de la Société polyamatique du Morbihan, etc.

PARIS
LIBRAIRIE A. FRANCK
Rue Richelieu, 67

MDCCCLXVIII

RIEN de ce qui touche les grands hommes d'un pays ne saurait être indifférent à leurs compatriotes. C'est animé de ce sentiment que nous avons entrepris sur le poète Ronsard des recherches destinées à le faire connaître sous des points de vue trop peu étudiés. Nous avons voulu justifier le titre de *gentilhomme* dont Ronsard signe ses écrits, nous avons tenu à montrer toute cette famille de Ronsart, braves et loyaux défenseurs des plus saintes causes, enrichissant notre pays des plus nobles exemples. Enfin nous nous sommes attaché à voir dans notre poète, non pas l'habitant adulé des sommets du Parnasse, mais le littérateur du XVIe siècle et ses relations de tous genres avec ses contemporains. Dans ce but, nous avons divisé notre ouvrage en six parties.

Dans la première, nous nous sommes occupé de la généalogie des Ronsart ; nous avons montré les plus anciennement connus, ces riches banos bulgares du XIVe siècle, à qui nous devons notre grand poète, et nous avons conduit *jusqu'à nos jours* leur arbre généalogique. Nous avons le droit de dire *jusqu'à nos jours*, car c'est le 31 août 1866 que le nom de Ronsard perdait son dernier représentant.

Si nous devons aux rives du Danube cette semence de chevaliers, nous pouvons nous glorifier des nobles fruits qu'elle a produits en France : c'est ainsi qu'une demoiselle de Ronsart, petite-nièce du poète, avait épousé un Tascher de la Pagerie, d'où la reine Hortense et notre auguste souverain Napoléon III.

La seconde partie est consacrée aux nombreux domaines seigneuriaux qui furent toujours, au moyen-âge, l'apanage des grandes maisons. Nous avons décrit, dans le troisième chapitre, tous les portraits connus du poète. Quelques circonstances de sa vie sont encore l'objet de divergences d'opinions, nous les avons discutées dans le quatrième chapitre et avons donné, comme appendice de ces discussions, plusieurs pièces de vers du XVIe siècle et complétement inédites, satires sanglantes inspirées par l'envie et le fanatisme des ennemis de la religion. Nous y avons joint deux lettres et un assez grand nombre de vers inédits de P. de Ronsard, dernières glanes que nous avons recueillies sur les traces de notre ami M. Prosper Blanchemain. Le cinquième chapitre contient une suite d'extraits, souvent anecdotiques, destinés à faire voir les rapports de Ronsard avec ses contemporains, Ronsard apprécié par les critiques les plus autorisés de son siècle, Ronsard jugé au point de vue de son temps et non du nôtre.

Nous terminons par une série de pièces justificatives, toutes inédites et pleines d'intérêt pour l'histoire de cette famille.

Pour la généalogie, nous devons de nombreuses indications, surtout dans la ligne directe, à un respectable ecclésiastique dont la modestie a reculé devant un remercîment public de notre part, c'est donc à lui seul que s'adressent ces lignes. M. Dupré, le savant et laborieux bibliothécaire de Blois, nous a fourni aussi des renseignements très-curieux, surtout sur Louis de Ronsart (8e degré). Nous lui en exprimons ici toute notre reconnaissance, ainsi qu'à M. Prosper Blanchemain et à toutes les personnes qui nous ont aidé de leurs précieux encouragements.

UNE LETTRE AUTOGRAPHE

DE RONSARD

La lettre autographiée (¹) qu'on va lire est de la main de Pierre de Ronsard. Claude Binet la cite dans sa *Vie de Ronsard* et fait connaître qu'elle a été écrite à Baïf à propos de la *Pædotrophie*, de Scévole de Sainte-Marthe. Le texte en a déjà été publié par M. Blanchemain, mais quelques inexactitudes s'étant glissées dans son édition, il nous a conseillé de le rétablir dans la nôtre, et c'est ce que nous faisons :

A ANTOINE DE BAIF.

Bons dieux! quel livre m'avez-vous donné de la part de Mons' de Sainte-Marthe. Ce n'est pas un livre, ce sont les Muses mesmes, j'en jure par tout nostre mystérieux Hélicon ; et s'il m'estoit permis d'y asseoir mon jugement, je le veux préférer à tous ceulx de mon siècle, voire quand Bembe et Naugere et le divin Fracastor en devroit estre courroussez, car ajoignant la splendeur du vers nombreux et sonoreux à la belle et pure diction, la fable à l'histoire et la philosophie à la médecine. Je di : *Deus, Deus ille Menalca!* et le siècle heureux qui nous a produit un tel home. C'est assez dit ; je m'en vais dormir. Je vous donne le bon soir.

RONSARD.

---

1. Nous reproduisons cette lettre d'après une photographie de l'original. L'amateur qui avait eu l'obligeance de nous le communiquer, il y a déjà bien des années, ne l'a plus dans sa collection.

Bons dieux! quel livre m'auez vous donné
de la part de monsr de se martre ce
n'est pas un livre se sont les muses
mesmes Ie'n iure par tous mes
mysteres Helicon et Pot m'estoit
permis dy assoir mo'ingement ie le
doy preferer a tous ceulx de nostre
siecle voire quand Bembe et Nauger
et le dinisfrancese en demoi'sfre
courrousses car aioignant la splandeur
du vos nombreux et sauveaux a la bolle
et pure diction Jaysiet bien seulement
la fable d'histoire et la philosophie
la medecine ne di dens Ire Me meslre
et le seule pareex qui nous a produit ty tel
homme res assez dict ie me'en vais dormir
Ie vous donne le bo' sou'r.
RRonsard

CHAPITRE I.

GÉNÉALOGIE

DE LA FAMILLE DE RONSART.

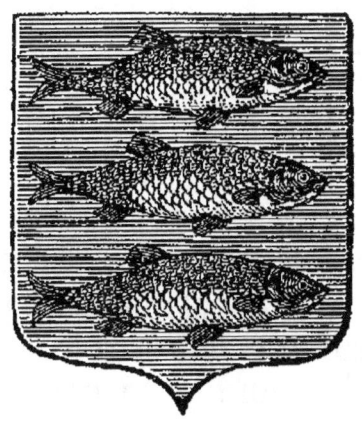

Armes : d'azur à trois ross ([1]) d'argent posés en fasce.
Couronne de marquis.
Cimier : une tête de cheval.
Devise : Non fallunt futura merentem ([2]),
Autre devise : Ne quid nimis.

1. *Ross,* espèce de poisson qui se pêche dans le Danube. C'est ce que nous appelons le gardon.
2. « L'avenir appartient au mérite. »

Ces armes, extraites des monuments peints et sculptés de l'époque, nous ont semblé les plus exactes. Des notes, émanées de la famille, donnent : « d'azur à trois ross d'argent posés en pal. » Un document du xviiie siècle, que nous trouvons dans nos archives, blasonne : « de gueules à trois poissons d'argent posés en fasce ; enfin M. de Pétigny (¹) écrit : « d'azur à trois poissons d'or. » Nous citerons encore, pour mémoire, les armoiries de Ronsard données par Palliot dans *la Vraie Science des Armoiries* (Paris, 1660, in-fol.), qui sont: « d'azur à trois roses d'argent feuillées et soutenues de sinople. »

On a dit que ces armoiries étaient toutes personnelles au poète, et qu'elles lui avaient été données par Charles IX. Nous nous expliquons difficilement comment Ronsard, qui avait des armoiries de famille bien nettement caractérisées et bien connues, puisqu'elles étaient sculptées dans les églises, dans les châteaux et les maisons qui leur appartenaient, peintes sur les vitraux de leurs demeures, etc., comment Ronsard pût désirer un blason nouveau lorsqu'il en avait un que deux cents ans d'un passé glorieux ne pouvait que rendre des plus honorables. On croit assez généralement aujourd'hui que cette manière de blasonner est l'effet d'un malentendu. Palliot aurait écrit en Vendomois pour demander quelles étaient les armes des Ronsart. On lui répondit qu'ils portaient : « d'azur à trois

---

1. De Pétigny, *Histoire archéologique du Vendomois*, p. 343.

ross d'argent. » Le généalogiste, n'ayant aucune idée du *ross*, attribut étranger et complétement inconnu avant que les Ronsart ne l'eussent apporté sur leur écusson, crut qu'il s'agissait de la rose (fleur). De là serait venue l'erreur de Palliot.

Le nom primitif de cette famille était *Korsart*, qui signifie *cœur valeureux, cœur chevaleresque*. M. A. Ubicini explique autrement le nom de Ronsart dans son introduction aux *Chants populaires de la Roumanie*, recueillis par Alexandri (Paris, Dentu, 1855). Suivant lui, le premier personnage de cette famille qui vint en France s'appelait : *Marucini* on *Mârâcinâ*, comme son père, lequel joignait à son nom la qualité de *bano* (ban). Lorsqu'il se fut fixé en France, il traduisit littéralement le nom et le titre paternels et changea *bano* en *marquis* et *Marucini* (Ronces ou Roncière) en *Ronsart*.

Nous ignorons où M. Ubicini a puisé les arguments de cette étymologie, et nous nous abstiendrons, pour ce motif, de le critiquer. Toutefois, nous ne pouvons nous défendre d'un certain étonnement en face d'un pareil système ; c'est le premier exemple que nous ayons jamais rencontré d'un nom étranger ainsi accommodé à la française.

On l'a écrit : *Rossart, Ronssart, Ronsart,* et généralement, surtout dans les temps modernes, *Ronsard*. Nous possédons plusieurs titres relatifs à cette maison et remontant presque tous au XVIe siècle, tous portent le nom écrit par un *t* *Ronsart :* nous adopterons donc cette orthographe comme la plus véridique. En parlant du poète, nous ferons une concession à l'usage généralement adopté, en écrivant son nom par un *d* (¹). « Il y avoit plusieurs siècles, dit Colletet (²), que le nom de Ronsard estoit signalé dans les armes et que ceux qui le portoient s'estoient alliés dans plusieurs des meilleures familles de France. » Cette maison est originaire des frontières de la Hongrie et de la Bulgarie (³). Vers la moitié du XIV® siècle, vivait dans ce pays un puissant seigneur appelé le *margrave* ou *marquis de Ronsart*,

> Riche d'or et de gens, de villes et de terre.

Au moment où Philippe VI de Valois était aux prises avec Edouard III, roi d'Angleterre, un fils puîné de ce personnage, se trouvant sans patrimoine, quitta les rives du Danube et vint, avec une troupe de volontaires, offrir ses services au roi de France. Il se nommait Beaudouin de Ronsart. C'est de lui que parle le poète lorsque, dans l'épître autobiographique qu'il adresse à son ami Belleau, il dit :

> Il s'employa si bien au service de France,
> Que le Roy lui donna des biens à suffisance

---

1. Le poète mettait également un *t* et non un *d* à la fin de son nom, comme on le voit par le fac-similé de sa signature donné plus haut p. 8. Ronsard a fait des quatrains pour un recueil de gravures représentant les sept âges de l'homme, à la demande de M. Nicolas Le Camus, notaire. Cet officier public exerçait à Paris dans la seconde moitié du XVI® siècle. Il écrivait *Mons. de Ronssart*.

2. G. Colletet, *Histoire des poëtes françois*, manuscrit de la Bibliothèque du Louvre.

3. *Vie de Ronsard* par Claude Binet, p. 112, et du Perron, *Oraison funèbre de Ronsard*, p. 188.

Sur les rives du Loir ; puis, du tout oubliant
Frères, père et pays, François se mariant
Engendra les ayeux dont est sorti le père
Par qui premier je vy ceste belle lumière. (¹)

Ces biens à suffisance formaient un riche domaine du Bas-Vendomois, avec un joli château appelé *la Poissonnière* ou plus exactement *Possonnière*, dans la paroisse de Couture, qui dépendait du diocèse du Mans pour le spirituel, et pour le temporel, du pays chartrain.

Sa descendance a produit des hommes remarquables dans les différentes classes de la société. Nous citerons, entre autres :

PIERRE DE RONSART, prêtre, licencié ès-droits, juge « *aux assises royaulx du Mans.* » Il vivait le 16 septembre 1498 ;

JEHAN DE RONSART, curé de Bessé, chanoine du Mans et archidiacre de Laval, mort en 1535 ;

NICOLAS-HORACE DE RONSART, prêtre, seigneur des Roches, vivant en 1556, c'était un littérateur distingué ;

CHARLES DE RONSART, pronotaire apostolique, archidiacre de Passais, abbé de Tyron et doyen de l'église du Mans en 1564 ;

PIERRE DE RONSART, prêtre, chanoine et archidiacre de Château-du-Loir, vivant vers 1580 ;

---

1. Élégie XX, à Remy Belleau, t. IV, p. 297, *Œuvres complètes de P. de Ronsard*, édition de M. Blanchemain. Paris, 1860.

Jehan de Ronsart, prieur de Tuffé et abbé régulier de Saint-Calais, depuis 1480 jusqu'en 1515, époque de sa mort ;

Pierre de Ronsart, le célèbre poète, prieur de Saint-Cosme-en-l'Isle-lez-Tours, titulaire de Croix-Val et de Bellozane, qui vécut de 1524 à 1585.

Dans l'ordre militaire, nous remarquerons :

Baudouin de Ronsart, souche de la famille en France ;

Loys de Ronsart, chevalier des ordres du roy, mort en 1544 ;

Anselme de Ronsart, fils de Claude, qui fit toutes les guerres de la Ligue et fut un des défenseurs de la ville du Mans, à l'époque où elle fut prise par Henri IV (1589).

La famille de Ronsart a contracté les plus belles alliances, entre autres avec les La Trimouille, les du Bellay, seigneurs de Glatigny, les du Châtellier, les Lelièvre, seigneurs de la Voûte, les Marescot, les du Bouchage, les Rouaux et les de Chalay. Robin du Faux, généalogiste angevin, prouve que, par les La Trimouille, proches parents de Jeanne Chaudrier, mère de Pierre de Ronsard, notre poète était allié à la maison de Craon, alliée elle-même des comtes d'Anjou. De cette maison sont descendus, par le mariage de Geoffroy-le-Bel avec l'impératrice Mathilde, les rois d'Angleterre, d'où l'alliance, au seizième ou dix-septième degré, de Pierre de Ronsard avec Elisabeth, reine d'Angleterre.

La famille de Ronsart a formé cinq branches.

La branche principale est celle des *seigneurs de la Poissonnière* (¹).

La seconde est celle des *seigneurs de Glatigny et de la Linoterie*, dont le dernier, Louis de Ronsart, chevalier, seigneur des dits lieux, ne laissa qu'une fille de son mariage, contracté en 1671, avec Geneviève Cottin, fille du sieur de Martigny, chef du gobelet du roi.

La troisième branche est celle des *seigneurs de Beaumont-la-Ronce*.

La quatrième est celle des *seigneurs de Monchenou*.

Enfin, la cinquième, que nous donnons seulement pour mémoire, et qui a sans doute peu duré, est la branche des *seigneurs des Bordes*.

Nous parlerons d'abord des seigneurs de la Poissonnière.

I

BRANCHE

DE LA POISSONNIÈRE.

I

Beaudouin de Ronsart, fils puîné du marquis de Ronsart et contraint de céder à son aîné tous les biens de ses ancêtres, se trouvait sans patrimoine. Sentant s'éveiller en lui le goût des armes et des courses aventureuses, il

---

1. Tous les anciens titres portent *Possonnière* et non *Poissonnière*. Nous adopterons toutefois la seconde orthographe pour nous conformer à l'usage généralement établi.

rassembla une compagnie de cent cadets gentilshommes, et, quittant son pays, vint, à leur tête, offrir ses services au roi de France, Philippe de Valois, alors en guerre avec les Anglais. Le roi fut si content de son courage et de ses talents militaires qu'il lui donna de beaux biens au soleil dans le vaux du Loir. Beaudouin s'y établit et y bâtit le château de la Poissonnière, dont le nom rappelait, dit-on, les trois poissons que portait son écu. Il se maria et forma souche en France. On le voit figurer dans les actes de 1328 à 1340.

II

Gervais de Ronsart, son fils, était écuyer, seigneur de la Poissonnière, de la Garlière (paroisse de Savigny) et de Monchenou (paroisse de Vancé, près Bessé). Il avait épousé *Jeanne de Vendomois*, fille d'Hamelin Ier de Vendomois et d'Alix de Bessé. Il paraît dans différentes chartes de 1340 à 1400.

Au commencement du xve siècle, vivait, à Savigny-sur-Braye, le troisième fils de Jean de Bourbon, premier du nom, comte de la Marche, de Vendôme, de Castres, etc. Il s'appelait Jean, comme son père, était seigneur de Savigny et de Carency, en Artois, et avait épousé Catherine d'Artois. Ce seigneur s'éprit d'une violente passion pour Jeanne de Vendomois, femme de Gervais de Ronsart. De cet amour adultère naquirent plusieurs enfants que Jean de Bourbon, devenu veuf, s'empressa de légitimer en épousant secrètement, en 1420, Jeanne, libre de son côté par la mort de Gervais de Ronsart.

Le mariage se fit en vertu d'une permission de l'official du Mans du 3 septembre 1420, adressée au curé de Savigny-sur-Braye, qui porte pouvoir de « leur donner la bénédiction nuptiale, même hors l'église, en maison et lieu toutefois honnête, nonobstant le défaut de publication des bans. » Ils obtinrent, depuis, dispense d'Eugène IV, datée des ides de mai 1438, par laquelle il valide le mariage déjà consommé « d'illustre seigneur Jean de Bourbon avec Jeanne de Vendomois et légitime les enfants issus de cette union. » Lors de la fulmination de cette dispense par l'évêque d'Arras, le 28 février 1439, ils déclarèrent que de leur mariage étaient nés Louis, Pierre, Jacques et Philippe de Bourbon.

Jeanne de Vendomois portait : *d'hermine au chef d'or chargé de trois fasces de gueules* (1). On voit ses armes sculptées au château de la Poissonnière.

III

Jean de Ronsart, écuyer, fils du précédent, épousa *Thomassine de Renusson*. Nous ne connaissons ni l'époque de sa naissance, ni celle de son mariage et de sa mort.

IV

André de Ronsart fait, en 1434, une vente de bois comme maître des eaux et forêts du

---

1. Père Anselme, *Histoire généalogique et chronologique de la maison de France et des grands officiers de la couronne*, t. I.

haut et bas Vendomois. Le titre original, en parchemin, communiqué par M. Clairambault, apprend que, dès le 9 août 1434, « noble homme *André Ronssart*, héritier de feu noble homme *Jean Ronssart*, fils de feu *Gervais Ronssart* et de noble dame *Jeanne de Vendomois*, jadis femme du dit feu Gervais, établit son bien amé et féal Michelet de Vendomois, son procureur général, pour transiger avec hault et puissant seigneur Jean de Bourbon, chevalier, seigneur de Carency et de Savigny-sur-Braye, et avec noble dame Jeanne de Vendomois, sa femme, paravant femme de feu Gervais Ronssart. » (1) André de Ronsart avait épousé *Catherine de Larçay*. Il n'en eut qu'un fils qui suit.

V

Jean II de Ronsart, fils d'André, épousa, en 1436, *Briande de Verrières*. Il en eut deux fils :

1° *Jean III de Ronsart*, qui fut abbé régulier de Saint-Calais depuis 1480 jusqu'en 1515 et prieur de Tuffé. Ses rares talents et ses hautes vertus le firent choisir, de concert avec monseigneur Philippe de Luxembourg et Jean Bordier, chanoine de l'église cathédrale, pour représenter le clergé du Mans aux Etats généraux rassemblés à Tours en 1483, à l'occasion de la mort de Louis XI. Sa piété et son exacte observance avaient rendu florissante son abbaye. A sa mort, cette régularité disparut et l'ère funeste de la commende commença à s'ouvrir pour la ruine des monastères réguliers.

---

1. Père Anselme, loc. cit.

Les armes des Ronsart décoraient, avant 1793, la principale entrée de l'église abbatiale. C'était l'abbé Jean de Ronsart qui avait mérité cet honneur pendant sa longue prélature, à la fin du XVe siècle, en faisant sortir l'abbaye de ses ruines. « *Majorem domum versus partem claustri occidentalem ædificavit,* » dit le catalogue des abbés. Il fit une transaction avec Marie de Luxembourg pour l'exercice de leur juridiction respective et résigna en faveur d'Antoine de Crévant. Ce saint abbé mourut le 25 août 1515.

2º *Olivier,* qui suit.

VI

OLIVIER DE RONSART, premier du nom, avait épousé *Jeanne de Maillé*. On ignore la date de sa naissance ainsi que celle de son mariage, mais on le voit figurer dans un titre de 1469 et dans un aveu du 19 août 1474 rendu par Henri Leclerc, paroissien de Bessé, pour son « aistre, terre et bois de Montumyer, » où il est qualifié de « très-hault et puissant seigneur de la Chapelle Gaugain, la Possonnière et du fief de la Fosse de Roumigny, paroisse de Bessé. » Il eut de son mariage avec Jeanne de Maillé un fils, qui suit :

VII

OLIVIER DE RONSART, deuxième du nom et fils du précédent, avait fondé, en 1463, plusieurs services religieux dans l'église des Augustins de Montoire ; ce fait nous est révélé par un acte authentique des Archives de la préfecture de Loir-et-Cher, que nous transcrivons plus loin (1). Il y est qualifié « eschanson du roy nostre sire et seigneur de la Possonnière » et y est nommé en compagnie de son petit-fils Claude, frère aîné du poète. En 1477, il avait changé de fonctions : après avoir servi le roi Louis XI comme échanson, il le servait en qualité « d'escuier d'écurie » (2) et avait épousé l'année suivante *Jeanne d'Illiers des Radrets*, sœur de Jeanne, femme de Jean de Bourbon, seigneur de Bonneval (3). Il figure encore dans un acte intitulé : « Mandement et ordre du roy Louis, du 2 may 1477, adressé au bailli d'Amiens pour mectre en la main de Sa Majesté les lieux et seigneuries de Dandizières et de Betancour, appartenant au sieur de Hannes, réfugié en Flandre chez les ennemis du roy, et d'en donner le gouvernement à son cher et bien amé escuier d'écurie Olivier de Ronsart. *Signé* : Par le Roy, Vivier. » (4), et dans un

---

1. Voy. Pièces justificatives, n° 1. Nous devons cette communication à M. Dupré, le savant et si obligeant bibliothécaire de la ville de Blois.

2. Le mot *écuyer*, en latin *scutifer*, indiquait un titre, une fonction noble. Avant Louis XI, l'écuyer était l'officier chargé de porter l'écu et les armes de son chef; à la fin du XVe siècle, le sens de ce mot s'altère et le titre d'*écuyer d'écurie* indique bien dans quel sens. Les écuyers d'écurie aidaient le roi à monter à cheval ou en chaise, portaient son épée quand il ne l'avait pas au côté, l'armaient les jours de bataille, ramassaient le gibier tué à la chasse, éclairaient dans Paris le carosse royal avant que les valets de pied aient été chargés de ces fonctions.

3. Jeanne d'Illiers étant veuve d'Olivier de Ronsart, se remaria en 1504 à Bernardin de Mineroy, seigneur d'Avarzay et du Tertre. (Voy. le P. Anselme, t. III, p. 636.)

4. Voy. Pièces justificatives, n° 3.

autre titre de 1484. Il avait eu de Jeanne d'Illiers des Radrets six enfants :

1º *Louis de Ronsart*, qui suit;

2º *Jean de Ronsart*, archidiacre de Laval, chanoine de l'église du Mans et curé de Bessé depuis 1529 jusqu'à 1535, époque de sa mort. C'est de son temps que l'église de Bessé fut consacrée par monseigneur Christophe de Chauvigné, évêque de Saint-Pol-de-Léon, en Bretagne. Son corps fut inhumé dans la chapelle de Saint-Nicolas, à la cathédrale du Mans. Il y avait fondé une messe à perpétuité pour le jour de Saint-Jean-Baptiste et moyennant le don de 133 écus.

3º *Jacques de Ronsart*, pronotaire apostolique. Il voulut faire peindre sur les parois de la chapelle qui contenait la dépouille mortelle de son frère, curé de Bessé, les armoiries du défunt, qui étaient : « écartelé au premier d'azur à trois ross d'argent rangés en fasce (1); au deuxième d'or à une étoile à six rais d'azur accompagnée de six annelets de gueules rangés en orle, trois, deux et un (2); au troisième d'or à fasces ondées de gueules (3), et au quatrième d'hermine au chef de sable (4). » Avec la devise : « *Ne quid nimis*. » Mais le chapitre de la cathédrale du Mans s'y opposa, par la raison que c'était une innovation contraire à l'usage, *res insolita*. On l'autorisa seulement à placer un tombeau

---

1. Qui est *de Ronsart*.
2. Qui est *d'Illiers des Radrets*, famille de sa mère.
3. Qui est *de Maillé*, famille de sa grand-mère.
4. Qui est *de Verrières*. Voyez toutes ces armoiries reproduites sur la cheminée de la Poissonnière.

dans la chapelle, ou, s'il le préférait, une plaque à la muraille avec ses armes et une inscription.

4° *Jeanne de Ronsart*, mariée vers l'an 1475 à noble homme *Macé de Ternay*, écuyer, seigneur de Poulines et de Montiron. Le 3 juin 1479, Macé de Ternay rendait foi et hommage à noble homme Macé de Vimeur, écuyer, seigneur d'Ambloy, pour le domaine de Montiron, qui relevait de la seigneurie d'Ambloy (1). Ils eurent une fille qui épousa François de Gaignon de Villaines (2).

5° *Marie de Ronsart*, mariée à *François de Laval*, chevalier, seigneur de Marcillé et de Saumoussay, fils de Guy de Laval, deuxième du nom, des seigneurs de Loüé, de Benais, etc., branche de la famille de Montmorency. François de Laval mourut sans enfants vers 1530 (3).

6° *Jacqueline de Ronsart*, dame de Béziers.

VIII

Louis de Ronsart, chevalier des ordres du roi, naquit en 1479. Nous le voyons apparaître

---

1. Voy. Pièces justificative, n° 4.
2. Père Anselme, cit. tome IV. Ce Macé était sans doute le grand-père de René Macé, poète vendomois et moine bénédictin, à qui Ronsard adresse une de ses odes (édit. Blanchemain, t. II, p. 408). René Macé vint au monde à la fin du XV° siècle, à Vendôme. Il entra dès sa jeunesse dans l'ordre de Saint-Benoît, et fit profession dans l'abbaye de la Trinité de Vendôme. C'était un bon poète pour son temps. Il fut très-lié avec Ronsard et Rabelais qui le produisirent à la cour de François Ier, où il fut bientôt connu sous le nom du *petit moine*, à cause de sa petite stature. Il devint chroniqueur et poète du roi François Ier.
3. Père Anselme, cit. tome III.

pour la première fois dans une transaction passée entre « messire Louis de Ronsart, chevalier, seigneur de la Poissonnière et autres, ses frères et sœurs, pour les raisons y contenues, par devant Le Mareux, notaire, le 20 janvier 1504. » [1] Il épousa, par contrat passé par devant Martin et Mesnard, notaires en la cour de Saint-Aignan-en-Berry, le 2 février 1514, dame *Jeanne Chaudrier*, veuve de feu messire Guy des Roches, écuyer, seigneur de la Basne [2].

Il suivit la carrière des armes et accompagna François Ier en Italie. Il est probable qu'il se trouvait à Marignan.

« Louis de Ronsard, le père, dit Claude
» Binet, fut chevalier de l'ordre de Saint-Michel
» et maistre d'hostel du roy François Ier. Pour
» la sagesse et fidélité qui estoit en luy, il fut
» choisi pour accompagner François, dauphin
» de Viennois et Henry, duc d'Orléans, ses
» enfants, en Espagne, pendant qu'ils furent
» en hostages pour le roy leur père, d'où il
» les ramena, au grand contentement de la
» France [3]. »

---

1. Voy. Pièces justificatives, n° 3.
2. Voir aux Pièces justificatives, n° 3. — Jeanne Chaudrier du Bouchaige portait : d'argent à trois chaudières avec leurs anses de sable (voy. Preuves de Malthe, manuscrit de la Bibl. de l'Arsenal).
3. Vie de Ronsard par Claude Binet, à la suite des Œuvres du poëte, édition de Richelet, 2 vol. in-f°, p. 1368. Voir aussi une autre vie de Ronsard, composée par Guillaume Colletet, père de François Colletet, l'une des victimes du génie satirique de Boileau, et mise au jour par M. Prosper Blanchemain. Cette notice biographique est extraite de l'*Histoire des Poëtes françois*, par G. Colletet, précieux manus-

Avant Claude Binet, notre poète, fier d'un pareil souvenir, l'avait déjà célébré dans son épître à Remy Belleau, que nous citerons encore comme éclaircissement historique :

> Mon père de Henri gouverna la maison,
> Fils du grand roy Françoys, lorsqu'il fut en prison,
> Servant de seur hostage à son père en Espagne :
> Faut-il pas qu'un servant son Seigneur accompagne,
> Fidèle à sa fortune, et qu'en adversité
> Luy soit autant loyal qu'en la félicité?

Pour l'explication de ces textes, nous rappellerons ici quelques faits et quelques dates, propres à élucider un épisode dont les circonstances présentent certaines difficultés de détail.

M. Dupré a trouvé, dans les Archives Joursanvault, à la bibliothèque de Blois, un compte des dépenses faites pour le séjour des jeunes princes, fils de François Ier, au château de Blois, pendant les mois de mars et d'avril 1522. Louis Ronsart a signé ce compte en qualité de « maître d'hôtel des princes; » cette signature autographe ressemble exactement au fac-simile lithographié qui se trouve au bas de la lettre que nous transcrirons plus loin, et dont la bibliothèque de Blois conserve la reproduction. Ce nouveau document prouve que Louis Ronsart fut attaché à la maison et à la personne des princes dès leur bas-âge; car l'aîné des trois fils de François Ier n'avait, en 1522, que quatre ans au plus.

---

crit de la Bibliothèque du Louvre. La plus grande partie des renseignements que nous donnons sur Louis de Ronsard, père du poète, sont dus aux patientes et heureuses recherches de M. Dupré.

GÉNÉALOGIE. 25

Après la funeste bataille de Pavie (24 février 1525), François Iᵉʳ, prisonnier de Charles-Quint, son rival trop heureux, fut conduit en Espagne, y demeura captif une année entière et n'obtint sa délivrance que par le traité de Madrid, en donnant pour ôtages deux de ses fils, le dauphin François, né à Amboise le 28 février 1518 (1), et le duc d'Orléans, Henri, né le 31 mars 1519 (2). L'échange du roi-chevalier contre les jeunes princes eut lieu le 26 mars 1526, à Fontarabie, dernière ville d'Espagne à la frontière de France, sur une barque amarrée au milieu de la petite rivière de la Bidassoa, qui sépare les deux royaumes (3). Les otages furent remis entre les mains du connétable de Castille, chargé de les garder (4). Leur suite se composait d'un certain nombre de gentilshommes français, d'officiers de service et de domestiques. Louis Ronsart, entre autres, les

---

1. Mort en 1536, peut-être empoisonné.
2. Devenu en 1548 le roi Henri II. Ce prince fut simplement *duc d'Orléans*, jusqu'à la mort de son aîné François (1536); il devint alors *dauphin*, tandis que le titre de duc d'Orléans passait au jeune Charles, troisième fils de François Iᵉʳ (décédé en 1545) : le poète Ronsard fut page de ce dernier jusqu'à l'âge de 16 ans, comme ses biographes et lui-même nous l'apprennent (Blanchemain, *Œuvres inédites de P. de Ronsard*, in-18, 1855, p. 25 et suiv.). Nous insistons sur ces menus détails parce que plusieurs historiens ont confondu un prince avec l'autre. Le père Anselme nous enseigne à les mieux distinguer (*Histoire des grands officiers de la couronne*, t. I, p. 131).
3. Gaillard, *Histoire de François Iᵉʳ*, t. II, p. 499.
4. *Pièces sur la Captivité de François Iᵉʳ*, publiées dans un des volumes de la *Collection des documents inédits de l'histoire de France*, p. 522.

accompagnait en qualité de *maître d'hôtel* ; cette fonction de confiance et d'honneur à la fois l'obligeait de veiller à ce que les enfants de France obtinssent en pays ennemi, les égards et les soins dus à leur rang comme à leur infortune prématurée. Il s'acquitta consciencieusement d'une mission délicate et d'un devoir pénible parfois. Détenus d'abord en divers lieux, les jeunes princes furent transférés, vers la fin de mai 1529, dans la citadelle de Pedraza de la Sierra, petite ville de la Vieille-Castille. Louise de Savoie envoya dans ce triste séjour plusieurs personnages recommandables et sûrs, pour s'informer de la manière dont ses petits-fils étaient traités (¹). L'huissier Baudin fut un de ses affidés ; la relation, fort curieuse, de son voyage vient d'être publiée d'après un manuscrit de la Bibliothèque impériale (²). Cette lettre confidentielle dut peu réjouir le cœur de la noble douairière ; car elle dépeignait sous des couleurs fort sombres le régime assez dur que subissaient les otages. Peu de temps après, Louise de Savoie fit partir pour la même destination un de ses hommes de confiance, le trésorier Philibert Babou de la Bourdaisière, qui lui rapporta de meilleures nouvelles (³). Aucun historien, pas

---

1. *Historia de la vida y echos del emperador Carlos* 5, *par el maestro don frey Prudencio de Sandoval* (1634, 2 vol. in-f°), lib. 17, § 25 et suiv. Voy. aussi le *Dictionnaire géographique de Bruzen de la Martinière*.

2. *Cabinet historique*, t. II, p. 218 et suivantes. Cette lettre est tirée de la collection Fontette, vol. 23, f° 118.

3. Ce changement heureux doit être attribué surtout à l'intervention bienveillante d'Éléonore, sœur de Charles-Quint, douairière de Portugal, destinée à devenir prochai-

GÉNÉALOGIE. 27

même le prolixe Sandoval, ne semble avoir connu cette dernière mission ; elle résulte néanmoins, bien clairement, d'une lettre de *Louis Ronsart* adressée à son chef M. de Montmorency, grand-maître de France, et dont voici le texte annoté :

Monsr. La suffisance de Monsr le trésorier Babou ([1]) pnt porteur, me gardera de vous faire longue épistre ; mais bien vous advertiray de la bonne santé et disposicion en quoy sont messeigneurs qui ne pourroit estre meilleure, comme amplement serés informé par mondict Sr le Trésorier, et pareillement de leur traictement et estat de vivre.

Monsr et Mademoiselle de Chavigny et les autres serviteurs et servantes de mes dicts Srs sont arrivez en ceste ville, déliberez chacun en leur endroict, de bien soigneusement servir mesd. seigneurs, en atten-

---

nement la seconde épouse de Françoir Ier, et par conséquent la belle-mère des jeunes captifs. Jean de Selve, premier président du Parlement de Paris, ambassadeur en Espagne, put se convaincre lui-même des favorables dispositions de la princesse à l'égard de ses futurs beaux-fils et ne manqua pas d'en informer le roi ; « l'advertissant, de jour » à jour du bon traitement que faisait faire la dite dame aux » dessus dits seigneurs dauphin et duc d'Orléans *et des gens* » *qu'elle leur envoyait quasi tous les jours*, lesquels s'ils fus- » sent ses propres enfants, n'en eust pas plus faict, de la » grant amour qu'elle leur portait. » (Prinse et délivrance du roy François Ier par Sébastien Moreau ; relation du temps, réimprimée dans les *Archives curieuses de l'Histoire de France*, t. II, p. 366.)

1. Philibert Babou, sieur de la Bourdaisière en Touraine, d'abord simple trésorier de France, gagna la confiance de la régente Louise de Savoie, qui le fit *surintendant des finances* en 1524 (P. Anselme, t. 8, p. 181, généalogie *Babou*) ; il n'est donc pas surprenant que cette princesse l'ait chargé d'une mission secrète auprès de ses petits-fils, otages de Charles-Quint.

dant que autrement le Roy et *Madame* (¹) y ayent pourveu. Et cependant, Monsieur, je feray servir pour *la bouche* (²) de mesdicts S^{rs} les officiers les plus capables et souffisans qui soient de par deçà (³). Et pour ce que du demourant du faict et conduicte de la maison, mon dit S^r le tresorier et moy en avons tenu propos ensemble, et aussi que je luy ay baillé ung mémoire des officiers qui furent amenez à Barcellonne, estans ès gallères et ailleurs. Je ne vous en diray davantaige, sinon que je vous supplie, Monsr, très-humblement me tenir en votre bonne grâce, pour humblement recommandé et come l'ung des anciens serviteurs de vostre maison, et qui s'est employé au service des Roys par l'espace de quarante ans et davantaige. Monsieur, qu'il vous plaise fére entendre aux *dicts s^r et dame* (⁴) la peine et travail que j'ay soufferte par deçà pour le service des mes dicts S^{rs}, en manière que, par vostre moïen elle (⁵) puisse estre recogneue par cy après. Et ce faisant, je vous en seray très-obligé. Cy sera la fin de ma lettre. Priant nostre Seigneur, Monsieur, qu'il vous donne bonne et longue vie.

De Pedrace (⁶) le xve Janvier (⁷)

D'ung de voz humbles et obéissans
    serviteurs, c'est

              RONSART (⁸).

1. *Madame* Louise de Savoie. — 2. *La bouche*, la table.
3. *Ici* de par deçà les Pyrénées.
4. Au roi et à sa mère.
5. *Elle*, la peine.
6. *Pedrace*, Pedraza ou Pedraja della Sierra, bourg de la Vieille Castille, à quelques lieues de Madrid.
7. La date de l'année manque; mais c'est évidemment 1530, puisque les princes (comme nous l'avons dit), ne furent amenés au château de Pedraza qu'au mois de mai 1529, et qu'ils en sortirent à la fin de juin 1530, époque de leur mise en liberté.
8. Comme on le voit, Louis Ronsart signait aussi son nom écrit avec un *t*.

Suscription : A Monseigneur
Monseigneur le Grant Maistre.

Et d'une autre main du temps :
RONSART, M^e d'Ostel
de M^r le Dauffin.

Cette lettre a déjà été publiée par M. Genin dans l'appendice des lettres de Marguerite d'Angoulême, sœur de François Ier (Publication de la Société de l'histoire de France, t. I, p. 470). L'original se trouve dans le manuscrit français, n° 8562, f° 96 du fonds Béthune à la Bibliothèque impériale. La bibliothèque de Blois en possède un fac-simile lithographié en tout point conforme à l'original. Dans quel but ce fac-simile a-t-il été tiré ? En existe-t-il d'autres exemplaires ? Nous n'avons pu le découvrir. Tout ce que nous savons, c'est que le père de Ronsart écrivait fort mal, contournait ses lettres d'une façon presqu'illisible et, enfin, qu'il signait à la manière brusque et décidée d'un gentilhomme du XVIe siècle.

Cette pièce, quelle qu'en soit l'origine, ne manque pas d'intérêt ; car il existe bien peu de documents authentiques sur la captivité des fils de François Ier en Espagne. Une lettre confidentielle de leur majordome a bien son prix, et les historiens auraient sans doute invoqué cette déposition d'un témoin oculaire, si elle eût été plus connue.

On voit que le fidèle officier des jeunes princes n'oubliait pas ses propres intérêts, et qu'il réclamait instamment le salaire de ses peines. Cette missive, trop courte, nous fait regretter que le discret maître d'hôtel ait laissé à l'envoyé Babou le soin de rendre compte verbalement d'une mission officieuse. Nous aurions aimé à savoir les détails intimes par la plume même du gentilhomme vendomois. Au reste, malgré sa concision, il donne bien à entendre que le régime des prisonniers royaux s'était amélioré sensiblement, depuis la visite récente de l'huissier Baudin. Louise de Savoie fit sans doute un bon accueil à cette communication rassurante ; et sa tendresse d'aïeule put attendre avec moins d'inquiétude la remise prochaine des otages chéris, en exécution du traité de Cambrai, conclu au mois d'août 1529. Cette délivrance tant désirée s'effectua avec les formalités voulues et suivant un cérémonial réglé d'avance (¹). Le grand-maître Anne de Montmorency vint recevoir les princes à la frontière d'Espagne, où ils furent échangés contre le paiement d'une rançon considérable, le 1ᵉʳ juillet 1530 (²). Louis de Ronsart ne les avait pas quittés depuis quatre ans ; il revint avec eux en France et continua de leur être dévoué. Cinq ans après, il était encore attaché à leur personne ; nous lisons ce qui suit dans un registre des *Insinuations ecclésiastiques du diocèse du Mans*, à la date du 7 janvier 1535 :

1. *Mémoires* de Martin du Bellay, année 1530 (fin du 3ᵉ livre); et Sepulveda, *Histoire de Charles-Quint*, t. I, p. 293.

2. L'échange eut lieu sur la rivière de la Bidassoa, au même endroit où les otages avaient été remis naguères (Favin, *Histoire de Navarre*, p. 754, Gaillard, *Histoire de François Iᵉʳ*, t. III, p. 300.

Feu Olivier de Ronssart, tant pour le salut de l'âme de luy, que de damoiselle Jehanne d'Illiers, son épouse auroit fondé deux messes par semaine en la chapelle du manoir de la Possonnière; et depuis seroit le d. Olivier de Ronssart allé de vie à trépas, sans avoir baillé assiette pour la fondation et entretenement des d^{es} deux messes; son fils et héritier, noble et puissant seigneur Mr Loys de Ronssart, chevalier, maistre d'hostel ordinaire de Mgr le dauphin baille les fonds nécessaires pour icelle fondation accomplir et éxécuter ([1]).

Il obtint ensuite, dans la maison de François Ier, une charge de maître d'hôtel, qu'il exerça jusqu'à la fin de ses jours ([2]); car, nous dit Claude Binet (p. 1642) : « il mourut le « 6 juin 1544, en la ville de Paris, en servant « son quartier chez le roi. » On voit encore, dans l'église de Couture, sa statue et celle de Jeanne Chaudrier, sa femme, qui se trouvaient sur leur tombeau. Louis de Ronsart y est représenté couché, les mains jointes, coiffé d'un casque et vêtu d'une cotte de mailles couverte de son blason.

Il était versé dans les lettres latines et françaises. On voit à la Bibliothèque impériale

---

1. La chapelle de la Poissonnière dont il est ici question était plus ancienne que le manoir actuel, elle a été détruite par le dernier propriétaire du château, M. de la Haye.

2. L'abbé Simon, historien du Vendomois, prétend après le cardinal du Perron et Colletet, qu'il fut aussi maître d'hôtel d'Henri II à son avènement au trône. C'est une erreur évidente, puisque Louis de Ronsart mourut en 1544, et qu'Henri II ne succéda à François Ier qu'en 1547. Peut-être fit-il partie de sa maison avant cette époque; nous ne saurions le préciser.

(manuscrit $^{765}_{2}$ une pièce de vers que nous croyons de lui et qui porte pour titre : *Epigramme par Me Loys de Ronssart, estudiant en l'université de Bourges*. Voici cette pièce :

IN SYMBOLUM

CLARISSIMÆ ET VETUSTISSIMÆ THIBOUSTORUM FAMILIÆ, EPIGRAMMA, D. LOD. RONSARDO, CARNUTENSI AUTHORE. (¹)

Juppiter hoc miserum vos dimissurus in æquor
   Glandibus ornari symbola vestra jubet,
Ut generis memores divini, ferre queatis
   Fortiter humanæ conditionis onus.
Ac ne deesset opis quicquam, geminum addidit astrum
   Quo duce vestram obruet nulla procella ratem.
Quos igitur fluctus, quæ tetra pericla timere
   Possitis, cum vos astra Deusque juvent.

Il fut l'ami et le protecteur de Jean Bouchet, historien de l'Aquitaine et poète, qui lui a dédié un de ses ouvrages. Cette épître dédicatoire, écrite en vers, contient des renseignements assez curieux sur certaines particularités de la vie du gentilhomme. L'abbé Gouget en cite quelques passages (*Bibliothèque française*, t. XI, p. 288). Le poète l'appelle « son Mécène Ronssart » (²), ancienne forme du nom de la

---

1. Nous devons communication de cette pièce à l'obligeance de M. Prosper Blanchemain, qui l'a déjà publiée dans les œuvres inédites de Ronsard, mais ne l'a pas reproduite dans les œuvres complètes. Il dit que les Thiboust, dont il est ici question, portaient dans leurs armoiries des glands et des feuilles de chêne. Une note du manuscrit fait connaître, particularité singulière, que les membres de la famille avaient sur le corps, les uns un gland, les autres une feuille de chêne, et quelquefois l'un et l'autre de ces signes.

2. On prononçait encore *Ronssart* en 1550, comme on le

famille ; il le loue de ses faits d'armes en Italie, de son séjour en Espagne au service des jeunes princes détenus comme otages, et enfin de ses travaux intellectuels ; car messire *Loys Ronssart* avait, dit Jean Bouchet, composé deux traités, l'un sur *le blason*, l'autre sur *le gouvernement des princes*. Ces deux traités sont restés inédits et probablement aujourd'hui perdus.

Les bons offices que Ronsart le père avait rendus aux jeunes princes, en Espagne particulièrement, valurent sans doute au fils (le poète futur) d'être attaché, dès l'enfance, en qualité de page, à leur frère cadet Charles, duc d'Orléans (mort en 1545).

Louis de Ronsart eut de Jeanne Chaudrier six garçons et une fille. Pierre, le poète, fut le dernier des fils, comme lui-même nous le redit avec un sentiment d'orgueil dans ces autres vers de l'épitre à Remy Belleau, déjà citée :

> Je ne fus le premier des enfants de mon père ;
> Cinq devant ma naissance en enfanta ma mère.
> Deux sont morts au berceau. Aux trois vivants en rien
> Semblable je ne suis, ni de mœurs, ni de bien...

Le biographe Claude Binet confirme en ces termes le témoignage du célèbre et disert cadet : « Pierre ne fut l'aisné de sa maison, ains eut cinq frères nez auparavant, dont deux moururent au berceau ; trois autres, avec nostre Ronsard, restèrent, dont l'aisné fut Claude de Ronsart, qui suivit les armes

voit par une élégie de Salmon Macrin, sur la mort de sa *Gelonis*, qui fut imprimée cette année-là.

» Loys, qui estoit l'un des trois, fut abbé de
» Tiron et de Beaulieu. »

Guillaume Colletet reproduit à peu près textuellement ce passage de Claude Binet ; mais les deux biographes se sont également accordés pour omettre un des frères de Ronsart ; car, après avoir affirmé qu'il en eut trois, sans compter les deux morts en bas âge, ils n'en nomment que deux : *Claude*, le gentilhomme militaire, et *Loys*, abbé de Beaulieu et de Tiron. Le troisième, qu'ils ont passé sous silence, s'appelait Charles. Les sept enfants de Louis de Ronsart furent donc :

1° {
2° } Deux garçons morts au berceau ;

3° *Claude*, qui suit ;

4° *Charles*, curé d'Evaillé ([1]). Le président de Thou rapporte que, pendant les guerres civiles du XVIe siècle, les gentilshommes vendomois avaient à leur tête Pierre de Ronsard. « Ce génie sublime, charmé des agréments, des
» commodités et des délices qu'il trouva dans
» ce lieu, avait accepté la cure d'Evailles. »
Voilà donc Ronsard devenu à la fois chef de partisans et curé. M. Henri Martin répète l'erreur du président de Thou ([2]), il suppose que

---

1. Evaillé, paroisse du diocèse du Mans, à peu de distance de Saint-Calais (Sarthe).

2. Voici ce qu'en dit M. Henri Martin, t. IX, p. 132 : « Le poète Ronsard, qui tenait en commende la cure d'Evailles, en Vendomois, figura dans la guerre civile en Beauce et dans le Maine : il s'était mis à la tête de la noblesse catholique dans le Vendomois pour repousser les bandes protestantes qui saccageaient les églises des cam-

Ronsard, qui, du reste, était abbé commendataire de Bellozanne et prieur de Saint-Côme-les-Tours au même titre, avait tenu également en commende la cure d'Evaillé en Vendomois. Théodore de Bèze a aussi soutenu cette opinion dans son *Histoire ecclésiastique*, (Liv. VII, p. 537), nous en parlerons plus loin.

Il y a quelques années, un amateur éclairé d'études historiques, M. Ducoudray, compulsait aux Archives de la préfecture du Mans d'énormes registres in-folio où tous les actes de l'autorité ecclésiastique du diocèse, pendant plusieurs siècles, étaient minutieusement relatés. Ces registres sont des minutes aussi authentiques pour les actes ecclésiastiques que les livres d'enregistrement pour les notaires. Il y trouvait la rectification évidente de l'erreur commise par nos historiens sur Pierre de Ronsard et son frère. On y lit : « le 29 janvier 1555, Charles de Ronsart, permutait le prieuré de Brûlon, dépendant de l'abbaye de la Couture du Mans et dont il était titulaire pour la cure d'Evaillé que possédait Ollivier Estienne. » Si l'acte à cette date était isolé, on pourrait se demander si l'échange a été exécuté, s'il a reçu l'approba-

---

pagnes (De Thou, liv. XXX; Bèze, liv. VII). Il servit la cause catholique de la plume comme de l'épée et trouva des inspirations éloquentes contre les novateurs qui prêchaient

> une doctrine armée,
> Un Christ empistolé, tout noirci de fumée,
> Qui, comme un Méhemet, va portant en la main
> Un large coutelas rouge de sang humain.

Mais on eût pu lui demander à son tour quel Christ il servait. Voy. son *Discours à la Reine mère* et son *Apostrophe à Bèze*, dans ses *Œuvres choisies*, p. 309-321. »

tion de l'évêque. On trouve la réponse à ces objections dans le même registre qui constate à la date du 26 février de la même année la prise de possession de la cure d'Evaillé par Charles de Ronsart. Le belliqueux curé en question était donc bien titulaire du bénéfice d'Evaillé, mais il s'appelait *Charles* et non *Pierre* de Ronsart. Ce n'était pas le poète mais son frère. Il fut ensuite pronotaire apostolique de Passais, abbé de Tiron au diocèse de Chartres de 1564 à 1575 et abbé de Beaulieu, près du Mans, de 1575 à 1578 ([1]). Il se démit de ses deux bénéfices, du premier en 1575 et du second en 1578. Le 31 décembre 1564 on l'avait nommé doyen de l'église du Mans.

Sous son décanat, le chapitre du Mans renouvela le 12 mai 1572 sa confraternité avec celui d'Angers. On ne connaît pas l'époque de sa mort, en tout cas postérieure à l'année 1578.

5° *Louise*, dame de Villegaye ou Villegager qui avait épousé, le 4 mars 1537 *François de Crévent*, seigneur de Cingé, de Jumilhac, de Chaulmes, de Villaret, etc. Il obtint une sentence rendue au bailliage de Tours le 14 novembre 1543, pour être reçu à faire une nouvelle déclaration de ses biens parce que depuis sa première, les seigneuries de Massard et de Baronnière lui avaient été enlevées et avaient été adjugées à Anne Aucher. Il est qualifié de *chevalier* dans l'aveu qu'il rendit avec *Louis* son fils, écuyer, le 12 janvier 1552 à Catherine de Mé-

---

[1]. *Gallia christiana*, t. 8, col. 1267, et t. 14, continuation par M. Hauréau.

dicis, reine douairière de France, duchesse de Touraine, des terres nobles qu'il tenait en ce duché. Il vivait encore en 1567 et sa femme en 1558. Il était fils de Jean de Crévent, seigneur de Bauché et de Catherine Brachet et frère de Louis de Crévent, trente-deuxième abbé et un des plus grands bienfaiteurs de la Trinité de Vendôme, en 1487 (1).

6° *Loys* qui succéda à son frère Charles dans l'abbaye de Tyron et plus tard devint abbé de Beaulieu.

7° *Pierre* le poète fut le plus célèbre de tous. Il naquit au château de la Poissonière le 11 septembre 1524.

Il fut, jusqu'à l'âge de 16 ans, page de Charles, duc d'Orléans, fils de François Ier. Il exerça la profession des armes et ce ne fut qu'après avoir servi en Angleterre et en Ecosse qu'il se donna à l'étude des belles-lettres, sous la direction de Jean Daurat.

Outre son prieuré de Saint-Côme-en-l'Ile-lès-Tours, dont il était titulaire, il possédait plusieurs autres bénéfices ecclésiastiques; entre autres l'abbaye de Croix-Val en Vendomois (2) et celle de Bellozane, diocèse de Rouen.

Il assista comme délégué du chapitre de Saint-Martin au concile provincial de Tours tenu à Angers, le 1er septembre 1583. Dans ce concile furent reçus et adoptés pour toute la pro-

---

1. Père Anselme, *Hist. générale et chronol. de la maison de France et des grands officiers de la couronne*, t. 5, p. 768.
2. Prieuré dépendant de l'abbaye de Tyron et situé dans la paroisse de Ternay, dans le Bas-Vendomois.

vince les livres liturgiques réformés par le pape Pie V. Pierre de Ronsard mourut dans son prieuré de Saint-Côme en 1585. Il avait 61 ans.

IX

Claude de Ronsart, seigneur de la Poissonnière et de la Chapelle Gaugain, naquit vers l'an 1518. Il épousa en 1537 *Catherine Tiercelin*(1). Il est qualifié dans son contrat de mariage et dans un autre acte du mois de juin 1540 de « *haut et puissant seigneur l'un des cent gentilshommes* du roy. » Le 8 décembre 1544, il signait à la Chapelle-Gaugain un acte d'échange avec Jehan Foussart. On croit que c'est lui qui fit ajouter au chœur de l'église la nef et le clocher actuels où l'on voit encore les armoiries de la famille. Il apparaît dans un certain nombre de titres du XVIe siècle. Nous citerons un contrat d'acquisition faite par Claude de Ronsart, chevalier, seigneur de la Poissonnière, de certains héritages que Louis de Ronsart, son père, chevalier, seigneur dudit lieu de la Poissonnière, avait donnés en mariage à dame Louise de Ronsart et à François de Crévent, passé par devant Constantin, notaire en la Châtellenie de Linge, le 3 avril 1545 (2).

En 1547, Claude de Ronsart confirma et augmenta la fondation religieuse de son ayeul

---

1. Les Tiercelin sont une ancienne famille du Maine qui compte encore des représentants. Ronsard dédie une ode à Anne Tercelin, sans doute sa parente, peut-être la même que Catherine, sa tante. Il est souvent question des Tiercelin dans les poésies de Jacques Tahureau, poète manceau.
2. Voy. Pièces justificatives, n° 3.

Olivier dans l'église des Augustins de Montoire, aux termes de l'acte déjà cité (¹); le 7 février 1548, il passait par devant Guérin, notaire au duché de Touraine, un contrat de vente de quelques biens à dame Catherine Alizon, veuve de feu noble homme Jean Viau. Enfin, nous le retrouvons dans deux contrats de vente passés l'un le 1er juin 1550 devant le notaire Taffu, et l'autre le 7 juin 1553 devant Me Foussard.

Claude de Ronsart eut de son mariage avec Catherine Tiercelin, six enfants :

1° *Loys*, seigneur de la Poissonnière, de la Chapelle-Gaugain, embrassa la carrière des armes. Il transmit la seigneurie de la Chapelle-Gaugain à messire Jacques Tiercelin en 1575. Il était en 1588 chevalier de l'ordre de Saint-Jean de Jérusalem.

M. Dupré a découvert aux Archives de la préfecture de Blois, son testament daté de 1578; nous en donnons le texte plus loin (²). Il y est qualifié *seigneur de la Poissonnière et gouverneur du Vendomois*.

Ce personnage fut, avec René du Bellay, sieur de La Flotte, son voisin, parent et ami, la terreur des hérétiques du pays. M. de Pétigny dit, après d'Aubigné (³), que la noblesse vendomoise

---

1. Voy. Pièces justificatives, n° 1.
2. Voy. Pièces justificatives, n° 2.
3. De Pétigny, *Histoire archéol. du Vendomois*, p. 349. D'Aubigné, *Histoire universelle*, 1re partie, t. 1er, livre 3, chap. VI, année 1562, p. 143, édition Maillé Jean Moussat. Voici du reste le texte de d'Aubigné : « Les curez ayant eu charge d'exhorter à prendre les armes, tout ce qui en estoit capable s'enrolla par les villes, bourgades et villages; l'Anjou ayant commencé, comme nous l'avons dit, le Van-

prit les armes contre les huguenots du pays et se donna pour chef le poète Ronsard (¹). Nous avons tout lieu de croire qu'il y a eu confusion et que ce chef catholique était plutôt Loys de Ronsart, seigneur de la Poissonnière, titre que le poète n'a jamais porté.

Antoine de Bourbon, duc de Vendôme, venait de mourir (1562) des suites de sa blessure, reçue au siége de Rouen. Son fils Henri n'ayant que neuf ans, Jehanne d'Albret, sa veuve, prit les rênes du gouvernement de son duché. On était en pleine guerre de religion : cette fière princesse osa braver les cris de réprobation générale que soulevaient dans le Bas-Vendomois les horreurs des protestants. Elle commença par imposer comme gouverneur à ses administrés Joachim Levasseur, sieur de Coigners, huguenot forcené, encore rouge du sang des moines de Saint-Calais qu'il venait de massacrer ; son digne lieutenant, Filhet de la Curée, seigneur de la Roche-Turpin, était chargé de faire prévaloir la Réforme dans le Bas-Vendomois.

Les prêtres maltraités, les églises dévastées, les monastères incendiés et toutes les horreurs que peut faire pleuvoir sur un pays paisible et sans défense la rage de quelques fanatiques soudarts, soulevèrent l'indignation générale. Malgré les efforts de Jehanne d'Albret pour calmer cette effervescence, la noblesse catholique

---

dosmois fit ses légionnaires ausquels commanda pour un temps Ronsard, gentilhomme de courage et à qui les vers n'avoient pas osté l'usage de l'espée. »

1. De Pétigny, *Histoire archéol. du Vendomois*, p. 351 et suiv.

s'arma et se donna pour chef Loys de Ronsart, seigneur de la Poissonnière, qui pouvait avoir à cette époque une quarantaine d'années. A lui s'étaient joints Jacques III de Maillé Bénehart, plus tard gouverneur de Vendôme, Paul de Chabot, seigneur du Frêne, et René du Bellay, seigneur de la Flotte. C'est de ces associations partielles, formées pour tenir tête aux bandes protestantes, que vint la première idée de la Sainte-Ligue dirigée par le duc de Guise et plus tard par son frère le duc de Mayenne.

Charles IX venait d'être déclaré majeur, à peine âgé de 13 ans; Catherine de Médicis, sa mère, qui gouvernait en son nom, essaya pour apaiser ces troubles la voie de la conciliation. Elle envoya Miron, conseiller au parlement, avec mission de faire exécuter l'édit du 19 mai 1563, édit qui permettait aux huguenots de pratiquer tranquillement leur culte en leur accordant l'absolution du passé et les réintégrant dans leurs charges et tous leurs biens.

Mais la reine avait été malheureuse dans le choix de son émissaire : Miron arriva à Vendôme au mois de juillet 1564 et sa haine contre les protestants ne tarda pas à exciter de nouveaux désordres. Le gouverneur et son lieutenant le supplièrent de faire disperser les bandes d'hommes armés dont le Bas-Vendomois était infesté et dont ils désapprouvaient publiquement les excès. Miron feignit de se rendre à leurs vœux et chargea les seigneurs que commandait Loys de Ronsart de s'entendre avec Leroy de Chavigny, gouverneur du Mans, pour en avoir raison. Ces seigneurs profitèrent de la circonstance pour tirer du lieutenant de La Curée une vengeance à laquelle nous ne pouvons que regretter la participation du seigneur de la Poissonnière : les motifs religieux qui l'inspirèrent n'auront jamais assez de puissance pour lui ôter le caractère d'un odieux assassinat.

Philippe Filhet de la Curée demeurait au château de la Roche-Turpin dans la paroisse d'Artins ; un de ses frères était établi non loin de là près de Tréhet. Les seigneurs de la Flotte et de Bénehart, leurs voisins, furent avertis du jour où la Curée viendrait voir son frère. Ils s'empressèrent de le faire savoir à Leroy de Chavigny qui envoya deux de ses lieutenants, nommés de Rues et Hardian, avec trente archers à cheval, pour aider à l'exécution du complot. On répandit le bruit que cette troupe était chargée d'aller châtier les pillards de Courdemanche et de Saint-Vincent-de-Lorouer, et on leur fit faire une traite de dix lieues par des chemins détournés pour se réunir aux seigneurs catholiques. Un nommé Bernardet, spadassin de profession, va se poster près de La Roche-Turpin ; il voit sortir le sieur de la Curée sur les 5 heures et demie du matin, accompagné seulement d'un serviteur à cheval, « portant un tiercelet d'autour (pour la chasse à l'oiseau,) » et de deux laquais qui menaient les chiens. Bernardet le suit, l'atteint près de la Poissonnière, y entre et y prend un renfort de deux autres coupe-jarrets avec lesquels il le suit jusque dans la plaine de Couture. « Il trouve à l'entrée d'icelle les deux laquais
» qui menaient les chiens, et un peu plus avant
» l'homme de cheval qui ne pouvoit piquer quant

» et quant son maître pour autant que son
» oiseau se battoit. » Bernardet et ses complices séparent le sieur de La Curée de ses serviteurs et lui tirent un coup de pistolet. Le coup mal dirigé n'atteint pas le lieutenant du Roi, qui, après quelques paroles échangées avec ses assassins, pique des deux pour regagner son habitation. Mais en sortant de la plaine, il rencontre les archers de Chavigny qui lui barrent le passage : tournant à droite, il essaye de passer le Loir à gué, lorsqu'il aperçoit huit cavaliers sortis du château de La Flotte qui l'attendaient sur l'autre rive. Alors ne voyant plus aucun moyen de fuir, il songe à vendre chèrement sa vie. Il se tourne d'abord contre un des compagnons de Bernardet, nommé La Veille, qui se trouvait en avant et décharge son pistolet sans l'atteindre ; puis il marche droit à lui l'épée à la main. Mais un coup de feu le renverse et les assassins se jetant tous à la fois sur ce malheureux gentilhomme l'achèvent et enlèvent son cheval, ses armes et jusqu'à ses habits.

Le souvenir de ce crime s'est perpétué dans le pays et c'est toujours ceint d'une sanglante auréole que la tradition y a conservé le nom de Ronsart.

Loys de Ronsart apparaît encore vers l'an 1576 comme l'un des principaux chefs de l'union catholique dans le Vendomois et il paya vaillamment de sa personne dans plusieurs actions très-chaudes. Ce fut vraisemblablement à la suite d'avantages remportés sur les calvinistes que Loys de Ronsart obtint, comme récompense, le gouvernement militaire de sa province. Toutefois, le savant historien du Vendomois ne lui attribue point ce titre et semble avoir ignoré une particularité locale qui résulte des termes mêmes du testament de Loys de Ronsart.

Il avait épousé *Anne de Bueil*, dont il eut trois enfants :

a, Jacques, baptisé à la Chapelle-Gaugain, le 3 octobre 1567, en présence de Jehan de Bueil, prieur et ayant pour parrain son grand oncle Charles, abbé de Tyron.

b, Françoise, née le 5 septembre 1569, qui épousa messire Louis Le Gay. En 1598, elle figure comme marraine à la Chapelle-Huon. Cette branche s'est éteinte dans la maison de Rousselet.

c, Anne, qui se maria à messire Jacques de Boussaud. Cette branche s'est éteinte dans la maison de Forasteau.

2º *Gilles*, écuyer d'écurie du roi, seigneur de Glatigny (1), avait épousé Françoise de Taillevis de Jupeaux ou Taillevis la Mézière (2) par contrat passé le 16 mai 1576 par devant Vié, notaire en Vendomois. A ce contrat, Gilles de Ronsart était assisté de noble et puissant seigneur Louis de Ronsart, chevalier de l'ordre, sieur de la Poissonnière, frère aîné du dit sieur de Glatigny. Nous trouvons, à la date du 28 novembre 1580, un rôle d'une compagnie de trente lances fournies des ordonnances du roi,

---

1. Glatigny, petit manoir du département de la Sarthe, entre Savigny et Bessé.
2. D'Hozier, *Armorial général*, registre 1ᵉʳ, 3ᵉ livraison, p. 534, édition Didot, 1865.

sous la charge de M. de Fontaine, chevalier de l'ordre, conseiller au conseil d'Etat privé de Sa Majesté, arrêté en la ville de Vasnes et signé Gilles de Ronsart, guidon de cette compagnie.

Gilles figure comme parrain à la Chapelle-Huon (1) le 21 mars 1590. Le 1er décembre 1592, il était aide de maréchal de camp; un mandement daté de cette époque, engage le trésorier général de l'extraordinaire des guerres de lui payer ses appointements se montant à la somme de 66 écus deux tiers.

Enfin, en 1594, nous le trouvons maréchal de camp.

Ce titre lui est donné dans un certificat accordé par le sieur de Beaumanoir, baron de Lavardin, qu'il servait en cette qualité de maréchal de camp, le 16 mai 1594 (2).

Le 8 mars 1602, il rendait aveu pour le fief de Glatigny à César de Bourbon, duc de Vendôme.

Il devint la tige des seigneurs de Glatigny, et eut de Françoise de Taillevis huit enfants que nous nommerons en parlant de la branche des seigneurs de Glatigny. Au mois de février 1665, Gilles et sa femme étaient morts. Françoise de Taillevis lui avait survécu.

3° *Anselme*, qui suit :
4° *Cécile-Europe*, qui fut religieuse.
5° *Charles*, dont on ne sait rien.
6° *Nicolas-Horace*, prêtre remarquable par

---

1. La Chapelle-Huon, commune du canton de Bessé, arrondissement de Saint-Calais (Sarthe).
2. Voy. Pièces justificatives, n° 3.

ses talents, seigneur des Roches. Il vivait en 1556.

X

Anselme de Ronsart naquit vers l'an 1543. Il fit toutes les guerres de la ligue et fut fait trois fois prisonnier : chaque fois, il paya une forte rançon.

En 1589, lors de la prise du Mans, par Henri IV, le 11 février, le maréchal de Bois-Dauphin qui défendait la ville ayant mis le feu aux faubourgs, Anselme perdit deux maisons d'une valeur considérable pour l'époque : ce désastre le ruina. Au rapport du sénéchal du Maine, il était avant ce revers, fort riche pour un cadet de famille. Il épousa en 1581 *Catherine Lelièvre*, dont il eut un fils qui suit :

XI

Edin de Ronsart, fils d'Anselme, était né au Mans, en 1588. Il avait épousé *Françoise Haygné*, vers l'année 1607. Il en eut quatre enfants, deux fils et deux filles.

1º *Michel*, qui suit.

2º *Pierre*, baptisé le 17 février 1611, par Julian Houdayer, curé de la paroisse Saint-Nicolas, et tenu sur les fonts baptismaux par honorable Pierre Berault, avocat et par Agnès Gaudart,

3º *Françoise*, baptisée le 7 août 1613 par le curé de Saint-Nicolas, et tenue sur les fonts par Jacques Bodreau et par Françoise Joubert.

4º *Marie*, baptisée le dimanche 24 juin 1618, par Nicolas Guitton, vicaire de Saint-Nicolas et tenue sur les fonts par noble Orry, conseiller du roi et par damoyselle Marie Fresneau (1). Françoise Haygné était veuve lorsqu'elle mourut en 1654.

XII

Michel de Ronsart, fils aîné d'Edin, né au Mans, paroisse de Saint-Nicolas, fut baptisé le vendredi 25 avril 1608, par M. Julian Houdayer, curé de cette église, et tenu sur les fonts de baptême par Michel Haygné, avocat et Marie Renard. Il fut notaire royal au Mans, et épousa *Jeanne Gerbault*. Il mourut en décembre 1647 et ne laissa qu'un fils qui suit.

XIII

Michel de Ronsart, deuxième du nom, était né en août 1643. Vers l'année 1665, il était avocat au siége présidial et sénéchaussée du Mans et y habitait la paroisse de Saint-Benoit. En 1673, il se trouve dans celle de Saint-Nicolas. Il exerça sa profession d'une manière remarquable et l'on peut bien certainement avoir une haute opinion de son talent en voyant le nombre considérable des causes qui lui étaient confiées. Ce renseignement nous est fourni par les mémoires manuscrits et inédits d'un célèbre jurisconsulte manceau, son contemporain (2);

---

1. Nous possédons les actes de baptême des quatre enfants d'Edin de Ronsart, extraits des registres de la paroisse de Saint-Nicolas. Ces registres remontent jusqu'à l'année 1574.

2. Recueil des jugements et sentences rendus au siége présidial du Mans, depuis 1689 jusqu'en 1735, avec des notes intéressantes, par Antoine Bondonnet de Sarence,

dans ces mémoires, ce magistrat enregistrait quotidiennement toutes les causes qui étaient appelées devant le siége présidial et dans la plus grande partie desquelles notre avocat portait la parole. Sa réputation lui mérita l'honneur de remplir la charge de substitut à la maison de ville, charge qu'il occupait encore au moment de sa mort, arrivée le 11 décembre 1706. Son corps fut inhumé dans l'église de Saint-Nicolas du Mans. Il avait épousé, le 14 juillet 1668, *Marguerite Le Bourdais* (¹), qui mourut au Mans, le 2 mai 1703 et fut ensevelie dans la chapelle des religieux Minimes. Il en eut six enfants :

1° *Michel III*, qui suit.

2° *Anthoine*, né le 8 février 1673 ; il fut baptisé le même jour en l'église de Saint-Nicolas, et eut pour parrain Me Anthoine Martin de La Fuye.

3° *Claude*, né le 16 avril 1674, fut présenté au baptême par Me René Godeau, conseiller du roi et assesseur à la prévosté royale ; il embrassa l'état ecclésiastique et obtint le titre de bache-

---

avocat au dit siége (Manuscrit in-folio sur papier, de la bibliothèque de M. G. R. Esnault, au Mans).

1. Le Bourdais, ancienne famille noble du Maine, a possédé la seigneurie de Chassillé; elle a fourni des fonctionnaires dans les offices de magistrature les plus considérables de la ville du Mans. Noble Jehan Le Bourdais était président en l'élection du Maine en 1634; noble Me François-Louis-Jean Le Bourdais de Chassillé était conseiller au présidial en 1730; noble Jehan Le Bourdais était assesseur en la maréchaussée en 1755, etc.

Cette famille s'est alliée aux maisons nobles de Esnault d'Asselines, Nepveu de Rouillon, de Richer, de Tilly, Le Vayer, Drouet d'Aubigny, Amellon de Saint-Cher, etc.

lier en Sorbonne. Il mourut au Mans, le 6 mars 1761, âgé d'environ 87 ans.

4° *Françoise*, née le 30 mai 1675, eut pour parrain M. Ambroise Cabaret, docteur en médecine.

5° *Marguerite Renée*, née au Mans, en 1676, mourut dans cette ville le 17 octobre 1742 et fut inhumée le 19 en la chapelle du grand cimetière. Le 18 juillet 1697, elle avait épousé dans l'église de Saint-Nicolas, « Monsieur Maistre » Jean René Gauvain, lieutenant particulier et » procureur du roy à l'hostel de ville de Beau- » mont-le-Vicomte, » et qui plus tard devint bailly, juge prévost civil et criminel de la ville et quintes du Mans. La famille Gauvain du Rancher, originaire du Perche, existe encore au Mans.

6° *Magdeleine*, née le 5 août 1678, fut baptisée le lendemain en l'église de Saint-Nicolas et eut pour parrain honorable homme Jean Cabaret, sieur de la Sigonnière, avocat en parlement (¹).

XIV

MICHEL III DE RONSART, naquit au Mans le 28 juillet 1670, et fut baptisé le même jour dans l'église de Saint-Benoit. Il fut écuyer-fourrier ordinaire de la maison de monseigneur le duc de Berri. Il avait épousé, en 1698 damoiselle *Anne Pillon*, dont il eut une fille unique :

Anne-Michelle-Marguerite-Renée, qui naquit au Mans, et fut baptisée en la paroisse de Saint-

---

1. Extraits des registres des baptêmes de la paroisse de Saint-Nicolas, au Mans.

Nicolas, le 21 septembre 1700. En 1738, Michel de Ronsart, se trouvant veuf, épousa en secondes noces, dame *Marie-Anne Stermant*, veuve de maître Sébastien de Quélen. Il mourut à Saint-Maixent, en 1748, laissant de sa seconde femme, un fils qui suit :

XV

MICHEL-CLAUDE DE RONSART, fils de Michel III et d'Anne Stermant, né à Saint-Denis-de-Cormes, en février 1740, épousa à Saint-Paul-le-Gaultier, en juin 1768, *Perrine-Françoise de Moloré de Saint-Paul*. Il fut lientenant-général de Beaumont, et mourut à Paris en 1793 ou 1794.

XVI

FRANÇOIS-MICHEL DE RONSART, fils de Michel-Claude, naquit à Saint-Paul-le-Gaultier, doyenné de Fresnay (Sarthe), en 1769. Ancien élève de l'école polytechnique, il fit de 1802 à 1803, le tour du monde, en qualité d'officier dans la marine de l'État. Devenu officier supérieur du génie maritime, commandant les constructions navales des ports de Brest et autres, chevalier de la Légion-d'honneur, il mourut à Alençon, en 1836. Il avait épousé, en 1806, *Catherine Tarin*, dont il eut quatre enfants :

1º *N. de Ronsart*, mort en bas âge.

2º *Alcide-Louis de Ronsart*, né à Lorient, en 1808. Élève de l'école polytechnique, capitaine de génie, commandant les fortifications dans plusieurs départements, il est mort chef du génie à Bonifacio (Corse), en 1815. C'était le dernier descendant mâle de l'illustre maison de Rohsart.

3º *Elisabeth-Françoise de Ronsart*, née à Lorient en 1810, avait de bonne heure renoncé au mariage, pour consacrer tous ses soins à ses vieux parents. Elle est morte à son château de la Cour, le 31 août 1866; avec elle s'éteignait l'illustre nom de Ronsart.

4º *Ernestine-Marie-Françoise de Ronsart*, née à Nantes en 1812. Elle avait épousé à Alençon, en 1842, M. *Félix-Louis Carrey de Bellemare*, directeur divisionnaire des lignes télégraphiques.

Cette famille de Carrey est fort ancienne et originaire d'Irlande. Elle est venue s'établir successivement dans les provinces de Normandie et du Maine. En 1066, Jean de Carrey était du nombre des nobles qui passèrent en Angleterre, avec Guillaume-le-Conquérant; il eut pour descendants les comtes et les barons de Carrey. La famille, restée catholique, fut disgraciée sous le règne de Henri VIII et de ses successeurs, et milord Pierre de Carrey rentra en France à la fin du règne d'Henri II, après avoir vu tous ses biens confisqués en Angleterre.

Jean, fils de Pierre, eut trois fils qui suivirent le roi de France et levèrent à leurs dépens des compagnies à la tête desquelles ils combattirent pendant les guerres civiles et de religion. Tous trois versèrent leur sang pour la cause royale, deux y perdirent la vie. En 1588, Jean et celui de ses fils qui avait survécu obtinrent d'Henri III une déclaration par laquelle il les reconnaissait *nobles d'ancienne race* et leur accordait les mêmes priviléges qu'aux plus vieilles familles de Normandie. C'est sans doute depuis cette époque qu'ils portent : « d'azur à la bande d'or accompagnée de deux étoiles de même, au chef d'or chargé de trois carrés (¹) de gueules bordés de sable. » Supports : deux licornes regardant à dextre ou contournées. Couronne de marquis.

Cimier : une tête de licorne.

Cette famille a contracté d'honorables alliances dans le Maine, entre autres avec les familles de Faudoas, de Jupille, etc. En dernier lieu, les Carrey habitaient Beaumont-le-Vicomte. C'est après leur retour en France, qu'ils ajoutèrent à leur nom celui de *Bellemare*, d'une terre qu'ils possédaient en Normandie. Ernestine-Marie-Françoise de Ronsart est morte au Mans, en septembre 1861, six mois après son mari décédé dans la même ville, en avril de la même année. Ils ont laissé quatre enfants :

a, *Gabrielle-Marie de Carrey de Bellemare*, née à Alençon, en juin 1843, et mariée dans la même ville, le 24 août 1865, à M. Charles de *Vaubernier* (de Laval).

b, *Gaston-Louis-Marie de Carrey de Bellemare*, né à Nantes, le 30 novembre 1844, élève à l'école de Saint-Cyr.

c, *Claire-Marie de Carrey de Bellemare*, née à Nantes, le 24 mars 1845.

d, *Thérèse-Marie-Léonie de Carrey de Bellemare*, née à Nantes, le 1er avril 1846.

---

1. L'énonciation de ces armes nous a été donnée par la famille : nous ne savons si le *carré* est un attribut étranger, mais jamais nous ne l'avons rencontré dans aucun traité de blason. Peut-être faudrait-il lire *billettes* au lieu de *carrés*. En tout cas, nous citons notre auteur et ne prenons pas la responsabilité de cette manière de blasonner.

GÉNÉALOGIE DE LA FAMILLE DE RONSART
(BRANCHE DE LA POISSONNIÈRE)

MARUCINI, bano ou marquis hongrois au XIIIe siècle.

BEAUDOUIN, le premier connu en France, de 1328 à 1340.

GERVAIS, ép. Jeanne de Venlomois, de 1340 à 1400.

JEAN, ép. Thomassine de Renauson.

ANDRÉ, ép. Catherine de Larçay, vivait vers 1434.

JEAN II, ép. en 1436 Briande de Verrières.

- Jean III, abbé de Saint-Calais, mort en 1515.
- OLIVIER, ép. Jeanne de Maillé vers 1469.
- OLIVIER II, ép. en 1478 Jeanne d'Illiers des Radrets.

LOUIS, né en 1479, ép. en 1514 Jeanne Chaudrier, mort en 1544.

- Jean IV, curé de Bessé, mort en 1531.
- Jacques, protonotaire apostolique.
- Jeanne, ép. Mack, seigneur de Ternay, vers 1500.
- Marie, ép. François de Laval, et en secondes noces Bernardin de Nineroy.
- Jacqueline, dame de Béthiers.
- CLAUDE, né vers 1518, ép. en 1537 Catherine Tiercelin.
- Charles, curé d'Evaillé et protonotaire apostolique en 1564.
- Louise, ép. en 1537 François de Crévant.
- Loys, abbé de Tyron.
- Pierre le poète.

- Loys, ép. Anne de Beuil en 1566.
- Françoise, née en 1569, ép. Louis Leguay.
- Jacques, né en 1567.
- Anne, ép. Jacques de Boussaud.
- Jean, ép. Hélène de Percy, 1610.
- Samuel, ép. Marie Barberan, 1611.
- Isabelle, 1622.
- Gilles, ép. Françoise de Taillevis en 1576.
- Jeanne, ép. en 1619 Pierre de Tascher de la Pagerie.
- Françoise, ép. Joseph Lelièvre.
- Suzanne, ép. Jean de Meller, 1627.
- Charles, chev. de Malte.
- Gilles, prêtre.
- ANSELME, né en 1543, ép. en 1581 C. Lelièvre.
- Cécile-Europe, religieuse.
- Charles.
- Nicolas-Horace, prêtre.
- EDIN, né en 1588, ép. Françoise Haygne, en 1607.
- MICHEL, né en 1608, ép. Jeanne Gerbault, mort en 1647.
- MICHEL II, né en 1643, ép. en 1668 Marguerite Le Bourdais.
- Pierre, né en 1611, né en 1613.
- Françoise, née en 1613.
- Marie, née en 1618.
- MICHEL III, né en 1670, ép. Anne Pillon en 1698, et en secondes noces Anne Sturmant, en 1738.
- Claude, né en 1674, mort en 1761.
- Anthoine, né en 1673.
- Françoise, née en 1676, ép. René Gauvin.
- Magdelaine, née en 1678.
- MICHEL-CLAUDE, né en 1740, ép. Françoise de Molaré de Saint-Paul, mort en 1794.
- FRANÇOIS-MICHEL, né en 1769, ép. en 1806 Catherine Tarin, mort en 1836.
- ELISABETH-FRANÇOISE, née en 1810, morte en 1842 Louis Carrey de Bellemarre, tous deux morts en 1861.
- Ernestine-Marie-Françoise, née en 1814, ép. en 1847 Louis Carrey de Bellemarre, tous deux morts en 1861.
- N......
- Alcide-Louis, né en 1808, mort en 1815.

II

BRANCHE

DE GLATIGNY (¹).

I

Gilles de Ronsart, *deuxième fils de Claude, sieur de la Poissonnière* (dix-neuvième degré), fut le premier du nom qui posséda la seigneurie de Glatigny. Il eut de Françoise de Taillevis de Jupeaux ou Taillevis-la-Mézière, huit enfants :

1° *Jean*, qui suit.

2° *Samuel*, seigneur de Glatigny, de Fauxigny et de Bréviande, avait épousé *Marie Barbreau* dont il eut un fils, baptisé à Mazangé (canton et arrondissement de Vendôme), en 1651. Voici l'extrait des registres de la paroisse de Mazangé concernant Samuel de Ronsart :

Le 21° jour de mars 1651 fut par nous baptisé Samuel, filz légitime de Samuel de Ronsart, escuyer, sieur de Breuiande, et de Marie Barbreau, qui a eu pour parrain Julian Berthe et Anne Desneux, f° de René Legnère, nourice du dit enfant présenté par led. sieur de Breuiande soubsigné.

Signé Breuiande.
Ronsart.
et J. Cousin, *curé.*

---

1. La terre de Glatigny, qu'il ne faut pas confondre avec le château de Glatigny près Souday, était la dotation d'une chapellenie fondée dans l'église de Saint-Calais. Le petit castel de Glatigny existe encore dans le vallon de la Braye, entre Savigny et Bessé; il faisait partie de la paroisse du

Ce Samuel de Ronsart, fut prêtre et docteur en *Sorbonne*. Nous trouvons dans le grand Armorial manuscrit de d'Hozier, à la bibliothèque Impériale, (vol. de Tours, p. 45) :

« Samuel de Ronsart, prestre-prieur, seigneur
» de Fauxigny, porte : d'argent à trois roses
» d'azur, deux en chef et une pointe. » Par acte du 24 septembre 1699, « messire Samuel
» de Ronsart, prêtre, docteur en Sorbonne,
» seigneur et prieur de Glatigny, donnait à bail
» le lieu, terre, fief et seigneurie dudit Glatigny,
» situé en la paroisse du Petit Savigny, consis-
» tant en un logis seigneurial dudit lieu et deux
» métairies, la Cour et les Maisons-Neuves. »

3° *Isabelle*, qui figure souvent avec son frère Samuel, en qualité de parrain et de marraine, depuis 1622 jusqu'à 1630, à la Chapelle-Huon.

4° *Jeanne*, épousa le 16 mai 1619, et par contrat du 3 mai de la même année, passé par devant *Vié*, notaire, *Pierre de Tascher*, écuyer, sieur de la Pagerie, fils de défunt Isaac de Tascher, sieur de la Pagerie, de Palleteau, etc. demeurant paroisse de Bouffry, élection de Châteaudun, et de Louise de Phélines, mariée le 15 avril 1595, fille de Julien de Phélines, écuyer, sieur de la Basse-Bichetière ([1]) et de

---

Petit-Savigny et avait dans ses dépendances deux métairies, la Cour et les Maisons-Neuves.

1. Nous trouvons des membres de cette famille de Phélines établis à Villiersfaux en Vendomois de 1574 à 1782. A partir de la fin du XVII° siècle, époque de l'édit de recensement qui devait amener la composition de l'Armorial général de France, la famille de Phélines semble se disperser et nous rencontrons plusieurs de ses membres dans le Beau-

Richarde du Buisson. Cette famille de Tascher de la Pagerie est originaire du Dunois : elle a encore des représentants qui ont la gloire de compter parmi leurs ayeux l'impératrice Joséphine et la reine Hortense. Ses armes étaient : « d'argent à 3 bandes de gueules, chargées chacune de 4 sautoirs d'argent » (1).

5° *Françoise*, qui se maria à messire *Joseph Lelièvre*, seigneur de la Voulte, paroisse de Troô.

6° *Suzanne*, qui épousa Mᵉ Jean de *Mellet* ou *Meslet*, seigneur de Fretay (paroisse de Savigny, diocèse de Blois), de Landes et des Orgères, lieutenant pour le roy au gouvernement du Vendomois, en 1627.

7° *Charles*, chevalier de Malte.

8° *Gilles*, prêtre, religieux de l'abbaye de Saint-Georges-du-Bois, près Montoire en Vendomois. Il était en 1624, prieur curé de l'église paroissiale de Saint-Lubin de Vendôme et desservant titulaire de la chapelle de Saint-Léonard, contiguë à cette église (2).

---

jolais et le Limousin. Ils portaient à Villiersfaux : « d'argent au chien de sable courant et au chef de même chargé d'une croix de gueules cantonnée en chef de deux fleurs de lys. » Les armes des de Phélines du Beaujolais étaient : « d'azur à cinq flesches d'or liées en faisceau de gueules. » Les de Phélines du Limousin portaient : « d'azur à un soleil rayonné d'or et au chef de gueules chargé d'une croix d'argent. »

1. Voy. d'Hozier, *Armorial général*, reg. 1ᵉʳ, 3ᵉ livrais., p. 534, édition Didot, 1865.

2. Acte original d'une assemblée des principaux habitants de la dite paroisse de Saint-Lubin (aux archives de la préfecture de Blois). Cet acte porte, entre autres signatures, celle du curé Gilles de Ronsart.

II

Jean de Ronsart, chevalier, seigneur de Glatigny, de la Linoterie (¹) et de Fleurigny (²), avait épousé damoiselle *Hélène de Persil* (alias de *Percy* et de *Porzay*). On le voit figurer dans des titres de la propriété de Fleurigny, au mois de janvier 1610. On trouve dans l'armorial général de d'Hozier, que le 21 octobre 1624 Jean de Salmon, troisième du nom, seigneur du Chastellier, (paroisse de Savigny-sur-Braye), de la Fertière, des Tuandières, des Roches, d'Auvines, de Marçon, de Villegager, de la Gillotière, du Fief-Vaudour, de la Roncière, d'Estanges, de Montcimier, de Boismoreau, de la Javarière, de la Fontaine et des Mazures, homme d'armes de la compagnie du comte de Saint-Pol, acquit de Jean de Ronssart, sieur de la Linoterie, de Glatigny et des Genêts, et de dame Hélène de Percil, sa femme, les fief et seigneurie de la Fontaine, situés dans la paroisse de Savigny. Jean de Ronssart eut un fils qui suit et une fille appelée *Claude*, que l'on voit figurer dans l'acte de vente de Fleurigny fait par son frère à André Neilz, le 1er décembre 1683. A la suite de l'acte de vente, on trouve, en date du 9 décembre 1683, la ratification de cet acte par damoiselle Claude de Ronssart, fille majeure, demeurant paroisse de Saint-

---

1. La Linoterie se trouve dans la paroisse de Prunay (Bas-Vendômois).
2. Fleurigny, ancien fief situé dans la paroisse de Saint-Rimay, canton de Montoire, arrondissement de Vendôme.

Arnoult, laquelle déclarait ne pouvoir signer, « attendu la défense qui lui en avait été faite par un confesseur. »

III

Louis de Ronsart, écuyer, sieur de la Linoterie et de Fleurigny, était établi dans les paroisses de Poncé et de Saint-Rimay, pays de Bas-Vendomois. Il avait été baptisé dans l'église de Saint-Laurent de Montoire le 28 août 1641, comme le prouve son acte de baptême, délivré sans doute à l'occasion de son mariage, le 31 octobre 1666, par M. Girard, vicaire de ladite paroisse de Saint-Laurent. Le 19 août 1667, il fut appelé en cause par M. Mathurin de Lorme, un des commissaires généraux du conseil chargé de la recherche des usurpateurs de noblesse. On sait que Louis XIV tenta de réprimer le pillage de noms et de titres qui envahissait la véritable noblesse. L'arrêt du 22 mars 1666 venait d'être rendu ; il avait décidé qu'on ferait un catalogue contenant les noms, surnoms, armes et demeures des véritables gentilshommes par bailliage et généralité. Louis de Marchault, conseiller du roi, était chargé de faire exécuter l'arrêt dans la généralité d'Orléans. Malgré toutes les pièces que produisit Louis de Ronsart, il fut convaincu d'être roturier et usurpateur de noblesse. Voici, du reste, le dispositif de l'arrêt que l'on trouvera tout entier aux pièces justificatives [1] :

---

1. Voy. Pièces justificatives, n° 3.

Nous, commissaire susdit, avons déclaré le dit Louis de Ronsart, sieur de la Linoterie, roturier et usurpateur du titre de noblesse; lui faisons deffenses de prendre à l'avenir la qualité d'escuier ni autres titres de noblesse. Ordonnons qu'elle sera rayée et biffée dans tous les actes où elle se trouvera qu'il l'aura prise, le timbre de ses armes rompu et brisé; enjoignons aux assesseurs et collecteurs des tailles de l'imposer en leurs rôles, et aux officiers et procureur du roy de l'eslection d'y tenir la main, à peine d'en répondre en leurs propres et privés noms; et pour avoir par le dict Ronsart induement pris la qualité d'escuier le condamnons en quinze cens livres d'amende et aux deux sols pour livre de la ditte somme, à laquelle nous avons, sous le bon plaisir du roy, modéré la dicte amende. Condamnons en outre le dit Ronsart aux dépens modérés à seize livres parisis.

Nous avons tout lieu de croire que Louis de Ronsart ne fut pas d'humeur à subir cette condamnation et qu'il en appela à une juridiction supérieure, car nous le voyons dans la suite porter le titre de chevalier et de seigneur de la Linoterie et de Fleurigny. Toutefois, son père et sa mère lui avaient laissé une fortune très-grevée, et il se vit forcé, au mois de décembre 1683, de vendre sa terre de Fleurigny et le fief de Vauboion y attenant ([1]). C'est André Neilz, lieutenant du bailli de Vendomois et du maître des eaux et forêts du Bas-Vendomois, qui s'en rendit acquéreur, et ce moyennant une rente annuelle de 225 livres que maître Claude Brossier, curé de Villavard, se chargeait de remettre

---

1. Voy. Pièces justificatives, n° 5, qui contient l'acte de vente.

à M. de Boissy, conseiller du roi, qui était aux droits des créanciers des père et mère défunts de Louis de Ronsart.

Il avait épousé *Geneviève Cotten,* fille du sieur de Martigny, chef du gobelet du roi, dont il n'eut qu'une fille, qui mit fin à la branche des seigneurs de Glatigny. Il avait déjà cessé de vivre en 1697, époque de la confection de l'Armorial général manuscrit de d'Hozier. Cet armorial cite (vol. d'Orléans, p. 236) Geneviève Cotten, veuve de Louis de Ronsart de Saint-Amand (1) portant : « d'azur à un chevron « d'or accompagné en chef de deux étoiles de « même et en pointe d'un treffle (*sic*) d'or. » Immédiatement avant, il donne Marie Cotten, sans doute sœur de la précédente, veuve d'un autre Vendomois, René de Martin de Geoffre, qui portait de même.

III

BRANCHE

DE BEAUMONT-LA-RONCE (2).

Nous n'avons pu rattacher cette branche à la souche principale des seigneurs de la Poissonnière. Nous trouvons d'abord :

---

1. Saint-Amand, aujourd'hui chef-lieu de canton de l'arrondissement de Vendôme et limitrophe du canton de Montoire.
2. Beaumont-la-Ronce, bourg de Touraine. Voy. l'article qui lui est consacré plus loin.

Jacques de Ronsart, seigneur de Beaumont-la-Ronce, qui épouse Jehanne, fille de Guy de Fromentières, seigneur de Beaumont-la-Ronce.

Charles de Ronsart, écuyer, seigneur de Bréhemont, épouse Anne, sœur de Jehanne ; nous le voyons figurer dans un acte de 1545 (¹). Jacques de Ronsart eut trois enfants : N. de Ronsart, seigneur des Roches, Philippe et Isabeau de Ronsart.

Jehanne de Fromentières, devenue veuve de Jacques de Ronsart, épouse en secondes noces François-Simon du Mesnil, chevalier, seigneur de Beaujeu, veuf de Françoise de Pernay. Il avait de ce premier lit deux enfants : Jacques et Agathe du Mesnil. Jacques du Mesnil épouse Isabeau de Ronsart, fille de sa belle-mère, et Agathe, sa sœur, épouse Philippe de Ronsart, son beau-frère.

Philippe de Ronsart est qualifié seigneur de Beaumont-la-Ronce, dans son contrat de mariage avec Guyonne de la Bonninière passé en 1555 (²). Il paraît dans plusieurs actes de 1553 à 1578, et nous le trouvons, dans un acte de 1563, un des cent gentilshommes de *la maison du roi* (³). Philippe de Ronsart avait eu d'Agathe du Mesnil plusieurs enfants, entr'autres :

Jehan I, dit l'aîné des Beaumont, qui figure

---

1. Voy. Pièces justificatives, n° 6.
2. Ce contrat de mariage existe dans les archives de M. le marquis de Beaumont. Nous le donnons aux Pièces justificatives, n° 7.
3. Voy. Pièces justificatives, n°ˢ 8, 9 et 10, et pour plus amples détails l'article intitulé Beaumont-la-Ronce.

dans quatre actes notariés de 1571 à 1594 (¹);

Jean-Baptiste, dit le jeune de Beaumont, et *Charlotte*, sa sœur, dont Jehan l'aîné était curateur. Nous trouvons dans un autre document qu'il avait une seconde sœur nommée *Jeanne*. Jehan I eut un fils.

Jean II de Ronsart, écuyer, seigneur de Beaumont, l'un des cent gentilshommes de la maison du roi en 1587 (²). Il épousa en 1606 noble dame Marie de Louet, veuve de Martin Fumée, chevalier de l'ordre du Roi et seigneur de Genillé et de La Roche-d'Alais. Tout nous porte à croire que Jean II de Ronsart et Marie de Louet n'eurent pas d'enfants. La seigneurie de Beaumont-la-Ronce paraît être passée après eux dans la maison de la Bonninière. Philippe de Ronsart, aïeul de Jean II, avait, comme nous l'avons dit plus haut, un frère qui était seigneur des Roches. Ce dernier avait trois enfants :

Guillaume de Ronsart, seigneur des Roches, qui avait épousé, le 6 février 1559, Magdeleine de *Monceaux* (³), dame de la Denisière, près

---

1. Voy. Pièces justificatives, n°⁵ 10, 11, 12 et 13.
2. Nous trouvons sur la cloche de Maray (Indre-et-Loire) l'inscription suivante, qui prouve que Jean II fut un instant seigneur de la Poissonnière : « Jehan de Ronsart, chev., sʳ de la Possonnière, et dame Marie Louet, son épouse..... André Septier m'a faicte l'an 1601. »
3. La famille de Monceaux était originaire d'Auvergne. Magdelaine de Monceaux avait pour frères et sœur messire Anthoine de Monceaux, seigneur de Monceaux, Hamboilles, Martincourt et Blacourt; Guy de Monceaux, seigneur de Houdan, chevalier de l'ordre du Roi, conseiller et maître d'hôtel ordinaire du Roi; François de Monceaux, chevalier, seigneur de Saint-Sanxon; Jehan de Monceaux, seigneur de

Couture ; *Nicolas* et *Gabriel,* dit le moine ou le prieur des Roches.

Guillaume étant mort sans enfants avait laissé la jouissance de sa fortune à sa femme Magdeleine de Monceaux. Nicolas, frère et principal héritier du défunt, résolut de se défaire de sa belle-sœur pour s'adjuger la succession de son frère. Il s'adjoint son cousin Jehan de Ronsart, dit l'aîné des Beaumont, autrefois son mortel ennemi ; puis il s'informe au sieur Doré, fermier de la veuve, du jour où elle sera chez elle et apprend qu'elle doit y rester le mardi douze mai 1573. Il en fait informer Gabriel de Ronsart, son frère, et, le jeudi, ils arrivent, avec leurs acolytes, au château de Beaumont-la-Ronce, où ils s'adjoignent Jean-Baptiste, frère de Jehan l'aîné.

Pour détourner les soupçons, Nicolas, chef et organisateur du complot, part le jeudi pour Le Mans, où il était parrain de l'enfant d'un conseiller de ses amis. A minuit, les conjurés pénètrent dans la maison de la Denisière, massacrent la maîtresse du logis ainsi que tous ceux qui auraient pu les dénoncer et font main basse sur tout ce qu'ils rencontrent. Puis ils quittent le théâtre de leurs forfaits, laissant baignée dans son sang la malheureuse Magdeleine de Monceaux, à peine âgée de trente-cinq ans. Le vendredi, à six heures du matin, ils rentrent au château de Beaumont-la-Ronce et font lever

---

Villacoublay, Vaujour et la Houssaye ; et Anne de Monceaux, femme de Guillaume de Perray, chevalier, seigneur de Say.

les ponts après eux, puis ils se partagent le butin. Ils écrivent en grand deuil à Nicolas et aux frères de Magdeleine de Monceaux : ceux-ci arrivent en toute hâte. En passant à Vendôme, les frères de Monceaux réclament le secours du prévôt, qui va constater les faits avant l'inhumation des corps (1). Les choses en étaient là, et l'affreuse vérité n'avait pas encore transpiré, lorsque Doré, un des suppôts des assassins, tombe dangereusement malade. Obsédé par les remords, il fait des révélations : cette circonstance arrive aux oreilles de Nicolas de Ronsart, qui, aussitôt sa guérison, le fait changer de nom et le place au Mans chez un de ses amis. Mais les frères de Monceaux avaient aussi entendu parler de ces révélations ; ils font enlever Doré, qui est enfermé au Châtelet de Paris et interrogé par le lieutenant-criminel. Ce malheureux révèle tous les coupables, et des mandats d'amener sont lancés contre eux : ils prennent la fuite, excepté Jehan, l'aîné des Beaumont, et un nommé Beauclerc, qui avait gardé les chevaux des conjurés pendant l'accomplissement du crime, et que l'on enferme à la prison de Montoire. Le procès est instruit par Jean Vetus, conseiller du roi, maître des requêtes ordinaire de son hôtel, commissaire député de Sa Majesté au siége présidial d'Orléans (2), et Nicolas

1. La maréchaussée de Vendôme se composait alors d'un prévôt, un assesseur, un procureur du roi, un greffier et six archers.
2. Orléans était le siège d'une généralité ressortant du parlement de Paris. Elle était divisée en quatre grands bailliages ou sénéchaussées, avec siéges présidiaux à Orlé-

de Ronsart, seigneur des Roches, Gabriel de Ronsart, son frère, dit le prieur des Roches, Jean-Baptiste de Ronsart, dit le jeune de Beaumont, et leurs séides, qui tous avaient fait défaut, sont condamnés à être roués sur l'échafaud, en place du Martroy d'Orléans, sitôt leur capture. Dans le cas où on ne pourrait les appréhender, la sentence serait exécutée en effigie. Après avoir passé par la roue, Jehan l'aîné devait avoir la tête tranchée, René Doré et Beauclerc devaient être pendus et leurs têtes portées à Vendôme et mises au bout d'une perche sur les principales portes de la ville. En expiation de ce forfait, le château des Roches, où le complot s'était tramé, dut être démoli par autorité de justice, et sur ses ruines on ordonna d'élever une chapelle construite aux frais des assassins, qui durent pourvoir aussi à l'entretien à perpétuité d'un chapelain. Le jugement fut rendu à Orléans le 15 février 1574. Nous donnons textuellement aux pièces justificatives l'exposé de la cause et le dispositif de l'arrêt (¹). Ce crime est une tache regrettable dans les fastes d'une famille aussi recommandable que la

---

ans, Chartres, Blois et Montargis. Le présidial d'Orléans avait été établi par Henri II; son corps d'officiers se composait de deux présidents, un lieutenant général commissaire examinateur, un lieutenant criminel, un lieutenant particulier à l'office duquel était uni celui d'assesseur, un chevalier d'honneur et deux conseillers honoraires; plus vingt-deux autres conseillers dont un d'église, deux avocats et un procureur du roi. Ajoutons quatre-vingt-quatre procureurs, soixante-dix huissiers ou sergents royaux et trente-deux notaires, et nous aurons tout le personnel officiel du présidial d'Orléans.

1. Voy. Pièces justificatives, n° 15.

famille de Ronsart : seulement, pour apprécier à leur valeur les actions des personnages qui y prirent part, il faut avoir égard au milieu dans lequel ils ont vécu, il faut connaître les mœurs de leur époque et ne pas les juger avec les idées d'une société perfectionnée par plusieurs siècles de progrès. Il faut examiner quelles étaient les passions de leurs contemporains et quels déplorables exemples la cour de France elle-même donnait à la noblesse du pays. On verra que, dans ce temps de guerres de religion et de dissensions intestines, ce qui, aujourd'hui, serait regardé comme une honte pour un galant homme, passait inaperçu comme la chose la plus naturelle du monde. Du reste, les sentences n'étaient, le plus souvent, exécutées qu'en effigie, et ceux qu'elles frappaient ne craignaient pas d'affronter au grand jour les foudres de la justice.

C'est ainsi que, dans un acte de 1594 ([1]), nous voyons apparaître Jehan de Ronsart, l'aîné, qui avait été condamné à être pendu en 1574.

Nous avons fait des recherches aux registres du bailliage d'Orléans, dans l'espoir de trouver des renseignements plus positifs sur l'issue de cette affaire, mais nous n'avons pu que constater une lacune regrettable dans ces précieuses annales. La première série de ces registres, comprenant tout à la fois les sentences civiles et les sentences criminelles, commence à l'année 1368 et s'arrête à l'année 1450. Tout le reste a

1. Voy. Pièces justificatives, n° 13.

disparu jusqu'à 1669. Cette disparition s'explique par les troubles religieux du xvi⁰ siècle ; la négligence extraordinaire avec laquelle on traitait dans ce temps, et même à une époque plus rapprochée de nous, les minutes des actes judiciaires et administratifs, était si générale qu'on doit s'étonner qu'un si grand nombre ait survécu aux désordres de 89 et à l'incurie des employés commis à leur conservation. C'est ainsi que l'on vit bien des familles puissantes obtenir la suppression d'actes publics, de quelque nature qu'ils fussent, qui portaient atteinte à leur considération. Le crime en question n'a été jugé à Orléans qu'en vertu d'une *évocation*, procédure dont on abusait beaucoup avant l'ordonnance de Moulins et dont on a beaucoup abusé sans doute depuis, mais qui a pu avoir pour objet de prévenir les inconvénients suscités par la position considérable des familles dans le pays, théâtre de leurs méfaits, et l'effervescence religieuse que les plus futiles motifs suffisaient à ranimer. C'est en vertu de l'article 70 de l'ordonnance de Moulins que la procédure eut lieu dans cette forme qui avait pour conséquence une ordonnance du roi, contresignée par quatre conseillers d'Etat, et qui renvoyait l'affaire, non plus au Conseil d'Etat, mais à un bailliage royal, qui pouvait être présidé par un conseiller d'Etat, commissaire délégué pour faire l'instruction. Cette manière d'agir devait faire disparaître la procédure et la sentence elle-même du greffe de la juridiction qui l'avait rendue, et les faire attribuer au greffe du conseil d'Etat. En tout cas, ces pièces et cette sentence, celle-ci du moins en expédition, devaient être transportées au greffe du Parlement, en cas d'appel, ou aux Archives de la Chancellerie, dans le cas de recours en grâce.

IV

BRANCHE

DE MONCHENOU (1).

Nous ignorons comment cette branche se rattache à celle des seigneurs de la Poissonnière; peut-être est-elle issue d'un second fils, à nous inconnu, de *Gervais de Ronsart*, deuxième seigneur de la Poissonnière et de Monchenou. Nous trouvons :

I

Noble BLANC RONSSART (*sic*), écuyer, seigneur de la Roche et Monchenou, époux de damoiselle *Catherine Cardin*, qui vivait de 1452 à 1485.

II

PHILIPOT RONSSART, fils du précédent, fut après lui seigneur de Monchenou, de 1485 à 1487.

III

Noble JEHAN RONSSART, écuyer, seigneur de

---

1. Monchenou est situé dans la paroisse de Vancé, près Bessé (Sarthe).

la Roche, la Denysière et Monchenou, de 1487 à 1507.

IV

Noble RENÉ RONSSART, écuyer, seigneur desdits lieux, de 1507 à 1510.

V

Noble et puissant seigneur JACQUES RONSSART, écuyer, seigneur des mêmes lieux, l'un des cent gentilshommes de la maison du roi, cité en 1510 et 1519 (¹). Il eut une fille appelée *Isabeau* qui épousa noble *Jacques du Mesnil*; elle eut, après la mort de son père, la seigneurie de Monchenou, et mit fin à cette branche de la maison de Ronsart.

V

BRANCHE

DES BORDES.

Nous mentionnons cette branche parce que nous la trouvons énoncée dans une note généalogique du XVIIIe siècle. Nous n'avons rencontré aucun membre de la famille se rapportant directement à ce rameau.

Outre ces cinq branches, nous avons ren-

---

1. Jacques de Ronsart était aussi seigneur de Beaumont-la-Ronce. Voy. p. 60.

contré quelques seigneurs et dames de la maison de Ronsart, dont nous n'avons pu établir régulièrement la parenté. Nous nous contenterons donc de les nommer :

Tiphaine de Ronsart, mariée en 1407, à André, seigneur de Marcé ([1]).

Guillaume Rossard, qui avait pour femme Françoise, fille de noble homme Gilles de Vimeur, écuyer, seigneur d'Ambloy et de demoiselle Jehanne de la Roche, dite Pelletier de la Roche ; il vivait en 1503 ([2]).

Amaury de Ronsart, seigneur de la Bourdinière, mari de Catherine Malherbe, laquelle était sœur de Robert Malherbe, chevalier, seigneur de Jouy, Rebets, Liancourt et La Tour au Bègue, prévôt de l'hôtel du roi et capitaine de cinquante hommes d'armes ([3]).

Joachim de Ronsart vivait écuyer, seigneur des Roches. Il avait épousé damoiselle Marguerite de Chabot. En 1556, il était mort, et sa veuve avait la garde-noble de ses enfants ([4]).

René de Ronsart, écuyer, seigneur des Vaux ou des Baux ([5]).

Charles de Ronsart, écuyer, seigneur de Boisquinard, vivait le 7 juin 1578 ([6]).

---

1. Voy. L'Hermite-Soulier et La Chenaye-des-Bois.
2. D'Hozier, *Armorial général de France*, généalogie de la famille de Vimeur de Rochambeau, registre second, p. 1072.
3. Père Anselme, *Hist. des grands officiers de la couronne*, t. 2.
4. Note généalogique de la main de Viton de Saint-Allais, extraite des archives de M. A. de Rochambeau.
5. Id.
6. Id.

N. Ronsard. Le 15 avril 1592, le prince de Conti vint prendre sa part du siége de Craon, accompagné de Rochepot, seigneur de Damville, Picherie et Rambouillet. Il fut blessé dès son arrivée. Il avait pour maréchaux d'armée *Raquan* et *Ronsard* (1).

Anselme Ronsart, mari de *Nicolle Beuzelin.* Il avait une fille appelée *Nicolle,* qui fut baptisée le 28 janvier 1613 (2).

Nicolas de Ronsart, écuyer, seigneur des Roches du Vivier, gentilhomme du Maine, et parent du grand Pierre de Ronsard. On voit, dans le tome III de l'*Histoire des Poètes,* manuscrit de Colletet, à la bibliothèque du Louvre, à Paris (p. 182, *verso*), que Robert Garnier, poète de la fin du XVIe siècle, adressait à ce personnage l'élégie suivante :

> Des Roches mon amy, le Dieu porte-sagettes,
> Le petit Cypriot s'est logé dedans moy ;
> Je ressens outragé dans mes veines secrettes
> Plus aspre que jamais mon amoureux emoy.
> Une dame trop belle esprouvant sa puissance,
> De ses yeux deceveurs a pris ma liberté ;
> Elle me tient captif, la cruelle, et ne pense
> Que j'endure du mal en ma captivité.
> Des Roches, que ferè-je une fois ? J'ay envie
> De toujours demeurer en la geôle où je suis ;
> Mon servage me plaist, et me plaisant, ma vie
> Ne laisse pour tel bien de se combler d'ennuys.

---

1. D'Aubigné, *Histoire universelle,* t. III, liv. III, ch. XVII, année 1592, p. 272, édition de Maillé, 1616, in-fol.
2. Registre des baptêmes de la paroisse de La Couture au Mans.

Ce fut un soir, alors que la charette claire
Du soleil redevable aux ondes d'Occident,
Que je vis de malheur cette belle adversaire,
Qui me blessa dès l'heure en la trop regardant, etc.

« et le reste, ajoute Colletet, qui mérite bien plus tost à mon advis le nom de stances que celuy d'élégie, et où il y a véritablement beaucoup de diverses passions amoureuses, mais comme il paraît par cet échantillon, assez rustiquement et durement énoncées. »

CHAPITRE II.

PROPRIÉTÉS

SEIGNEURIALES POSSÉDÉES A DIVERSES ÉPOQUES

PAR LA FAMILLE DE RONSART.

I

LA POISSONNIÈRE.

A l'entrée du Vau (1) du Loir, sur la rive gauche de cette rivière et sur le penchant d'un coteau qui domine la riche et pittoresque plaine de Couture, le touriste qui vient de Montoire aperçoit le petit château de la Poissonnière ou Possonnière. C'est là que naquit Pierre de Ronsard, qui fut, au dire de ses contemporains, le roi des poètes et le poète des rois.

Des fenêtres du nord, on voit, un peu à gauche, le bourg de Couture, avec son clocher du XIIe siècle ; à un kilomètre environ, et tou-

---

1. On appelle le *Vau* ou les *Vaux du Loir* un vallon délicieux qui n'offre pendant un espace de cinq à six lieues qu'un continuel jardin anglais arrosé par le Loir. C'est à Poncé que commence le vallon qui porte plus particulièrement ce nom.

jours du même côté, le manoir de la Denysière, témoin d'un drame sanglant que nous avons raconté, et, plus loin, la Ribochère, bâtie vers 1750, par le marquis de Querhoent, seigneur de Tréhet, et démolie en 1818, par M. Besnier, de Montoire. En face, derrière un beau rideau de peupliers qui dessine le cours du Loir, et sur la colline qui borne l'horizon, les tours de La Flotte, l'antique manoir des Du Bellay, rebâti il y a un demi-siècle, par le marquis de La Rochebousseau, puis les restes d'un ancien couvent de Camaldules et le bourg de Poncé, que couronnait le vieux château des Roches. Ensuite, après un coude très prononcé de la rivière, on aperçoit des collines boisées, dont le gracieux aspect fait pressentir la délicieuse vallée de Ruillé.

A droite, c'est Artins avec son ancien prieuré de Templiers, devenu, sous Philippe-le-Bel, commanderie de Malte, puis les ruines de la Roche-Turpin, occupée avant la Révolution de 1789 par le propriétaire de la Flotte, et bien d'autres encore dont les toits aigus brillent au milieu des plus frais ombrages. Puis le val de la Braye, le camp romain de Sougé et la tombelle de Troô.

Du côté du nord, la Poissonnière était entourée de murs et flanquée de tours dont on voit encore quelques traces. La seigneurie de Couture y était annexée. Le château n'a rien d'imposant ni de féodal dans son ensemble ; mais on y trouve des détails de l'architecture de la Renaissance d'une inépuisable richesse. Il est probable qu'au XVIe siècle il subit, sinon une reconstruction, du moins des restaurations importantes (¹). Pierre de Ronsard, à qui ses biographes donnent, entre autres qualités, celle de bon parent, y vint souvent visiter son père Louis et son frère Claude, seigneurs de la Poissonnière. Il puisa au milieu de cette verdoyante campagne ses plus fraîches inspirations poétiques. Au-dessus de la porte de la façade du nord, on lit cette devise : « *Avant partir,* » qu'on voit répétée sur plusieurs fenêtres. Le poète a-t-il voulu rappeler par là le dernier adieu que le voyageur envoyait aux hôtes qu'il quittait, et qui, des fenêtres du manoir, le suivaient du regard ? Cette sentence est difficile à expliquer, et nous avouons en toute franchise notre incompétence. Au-dessus des fenêtres sont encore ces inscriptions, d'un caractère si différent : « *Voluptati et gratiis* » et « *Veritas filia temporis.* » Toutes sont précédées d'un grand E et terminées par un L majuscule : initiales mystérieuses qui représentaient pour le châtelain tout un monde de souvenirs. La façade du midi, qui donne sur les cours intérieures, est la plus intéressante : au-dessus d'une grande fenêtre, aujourd'hui murée, on voit les bustes d'un seigneur et d'une dame. Sur la porte de la tourelle qui renferme l'esca-

---

1. Nous sommes tenté de placer cette reconstruction au commencement du xvıᵉ siècle et de lui donner pour auteur Loys de Ronsart, père du poète ; l'L qu'on trouve partout dans les ornements est la première lettre de son nom *Loys,* qui est du reste écrit en toutes lettres en plusieurs endroits, et l'E l'initiale d'une femme que Loys dut aimer avec toute l'ardeur d'un premier amour. L'absence des armoiries des Chaudrier sur la grande cheminée est pour nous une preuve qu'elle a été construite avant le mariage de Loys.

lier est un buste en pierre qu'on a dit, à tort croyons-nous, être celui de P. de Ronsard ; nous serions plutôt disposé à y reconnaître Louis XII, sous qui Louis de Ronsart fit ses premières armes, Louis XII, le roi bien-aimé, surnommé *le père du peuple*. Dessous, on lit la devise : « *Voluptati et gratiis*, » qui annonce que l'habitation était vouée aux plaisirs et aux grâces. Sur les fenêtres, on lit encore les sentences : « E. *Domine conserva me*. L. », « E. *Respice finem*. L. », « *Domi . oc . Vlsion . gespec* (¹), » qui prouvent que si Ronsard sacrifia beaucoup aux vanités du monde, il eut des sentiments religieux et ne rougissait pas de les exprimer.

A gauche, sont les communs, creusés dans le roc, et dont les portes sont décorées de devises et d'arabesques appropriées à leur destination. A deux mètres environ devant ces communs était une rangée de colonnes à chapiteaux historiés et formant une sorte de péristyle sur lequel régnait une terrasse faisant communiquer le château avec un oratoire situé à l'extrémité des communs et dont on voit encore de beaux restes. Il n'existe plus que trois de ces colonnes avec leurs chapiteaux. Au-dessus de la première porte qu'on trouvait à gauche en entrant sous ce péristyle, on lit ces mots significatifs : « *La Buanderie belle*, » puis vient « *la Fourière*, » où on entasse les fourrages, puis la cuisine, dont la porte montrait, au milieu d'attributs culinaires, cette inscription : « *Vulcano et diligentiæ*, »

---

1. Il nous a été impossible d'expliquer cette dernière, elle est copiée textuellement.

puis le caveau des vins étrangers : « *Vina barbara* » ; l'endroit où l'on traitait les pauvres errants : « *Cui des videto* » ; le garde-manger : « *Custodia dapum* » ; enfin la cave avec ce conseil épigrammatique : « *Sustine et abstine* » : « Supporte et abstiens-toi ! » Après la cave, on voit un bâtiment à un étage qui renfermait un petit oratoire dédié à saint Jacques, patron des pélerins. Dans les détails d'architecture de l'entrée, on retrouve les coquilles, emblèmes des pieux voyageurs ; à l'intérieur existait une statue de saint Jacques, dont les restes mutilés gisent au fond d'un galetas. Au-dessus de la porte, on lit ce cri de l'âme à la louange de son Créateur : « *Tibi soli gloria.* »

En face de cet oratoire, et à droite par conséquent du château proprement dit, existait encore au siècle dernier une chapelle que nous voyons mentionnée en 1535. Elle était plus ancienne que le manoir et a été démolie par M. Delahaye. Bien qu'elle fût délabrée et dépourvue de tout intérêt architectural, elle avait cependant sa raison d'être et méritait d'être conservée pour l'unité de la décoration de la Poissonnière. Elle faisait comprendre pourquoi les inscriptions graves de la façade intérieure, « *Respice finem* » et autres, se trouvaient à la place qu'elles occupent ; elles se présentaient les premières lorsqu'on sortait de la chapelle.

Maintenant que nous avons visité l'extérieur de l'antique demeure des Ronsart, entrons dans l'intérieur, où nous attend une des plus charmantes merveilles de la sculpture ornementale à l'époque de la Renaissance.

Avant de franchir le seuil, regardons cette cloche destinée à avertir les habitants de l'arrivée d'un étranger; elle porte les armes de la famille, les trois *ross* traditionnels. Sur une autre, qu'on nous a fait voir, et qui était vraisemblablement celle de la chapelle, on lit ces mots : « La Posionière. »

La merveille dont nous venons de parler est la cheminée de la grande salle employée comme salle à manger. En face d'un travail si riche et si varié, toute description devient difficile, sinon impossible : nous n'en tenterons qu'une légère ébauche.

Depuis le sommet du trumeau, qui touche aux poutres du plafond, jusqu'au socle des pilastres, la pierre est délicatement fouillée, et l'œil étonné ne peut y trouver deux ornements qui se ressemblent : preuve éclatante de la richesse d'imagination des artistes de cette époque. Immédiatement au-dessous de la corniche, c'est une ligne de dix-huit ou vingt caissons renfermant chacun un sujet différent ; nous avons remarqué entre autres les initiales L et E, que nous avons déjà signalées, et une croix qui ne peut être que celle de l'ordre de Saint-Michel dont était décoré Louis de Ronsart, père du poète. Puis, au-dessous, un semé de fleurs de lys, au milieu duquel ressort l'écu de France, avec la couronne des princes du sang. Puis, la grande inscription devenue la devise de famille : « NON FALVN̄ FW̄RA M̄ERĒE » : *L'avenir appartient au mérite*. L'inscription est divisée en deux parties par le blason des Ronsart : « *d'azur à trois ross d'argent posés en fasce.* »

Au-dessous de l'écusson, sont des flammes qui embrassent de mystérieuses tiges de marguerites, symbole des sentiments de respectueux amour de Loys pour Marguerite de Valois, reine de Navarre et sœur de François Ier, et avec qui Loys fut continuellement en rapports pendant son séjour en Espagne. Le manteau de la cheminée se termine par un large bandeau en entrelacs renfermant les blasons d'une vingtaine de familles alliées aux Ronsart, et qui forment un total de cinquante écussons au moins. Nous avons distingué les suivants :

1º *D'azur au soleil d'or*, qui est de Phélines ;

2º *D'azur à une étoile de six rais d'or*, qui est de Gailhac ;

3º *D'azur à trois ross d'argent posés en fasce*, qui est de Ronsart ;

4º *D'argent au lion de gueules couronné d'or*, qui est de Matignon ;

5º *D'argent à la bande de fusées de gueules*, qui est des Roches. On peut encore lire : « *de gueules à cinq fusées d'argent mises en bande*, qui est Filhet, seigneurs de la Curée et de la Roche-Turpin (Vendomois) ;

6º *De gueules à la fasce d'argent, accompagné de trois annelets de même, deux en chef et un en pointe*, qui est d'Ortans ou Dortans (Bresse) ;

7º *D'hermine au chef de sable*, qui est de Verrières ;

8º *Losangé d'or et de gueules*, qui est de Craon, vicomtes de Châteaudun ;

9º *Semé de France à la bordure de gueules*, qui est de Valois ;

10º *D'or à une étoile à six rais d'azur accom-*

pagnées de six annelets de gueules en orle (¹), qui est d'Illiers des Radrets ;

11° *Fascé, enté, ondé d'or et de gueules,* qui est de Maillé ;

12° *D'azur à trois fleurs de lys d'or à la bande de gueules,* qui est de Bourbon et Vendôme (duché-pairie). On pourrait lire aussi : *d'azur à trois fleurs de lys d'or à la bande d'argent brochant sur le tout,* qui est de Brossard ;

13° *De France à la bordure de gueules chargée de huit besans d'argent,* qui est d'Alençon. Les ducs de Beaumont-au-Maine portaïent de même ;

14° *De France au lambel à trois pendants d'argent,* qui est d'Orléans ;

15° *D'azur à trois fleurs de lys d'or,* qui est de France ;

16° *Semé d'hermine,* qui est de Bretagne ;

17° *D'argent à la croix alaisée de gueules,* qui est Xaintrailles. On peut aussi blasonner : *d'or à la croix alaisée d'azur,* qui sont les armes de Pierre de Chappes, évêque d'Arras et de Chartres, chancelier de France sous Philippe V, dit le Long ;

18° *D'argent au lion de gueules, armé, lampassé et couronné d'azur,* qui est Le Vasseur, marquis de Cougners, de Beaumont et de Thouars-sous-Ballon. On peut lire aussi : *d'argent au lion de gueules, la queue fourchue, nouée, passée en sautoir, armé, couronné d'or et lampassé d'azur,* qui est Luxembourg ;

19° *D'argent au lion d'azur couronné et langué*

---

1. voy. les armes de Jean IV, curé de Bessé, généalogie de la branche de la Poissonnière, 7ᵉ degré, p. 21.

de gueules, qui est Mâcé, seigneur de Ternay. Nous avons vainement cherché dans cette collection les armes de Jeanne Chaudrier, mère de Pierre de Ronsard, le poète. Elle portait, d'après les preuves de Malthe (manuscrit de la bibliothèque de l'Arsenal) : « *d'argent à trois chaudières avec leurs anses de sable.* »

Parlerons-nous maintenant des consoles surmontées, l'une d'une salamandre, l'autre d'un autel antique ; des riches pilastres où s'enlacent les attributs guerriers et champêtres, les casques, les cuirasses, les musettes et les guirlandes de fleurs ? La plume est impuissante à les décrire, et le crayon seul peut rendre ces charmants détails.

Au fond de la cheminée, on remarque une plaque qui y fut placée par la famille de Rousselet de Château-Regnaud et qui renferme ses armes, qui sont : « *d'or à un arbre de sinople freté d'or.* » Dans le salon est une cheminée de la même époque, mais qui n'offre rien de remarquable. Le cabinet de travail qui vient après en possède une autre avec cette devise : NYQVIT NYMIS (c'est-à-dire *Ne quid nimis*, rien de trop). Partout on voit, dans les petits panneaux, tantôt le nom de *Loys*, tantôt une fleur de myosotis.

Depuis Beaudouin de Ronsart, qui bâtit la Poissonnière dans la première moitié du XIVe siècle, le château appartint à ses descendants sans interruption. Le dernier seigneur de la Poissonnière qui ait porté le nom de Ronsart est *Loys*, chevalier de Saint-Jean de Jérusalem, gouverneur du Vendomois, et ligueur acharné, dont nous donnons le testament daté de 1578 (¹). Après la mort d'Anne de Bueil, sa femme, la Poissonnière passa à sa fille, Françoise de Ronsart, épouse de messire *Louis Le Gay*, d'une ancienne famille de Sologne, vers 1590. Louis Le Gay eut un fils, *Jean Le Gay, seigneur de la Poissonnière* (²) et de la Giraudière, en Touraine, qui avait épousé Renée Jacques de la Heurlière. Sa fille unique et héritière, *Marie Le Gay*, avait épousé, le 24 janvier 1658, *François Rousselet III*, marquis de Château-Regnaud, lieutenant de la mestre de camp du régiment des gardes. Elle mourut au mois de décembre 1684. François Rousselet III, marquis de Château-Regnaud et seigneur de la Poissonnière, descendait de François Rousselet, seigneur de la Pardieu, de Jaunaye et de la Bastie, en Dauphiné, et de Lilli, en Normandie, et de Mérande de Gondy, sœur du cardinal de Gondy, et du maréchal duc de Retz. Il eut dix fils qui moururent sans postérité.

Son frère cadet, *François-Louis*, né le 22 septembre 1637, servit dans les armées de terre en 1658 et 1659, et passa en 1661 au service de mer ; il fut fait capitaine de vaisseau en 1664, chef d'escadre en 1673, lieutenant-général des armées en 1688, grand-croix de l'ordre

---

1. Voy. p. 39 et Pièces justificatives, n° 2.
2. Voy. le P. Anselme, t. VII, p. 651. D'Hozier donne au vol. de Tours, 1078, un seigneur de la Poissonnière qui porte *d'azur à une croix recroisettée d'argent à une bande de gueules brochant sur le tout*. C'est sans doute Jean Le Gay dont il est question.

de Saint-Louis, lors de la création, en 1693; capitaine général de la mer pour le roi d'Espagne en 1701, vice-amiral du Levant le 1er juin même année, et enfin maréchal de France le 14 janvier 1703, et chevalier des Ordres le 2 février 1705. Il mourut à Paris le 15 novembre 1716. Il avait épousé, le 30 juillet 1684, Marie-Anne-Renée de la Porte, dont quatre enfants :

1° François-Louis-Ignace Rousselet, marquis de Château-Regnaud, tué au combat de Malaga (24 août 1704);

2° Anne-Albert Rousselet, né le 22 février 1692;

3° Anne-Marie Dreuse Rousselet, mariée le 22 mai 1710 à Louis-Jean-Baptiste Goyon de Matignon, comte de Gacé, chevalier des ordres du roi;

4° *Emmanuel Rousselet, marquis de Château-Regnaud, comte de Crozon, seigneur de la Poissonnière* (1), de la Giraudière, etc.; né en 1695; chevalier de Saint-Louis, capitaine de vaisseau, lieutenant-général de la haute et basse Bretagne, marié en premières noces à Marie-Emilie de Noailles, fille d'Anne-Jules de Noailles, pair et maréchal de France, et en secondes noces à Anne-Julie de Montmorency, fille de Léon de Montmorency, marquis de Fosseux. Emm. Rousselet, marquis de Château-Regnaud, mort le 1er mai 1739, a laissé quatre filles :

1° Marie-Anne-Sophie Rousselet de Château-Regnaud, née le 20 octobre 1726, mariée le

---

1. Voy. le P. Anselme, t. 7, p. 652.

13 avril 1746 au comte d'Estaing. *Charles-Henry d'Estaing* (¹), *seigneur de la Poissonnière*, d'une noble et ancienne famille de Rouergue, était né au château de Ruvel, en Auvergne, en 1720. Il fut colonel du régiment de Rouergue le 1er janvier 1748, brigadier le 18 novembre 1756, maréchal de camp le 20 février 1761; combattit dans les Grandes-Indes et fut fait deux fois prisonnier par les Anglais. Lieutenant-général le 25 juillet 1762, il fut nommé lieutenant-général des armées navales à la paix de 1763. Il se distingua pendant la guerre de l'indépendance américaine et se trouvait à la tête des flottes combinées à Cadix, au moment de la signature de la paix, en 1783. Membre de l'assemblée des notables en 1787, le comte d'Estaing embrassa le parti de la Révolution, commanda la garde nationale de Versailles en 1789, et fut nommé amiral en 1792. Malgré ses principes et sa conduite, son titre de noble le mena à l'échafaud, où il monta en 1794. Il n'avait survécu que deux ans à la comtesse d'Estaing, décédée à Paris le 4 février 1792;

2° Marie-Charlotte Rousselet de Château-Regnaud, née le 20 septembre 1728, morte jeune;

3° Marie-Catherine-Louise-Dreuse Rousselet de Château-Regnaud, mariée, en 1793, à Charles-Borromée Belloud;

---

1. Nous donnons les prénoms du comte d'Estaing d'après les actes notariés de la famille. Le *Dictionnaire d'histoire et de géographie* de Bouillet le nomme *Charles-Hector*; l'*Histoire de la vieille Infanterie française* par le colonel Louis Susane (t. 6, p. 61) l'appelle *Charles-Théodat*.

4° Sophie-Dreuse Rousselet de Château-Regnaud, mariée vers 1795 à François-Marie Barraison.

A la mort de madame la comtesse d'Estaing, sa succession fut dévolue à des collatéraux : les deux sœurs de la défunte, mesdames Barraison et Belloud pour la branche paternelle, et quant aux propres de cette ligne, et dans la branche maternelle, M. Anne-Léon de Montmorency, qui fut bientôt représenté par l'État, à cause de son émigration. Après la clôture de l'inventaire, les demoiselles de Château-Regnaud assignèrent les héritiers présomptifs qui avaient concouru à l'inventaire pour être autorisées à se mettre en possession des propres paternels, et notamment de la terre de la Poissonnière. Après divers jugements du tribunal de la Seine, il y eut, le 6 germinal an III, un acte passé entre le bureau du domaine national du département de Paris et les demoiselles Rousselet de Château-Regnaud, par lequel le domaine de la Poissonnière était définitivement abandonné à ces dernières. L'exécution de cet acte fut ordonnée par arrêté du département de Loir-et-Cher du 15 frimaire an III, et par arrêté du district de Vendôme du 19 du même mois.

Suivant acte passé devant Me Poultier et son collègue, notaires à Paris, le 22 germinal an II, mademoiselle Sophie-Dreuse Rousselet de Château-Regnaud, majeure, tant en son nom personnel que comme mandataire de sa sœur, mademoiselle Marie-Catherine-Louise-Dreuse Rousselet de Château-Regnaud, aussi majeure, vendait à M. *Christophe-Joseph Delaplace* les droits successifs appartenant à elle et à sa sœur, comme seules héritières, chacune pour moitié, dans la ligne paternelle de mademoiselle Marie-Sophie Rousselet de Château-Regnaud, décédée, épouse de l'amiral d'Estaing, suivant les jugements rendus devant le tribunal civil du premier arrondissement de Paris le 27 juillet et le 7 septembre 1793, et suivant un arrêté du département de Paris du 5 germinal an II (25 mars 1794), ensemble les droits qui pourraient leur appartenir dans la terre de la Poissonnière dépendant de la succession de madame d'Estaing.

Depuis cette vente à M. Delaplace, intervint un jugement du tribunal civil d'Eure-et-Loir, rendu le 12 messidor an IV (30 juin 1796), qui annulait la vente faite par mademoiselle Sophie-Dreuse Rousselet de Château-Regnaud, devenue depuis épouse de M. François-Marie-Louis Barraison. La conséquence de cette annulation a été d'établir une indivision entre madame Barraison et M. Delaplace, comme représentant de mademoiselle Marie-Catherine-Louise-Dreuse Rousselet de Château-Regnaud, devenue depuis épouse de M. Charles-Borromée Belloud.

Cette indivision a cessé par un partage en justice. En exécution de deux jugements rendus l'un par le tribunal du département de la Seine (le 2 prairial an V), l'autre par le tribunal de Seine-et-Oise (23 messidor an VI), les parties ont fait procéder à l'estimation et à la division en deux lots du domaine de la Poissonnière, et un tirage au sort eut lieu. Huit ans après, en

1806, M. Christophe-Joseph Delaplace, à qui était échu le château de la Poissonnière, mourait à Paris, laissant pour seules héritières, chacune pour un tiers, ses trois filles : mesdames Gabrielle Delaplace, épouse de M. Simon-Nazain Portier, Eugénie-Louise Delaplace, épouse de M. Théodore-Louis Huot de Brangolo, commissaire de la marine à Lorient, et Pauline Delaplace, épouse de M. Jean-Louis Delahaye, conseiller à la cour royale de Paris. Toutefois, par des dispositions particulières, M. Delaplace avait légué à M. Delahaye la quotité disponible de sa fortune, qui, se trouvant être d'un quart, donnait à madame Delahaye la moitié de la succession de son père et aux dames Portier et Brangolo chacune un quart.

Le château de la Poissonnière se trouvait dans la part de madame *Delahaye*. A sa mort, arrivée le 23 mars 1818, son héritage fut partagé par ses deux fils, Ange-Louis-Jean Delahaye et Gabriel-Henry-Nicolas Delahaye. M. Ange-Louis-Jean est lui-même décédé, laissant pour héritiers son père et son frère. En 1846, M. Delahaye mariait son fils Gabriel-Henry-Nicolas et lui abandonnait sa part dans l'héritage de son fils décédé. C'est ainsi que M. *Gabriel Delahaye* devint seul propriétaire du château de la Poissonnière.

Ce fut pour le vieux manoir un événement heureux que celui qui le fit tomber aux mains de ce dernier châtelain; des restaurations sérieuses et bien entendues furent entreprises, et l'on put croire que l'antique demeure des

Ronsart ne tarderait pas à revivre parée de toute son élégance bi-séculaire. Mais la Providence en avait décidé autrement. Le 6 octobre 1860 fut un jour néfaste pour la famille Delahaye ; nous ne retracerons pas le déplorable accident qui rendit orphelins et héritiers de la Poissonnière les jeunes enfants de M. Delahaye, sous la tutelle de leur mère. Nous comprenons le pieux respect que doit inspirer leur douleur.

Qu'il nous soit seulement permis, en terminant ce chapitre, d'émettre un vœu auquel applaudiront, nous en sommes persuadé, tous les rénovateurs du passé, tous les amateurs de la Renaissance. Qu'il nous soit permis d'espérer que l'œuvre commencée par feu M. Delahaye n'a été qu'interrompue, et que le travail de restauration ne tardera pas à reprendre.

II

LES MOULINS RONSART.

Les Ronsart ont possédé dans le Vendomois plusieurs moulins qui ont conservé leur nom. C'est ainsi qu'on voit un *Moulin-Ronsart* à Couture, sur le petit ruisseau qui se jette dans le Loir. Il y a aussi sur le même ruisseau le moulin du *Pin*, nom tant aimé du poète Ronsard.

On en voit un autre à Areines, près Vendôme, et à peu de distance du manoir d'Huchigny, commune de Coulommiers. La Boulay, affluent du Loir, en fait tourner un troisième.

III
LES ROCHES.

A un kilomètre nord-est de l'église de Poncé et sur le coteau de la rive droite du Loir, on distinguait encore au commencement de ce siècle une enceinte fortifiée et quelques ruines informes de l'ancien château des Roches démoli au xviie siècle.

Sur ses ruines, on a élevé une chapelle qu'on nomme aujourd'hui la chapelle de Saint-Etienne, et où l'on va en pélerinage le 26 décembre. C'est ce château qui a donné son nom à une des branches de la maison de Ronsart.

IV
GLATIGNY.

La terre, fief et seigneurie, de Glatigny (Sarthe), qu'il ne faut pas confondre avec le château de Glatigny, près Souday (Loir-et-Cher), était située dans la paroisse de Savigny-sur-Braye, à trois kilomètres de Bessé. C'était la dotation d'une chapellenie fondée dans l'église de Saint-Calais. Le petit castel de Glatigny existe dans le vallon de la Braye, mais il a été presque entièrement reconstruit. Cependant on voit encore au-dessus d'une porte intérieure les armoiries sculptées de la famille de Ronsart. Il avait dans ses dépendances deux métairies : la Cour et les Maisons-Neuves. Glatigny fut possédé par les Ronsart de 1576 jusqu'à la fin du xviie siècle.

V

LA CHAPELLE-GAUGAIN.

La Chapelle-Gaugain (*Capella Gaudiana*) faisait partie du doyenné de Chartres, de l'archidiaconé et de l'élection de Château-du-Loir et du diocèse du Mans. Ce village est à 11 kilomètres N.-E. du Mans ; il est arrosé par un ruisseau appelé le Tusson. La seigneurie de paroisse était annexée au château.

Le manoir primitif datait du xve siècle, il avait été bâti par Olivier de Ronsart, premier du nom, qui en était seigneur en 1474. La famille le conserva jusqu'à l'année 1575, époque à laquelle Loys de Ronsart en transmit la seigneurie à messire Jacques Tiercelin. Les armes de la maison de Ronsart se voient encore dans l'église de la Chapelle-Gaugain, sculptées en trois endroits différents. De Jacques Tiercelin, cette seigneurie passa à Jacques des Loges et à sa femme Catherine de Broc.

En 1632, elle fut érigée en vicomté en faveur de Jean Rothelin de Saintrailles, militaire distingué sous Louis XIII, qui venait d'acheter cette terre. Elle relevait de la baronie de Bouloire à foi et hommage simple, mais le châtelain de Saint-Calais y avait aussi des droits, car nous voyons qu'en 1465 les héritiers de feu Colin Ragroneau devaient au châtelain de Saint-Calais « *foy et hommage simple et demy cheval de service*
» *quand y escheit par la coustume du pays, pour*
» *raison des choses qu'ils tiennent de moy à Vansay*
» *et à la Chapelle-Gaugain.* » Les héritiers de

M. de Saintrailles vendirent le château de la Chapelle-Gaugain à Louis-François Massue, procureur du roi en la sénéchaussée et aux eaux et forêts de Château-du-Loir; puis il passa dans la maison de Mainville.

A la fin du XVIIIe siècle, le château de la Chapelle-Gaugain avait conservé encore toute sa physionomie féodale. A sa principale entrée était un magnifique perron décoré d'écussons et autres ornements de chevalerie. Ces apparences nobiliaires étaient trop en désaccord avec les idées du temps, pour résister au torrent révolutionnaire. En effet le vieux manoir ne tarda pas à tomber pour faire place à une grande maison construite sans goût et sans style par M. de Mainville, l'année même de la révolution. Le pavillon de l'escalier, qui était la partie la plus solide du vieux château, résista seul au marteau des démolisseurs. Après la mort de M. et Mme de Mainville, le château passa aux mains du fameux phalanstérien docteur Savardan, qui le restaura en respectant le style primitif dans les endroits qui en avaient conservé quelques vestiges. Cette propriété appartient aujourd'hui à Mme de la Fontaine-Solar, d'une ancienne famille d'Artois.

VI

MONCHENOU.

Les fief et manoir de Monchenou n'existent plus. Dans un titre de 1378, il est appelé *Monchenu* (mons canus), nom qui lui vient de la nudité de la colline sur laquelle le manoir était assis. Il ne reste que la métairie et le moulin situés entre Vancé et la Chapelle-Gaugain. Les Ronsart en furent seigneurs de 1452 à 1520.

VII

LA FOUSSE DE ROUMIGNY.

Sur l'emplacement de la Fousse ou Fosse de Roumigny est une villa récemment construite. Elle est dans la commune de Bessé, près du grand Roumigny, ancienne propriété de l'abbaye de Saint-Calais.

VIII

LA GARLIÈRE.

La Garlière, seigneurie possédée par les Ronsart au xve siècle, n'est plus aujourd'hui qu'une ferme, dans la commune de Savigny-sur-Braye (Loir-et-Cher).

IX

FLEURIGNY.

Les fief et seigneurie de Fleurigny avaient au xviie siècle une certaine importance. Le petit manoir est situé dans la paroisse de Saint-Rimay, canton de Montoire, département de Loir-et-Cher; il disposait de la haute, moyenne et basse justice, il avait une garenne et un colombier. Le seigneur de Fleurigny tenait ses droits de la châtellenie des Roches-Lévêque à foi et hommage simple. Nous donnons aux pièces justificatives, n° 4, le contrat de vente de Fleurigny faite à André Neilz, lieutenant du Bas-Vendomois, par Louis de Ronsart.

X

SAINT-GILLES.

Pierre de Ronsard fut prieur de Saint-Gilles; il dut cette prébende, comme les autres, à la munificence de Charles IX.

Le prieuré de Saint-Gilles est à Montoire même, dans la vieille ville, sur la rive gauche du Loir, au fond d'une ruelle qui prend accès dans la rue Saint-Oustrille. L'ancien pouillé du diocèse du Mans porte que le prieuré de Saint-Gilles, dépendant de l'abbaye de Saint-Calais, fut fondé par les seigneurs de Montoire vers le xe siècle. D'ailleurs, le caractère de l'art à cette époque se reconnaît dans l'architecture de ce monument, ainsi que dans les curieuses peintures à fresque dont il est décoré; elles semblent appartenir au xie siècle. Saint-Gilles formait une croix latine dont la tête et les bras se terminaient en demi-cercle. La peinture du sanctuaire nous paraît représenter Jésus-Christ, la tête ceinte d'un nimbe crucifère, assis dans une *gloire*, les pieds sur le monde, bénissant de la main droite et tenant de la gauche un livre ouvert. En dehors de la *gloire* plusieurs anges, et près des pieds le lion et le taureau ailés. Le haut de la fresque est trop détérioré pour qu'on puisse voir si l'aigle y est. Dans le bras de droite est encore Jésus-Christ, dans une *gloire*, donnant deux clefs peu apparentes à un personnage qui les reçoit des deux mains. Dans le bras gauche, nous trouvons Jésus-Christ barbu assis dans une *gloire* entre l'α et l'ω, les mains étendues comme pour appeler à lui les apôtres; nous pensons du moins pouvoir donner ce nom à six personnages qui remplissent tout l'espace à la gauche.

Sur l'arcade qui sépare le sanctuaire de la coupole, on distingue l'agneau mystique entre deux chérubins. Sur celle qui sépare la coupole de la nef, nous retrouvons le Christ barbu et nimbé entre l'α et l'ω et accompagné de la Chasteté vêtue en chevalier, portant un écu *écartelé de gueules et d'argent* et combattant la Luxure figurée par Belzébuth, et de la Patience qui, sous le même costume et couverte d'un écu *barré d'argent et d'or à la bordure de gueules*, combat un démon dont le nom n'est pas écrit.

L'humidité a trop dégradé les autres peintures pour qu'on puisse en donner une description. Il n'existe plus de la chapelle que l'abside et les deux bras de la croix; ce sanctuaire a servi depuis la révolution de cellier et de magasin. Aujourd'hui, il est plus respecté; on y a rétabli un autel, et tous les ans, le jour de la fête de Saint-Gilles, on y amène une foule de petits enfants. Le prêtre leur dit des évangiles qui doivent les préserver de la peur. Les bâtiments du prieuré existent encore en partie et servent d'habitation.

XI

CROIXVAL.

Le prieuré de Croixval était situé dans un étroit vallon de commune de Ternay, canton de Montoire (Loir-et-Cher). Il était dédié à sainte Madeleine, dont la statue a été transportée à l'église de Ternay. Il fut fondé vers 1188 comme une dépendance de l'abbaye de Tyron, au pays chartrain. Ce bénéfice avait le titre de baronnie. Pierre de Ronsard en jouissait par commende au XVIe siècle. On voyait encore, il y a quelques années, les ruines de la chapelle du prieuré, dans un lieu solitaire près du ruisseau de Ternay.

XII

LA COUR DE CRANN.

Nous ne savons pas au juste quel est ce fief dont il est question dans nos pièces justificatives. Il y avait autrefois le *fief de Crannes*, dont était possesseur en 1480 Christophe de Vendomois, seigneur de Bessé, Crann et Champmarin. Aurait-il passé dans la famille de Ronsart, à une époque et par des transmissions qui nous sont inconnues? C'est ce que nous ne pouvons établir.

XIII

LA COUR.

Mademoiselle de Ronsart, dernière du nom, habitait le château seigneurial de La Cour, situé dans la paroisse de Saint-Paul-le-Gaultier, canton de Fresnoy (Sarthe). Le château, de construction moderne, a été bâti sur les fondations de l'ancien. Il était entré dans la famille par le mariage de Perrine-Françoise de Moloré de Saint-Paul avec Michel-Claude de Ronsard. Mademoiselle de Ronsart y est morte le 31 août 1866.

XIV

LES MAISONS DE VILLE.

A Paris. Pierre de Ronsard, le poète, avait une maison à Paris, rue Neuve-Sainte-Étienne-du-Mont. Cette rue s'appelait au temps de Ronsart rue *des Morfondus;* puis elle prit le nom de rue *du Puits-de-Fer*, et enfin rue *Neuve-Saint-Étienne-du-Mont.* En 1646, Guillaume Colletet achetait cette maison d'un certain Nicolas Lefèvre pour 12 deniers parisis. En 1653, Colletet la revendait au potier de terre Guillaume Marboutin. Les historiens et les poètes du temps nous représentent cette demeure des muses comme un hôtel assez somptueux. Il avait une cour séparée du jardin par une balustrade; à l'entrée de ce jardin une porte dont les piliers étaient surmontés de deux lions en pierre. Au milieu, un magnifique mûrier à l'ombre duquel se réunissaient jadis les membres de la Pléiade [1].

Au Mans. Guillaume Le Bourdais, bourgeois du Mans et beau-père de Michel II de Ronsart, avait acheté le 15 décembre 1633, pour 2100 livres, une maison qui porte aujourd'hui le n° 9 de la rue de la Barillerie, paroisse de Saint-Nicolas au Mans.

Avant l'année 1673, Michel de Ronsart occupait cette maison. En 1697, sa fille Mme veuve René Gauvain l'habitait; elle est aujourd'hui la

---

1. Voir notre brochure intitulée *Nouveaux renseignements sur la maison de Ronsard à Paris*, in-8°, Paris, chez Dumoulin, 1866.

propriété d'un négociant du Mans. On trouve à la bibliothèque publique de cette ville, sous la cote 477, une déclaration des maisons de la paroisse de Saint-Benoît, qui prouve que Michel de Ronsart, avocat, possédait plusieurs maisons dans cette paroisse en 1694. Une maison de la rue de la Tannerie avait à sa cheminée du XVIe siècle, un petit écusson un peu fruste et qui maintenant se trouve au musée de la préfecture. Il a 10 centimètres de hauteur sur 15 centim. de largeur et porte les *trois ross posés en fasce*; on lit sur l'orle qui l'accompagne, la devise des Ronsart : *Ne quid nimis*. Au-dessous de cet objet, on voit au même musée un médaillon haut et large de 48 centimètres en pierre assez dure. Ce médaillon se trouvait sur la façade d'une maison du Bourg-Belay, paroisse de la Couture; on croit généralement y reconnaître le portrait de Pierre de Ronsard.

A Vendôme. César de Vendôme, bienfaiteur des Oratoriens, acheta plusieurs maisons pour agrandir le collége de cette ville. Parmi ces maisons s'en trouvait une qui avait appartenu au poète Ronsard. Elle était située dans la rue Saint-Jacques et avait ses jardins sur le bord du Loir, faisant face à l'hôtel des Du Bellay.

XV

BEAUMONT-LA-RONCE.

Le manoir de Beaumont-la-Ronce est dans la paroisse de Saint-Martin de Beaumont-la-Ronce. Cette paroisse, autrefois du diocèse, de l'élection et de la généralité de Tours, forme aujourd'hui un gros bourg sur la rive droite de la Loire à environ 18 ou 20 kilomètres dans les terres. Le château est situé à mi-côte, dominant un petit vallon occupé par le village de Beaumont; le domaine est important d'étendue et a une contenance d'environ 2000 hectares sur lesquels une fort ancienne forêt de 1500 hectares, donne beaucoup d'agrément et de valeur aux alentours du manoir.

En 1573, le château de Beaumont-la-Ronce était le sujet d'un différend entre Jehan de Champaigne d'un côté, et Jehan de Ronsart et sa sœur Charlotte de l'autre. Cette affaire nécessita la confection d'un fort curieux devis de restauration qui nous est parvenu et nous donne une triste idée de l'état dans lequel les propriétaires l'avaient laissé tomber ([1]). Le castel paraît remonter au XIVe siècle; sa construction en pierres et briques, est remarquable par sa hardiesse et sa masse imposante. Il était entouré de fossés profonds et deux ponts-levis en permettaient seuls l'entrée. Le château proprement dit se composait d'un donjon carré, masse énorme et d'un caractère sévère, flanqué à chaque coin d'une échauguette, couronné de machicoulis et de créneaux. Il avait quatre étages et était surmonté d'une guérite de pierre, dite *chambre du nain*, percée de quatre petites fenêtres dirigées chacune vers un des points cardinaux, et destinée au guetteur. Une tour d'escalier octogone, d'une époque postérieure, était accolée au donjon et le surmontait de son toit aigu; elle existe encore

---

1. voy. Pièces justificatives, n° 16.

et a environ 120 pieds de haut. A la suite du donjon, existait un corps de logis couronné par une courtine à machicoulis qui reliait entre elles plusieurs tours aujourd'hui rasées. Dans le donjon, on voyait une vaste salle basse, la salle des gardes peut-être, avec un cabinet voûté et deux chambres se communiquant. Une troisième chambre, puis les cuisines. Sous la grande salle et les cuisines, étaient des souterrains convertis en celliers. Le corps de logis avait deux étages. Au XVIe siècle, peut-être à la suite de la visite des lieux, dont nous avons encore le procès-verbal, on fit au château de grands changements et des restaurations importantes. On construisit la tour d'escalier qui est évidemment de cette époque, les baies et ouvertures furent remaniées et agrandies. On perça des fenêtres de deux pieds carrés et garnies de barreaux de fer.

Dans la cour intérieure, on trouvait d'abord les étables, puis la boulangerie, le fournil, etc. Il y avait un puits dans l'intérieur de cette cour. Le château communiquait avec la basse-cour par un des ponts-levis que nous avons mentionnés. Il était plus petit que celui qui donnait accès au donjon.

Dans la basse-cour, il y avait une grande étable, un pressoir, une grange, une fuie ou colombier féodal. En 1786 ou 87 on modifia beaucoup le vieux manoir ; pour obéir au goût de l'époque, le propriétaire commença à démolir le donjon dont il abattit les machicoulis, les créneaux et un étage. Il fut arrêté par la Terreur qui sauva le reste de la tour, mais ne put empêcher la mutilation des autres parties du château.

Beaumont-la-Ronce avait dans ses dépendances au XVIᵉ siècle, les métairies de Thueil et de Bournais avec tous leurs accessoires. La seigneurie appartenait dès le commencement du XVᵉ siècle et peut-être avant, à la famille de Fromentières.

En 1400, *Amaury de Fromentières*, épouse Anne de Courcillon; leur fils *Jehan de Fromentières*, écuyer, seigneur de Beaumont-la-Ronce, épouse Jeanne Carbonnel. Ils ont un fils *Jean* qui était en 1469 chevalier, seigneur de Marçon (¹).

Puis, nous trouvons *Guy de Fromentières* qui avait un fils du même nom que lui et trois filles (²) *Louise*, *Jehanne* et *Anne*. Louise épouse Jean de Maillé (³), Jehanne épouse Jacques de Ronsart, seigneur de Beaumont-la-Ronce et Anne épouse Charles de Ronsart, écuyer, seigneur de Bréhémont, que nous voyons figurer dans un contrat de vente du 21 septembre 1545 (⁴). Jacques de

---

1. Voy. *Armorial général* de d'Hozier, registre second, généalogie de la maison de Briqueville.
2. Voy. Pièces justificatives, n° 10.
3. Voy. *Armorial général* de d'Hozier, registre second, généal. de la maison de Vimeur de Rochambeau, 4ᵉ degré.
4. Voy. Pièces justificatives, n° 6. D'Hozier cite dans les registres manuscrits de son *Armorial général*, vol. de Tours, fol. 250, n° 40, Nicolas-Hillarion de Fromentières, écuyer, seigneur des Étangs-l'Archevesque, qui portait *d'argent à deux fasces de gueules*, et au fol. 637 du même vol., n° 80, Marie-Amande de Pradon, femme d'Hillarion de Fromentières, seigneur des Étangs, laquelle portait *de gueules à un chêne d'or surmonté de trois étoiles de même rangées en chef*. On voit encore dans l'église de Meslay, canton et arrondissement de Vendôme, la dalle tumulaire de Jehan de Fromentières, seigneur de Meslay, Faye et la Grapperie, mort le vendredi saint ... mars 157...

Ronsart eut trois enfants : N. de Ronsart, seigneur des Roches, Philippe et Isabeau.

Jehanne de Fromentières, devenue veuve de Jacques de Ronsart, épousa en secondes noces François-Simon du Mesnil, chevalier, seigneur de Beaujeu, veuf de Françoise de Pernay. Il avait deux enfants de ce premier mariage : Jacques et Agathe du Mesnil.

Jacques du Mesnil, épouse Isabeau de Ronsart, fille de sa belle-mère, et Agathe sa sœur, épouse *Philippe de Ronsart*, son beau-frère.

Les registres de baptême de Beaumont-la-Ronce, constatent qu'en 1536, Philippe de Ronsart, seigneur de la Bourdinière, habitait le château de Beaumont avec Guy de Fromentières, son oncle maternel, Anne de Ronsart, dite Mlle de Blèze, et Isabeau de Ronsart sa sœur, depuis femme de Jacques-Simon du Mesnil. A cette époque, Philippe de Ronsart n'était point encore seigneur de Beaumont-la-Ronce, la seigneurie appartenait à Guy de Fromentières, son oncle. C'est sans doute à l'époque de la mort de cet oncle qu'il hérita de cette seigneurie, dont il est titulaire dans son contrat de mariage avec Guyonne de la Bonninière ([1]), qu'il épousait en 1555, quelques années après la mort de sa première femme, Agathe du Mesnil. Guyonne de la Bonninière ([2]) était dame du fief, terre et sei-

---

1. Ce contrat est conservé dans les archives de M. le marquis de Beaumont. Nous le donnons aux Pièces justificatives, n° 7.

2. Les Bonin de la Bonninière, seigneurs des Chastelliers et du Frêne-Savary, demeuraient dans la paroisse de Saint-Martin de Beaumont-la-Ronce. Nous citerons : Pierre de

gneurie de la Grange, de Bréhemont et de la 4ᵉ partie de la terre et seigneurie de la Maslouère, située dans la paroisse d'Auzouer (à elle échue par la mort de noble homme Louis Louault ou Rouault, son oncle, vivant seigneur de la Maslouère); elle était filleule de Guy de Fromentières et de Jeanne de Fromentières, dame de Ronsart, en premières noces.

Ces deux familles de Fromentières et de la Bonninière avaient de fréquents rapports, car Beaumont-la-Ronce était très-rapproché de Beauvais et des Chastelliers, fiefs appartenant aux La Bonninière; aussi les alliances étaient-elles fréquentes entre les deux maisons. Nous citerons en passant Jehan de la Bonninière, écuyer, seigneur des Chastelliers et frère de Guyonne, qui épousa en 1563, Marie Savary, fille de Jacques Savary, écuyer, seigneur du Frêne et d'Isabeau de Fromentières.

Philippe de Ronsart est nommé dans un acte du 18 juin 1578; à la suite est une vérification faite le 19 dudit mois, dans laquelle sont nommés noble homme Jean de Ronsart, seigneur de Beaumont-la-Ronce et demoiselle Jeanne de Ronsart, sa sœur. Il paraît le 22 janvier 1553, dans un acte d'amortissement (1), de 18 bois-

---

la Bonninière, écuyer, seigneur des Chastelliers; Guérin de la Bonninière, écuyer, marié le 28 octobre 1494 à Perrette de Montplacé; Jean de la Bonninière, écuyer, seigneur des Chastelliers; Louis de la Bonninière, écuyer, seigneur des Chastelliers, vivant en 1595. La famille de la Bonninière de Beaumont a encore de nombreux représentants dans la Touraine, le Vendomois et d'autres provinces. Elle porte *d'argent à une fleur de lys de gueules.*

1. Voy. Pièces justificatives, n° 8.

seaux de blé, pris sur la terre de la Riaudière, moyennant une somme de 32 livres 5 sols tournois. Nous possédons un autre contrat du 21 juin 1556 (1), par lequel Philippe vend à damoiselle Olive Louault, sans doute sa cousine, les prés de la Ganachère, sis entre l'étang de la Barre et le chemin de Beaumont-la-Ferrière; plus la somme de 100 sols tournois de « *rente seigneuriale et inféodée, que le susdit écuyer vendeur, auroit droict d'avoir et prendre par chacun an, au jour de Saint-Martin d'Yvert sur messire Christoffle de Cone, chevalier, seigneur de Fontenailles, à cause du lieu, fief et seigneurie de la Bossée, paroisse de Beaumont-la-Ronce,* » le tout pour la somme de 400 livres. Le premier payement à faire le jour de la Saint-Bry. Ces actes nous révèlent un fait important pour les relations commerciales de l'époque, c'est que la Saint-Michel (29 septembre), la Saint-Martin (11 novembre), et la Saint-Bry, étaient des termes de payement consacrés par l'usage.

Le 26 septembre 1563, Philippe de Ronsart était un des cent gentilshommes de la maison du roi (2). Il est ainsi qualifié dans un contrat de rente de blé, prise sur la métairie du Pont, paroisse de Beaumont, et vendue à Marguerite de Gennes, veuve de feu Jehan Rouher, seigneur d'Authon et de la Couterie, demeurant à Lavardin (en Vendomois). Cet acte et le précédent sont dressés par Me Ladoyreau, notaire en la châtellenie de Beaumont-la-Ronce.

1. Voy. Pièces justificatives, n° 9.
2. Voy. Pièces justificatives, n°s 10 et 11.

Philippe de Ronsard avait eu d'Agathe du Mesnil, sa première femme, plusieurs enfants, entr'autres :

Jehan Ier de Ronsart, dit l'aîné des Beaumont, écuyer, seigneur de Bournais et de Beaumont, capitaine de cent hommes à pied des vieilles bandes et capitaine d'une des compagnies entretenues par le roi de Piémont, en 1578. Il paraît dans plusieurs actes notariés de 1571 à 1594 (1);

Jean Baptiste, dit le jeune de Beaumont;

Charlotte, sa sœur, dont Jean l'aîné était curateur. Nous trouvons dans un autre document qu'il avait une seconde sœur nommée *Jeanne*.

Jehan I, eut un fils, *Jean II, de Ronsart*, écuyer, seigneur de Beaumont, l'un des cent gentilshommes de la maison du roi, en 1587. Il n'était plus seigneur que d'une partie de Beaumont-la-Ronce, en 1595. Il épouse en 1606, noble dame Marie de Louet, veuve de haut et puissant seigneur Martin Fumée, chevalier de l'ordre du roi, seigneur de Genillé, de la Roche d'Alais, de Baratoire, etc. D'après les renseignements qui nous ont été communiqués par M. le marquis de Beaumont, Jean II de Ronsart, aurait été seigneur de la Poissonnière, nous ne savons pas à quel titre. Il semblerait que Jean II de Ronsart et Marie de Louet n'eurent pas d'enfants; car après la mort de Marie de Louet, la seigneurie de la Roche-d'Alais, distante d'une lieue de Beau-

---

1. Voy. Pièces justificatives, n°s 12 et 13.

mont, passa dans la maison de Menou, par l'alliance de Jean de Menou avec Madeleine, fille de Martin II de Fumée. La Roche d'Alais prit alors le nom de la Roche-Menou, qui subsiste aujourd'hui.

Les registres de baptême de Beaumont-la-Ronce ne mentionnent plus de personnages du nom de Ronsart, après Jean II. La seigneurie passa ensuite aux Bonin de la Bonninière, qui l'ont toujours conservée depuis.

Beaumont-la-Ronce appartient aujourd'hui à M. le marquis Léopold de Beaumont de la Bonninière, dont le goût éclairé est pour le vieux manoir une précieuse garantie de respect et de conservation.

XVI

SAINT-COSME-LÈS-TOURS.

En l'an 1092, cinq chanoines de Saint-Martin de Tours, éprouvant le besoin de réformer leur discipline relâchée, partagèrent leurs biens entre tous ceux de leur ordre et choisirent pour y vivre saintement une île solitaire, appelée Saint-Côme, au milieu de laquelle on avait élevé une chapelle. Cette île est dans la Loire, à peu de distance d'Amboise. Ils adressèrent à Pierre, doyen de Saint-Martin, à Gautier, maître des Œuvres et surintendant de l'État des Temples, une supplique, à l'effet d'obtenir abandon complet, à leur profit, de l'île entière ([1]). Cette faveur

---

1. On peut voir dans les Œuvres complètes de P. de Ron-

leur fut accordée et ils fondèrent à Saint-Côme un prieuré de l'ordre de Saint-Augustin. Au XVIIIe siècle, cette maison valait au prieur douze cents livres, et les religieux, au nombre de douze, avaient trois mille livres.

Ronsard fut prieur commendataire de Saint-Côme; même, vers la fin de sa vie, il affectionnait ce prieuré plus que ses autres bénéfices. Il y mourut dans la nuit du vendredi 27 décembre 1585, et on l'enterra sans pompe dans l'église de son prieuré. En 1609, Saint-Côme, bouleversé par les guerres de religion, sortit de ses ruines sous l'impulsion d'un nouveau prieur, homme de grand mérite et plein de respect pour les saines traditions du passé. Joachim de la Chetardie, conseiller au Parlement de Paris et prieur de Saint-Côme, éleva à Ronsard un cénotaphe de marbre, avec un buste de même matière, qui a malheureusement disparu aujourd'hui.

On lisait au-dessous l'inscription que nous donnons au chapitre suivant (*Iconographie et souvenirs du poète Ronsard*). La plaque de marbre qui la porte est au musée de Blois.

XVII

BELLOZANNE.

Bellozanne, *Bello-Sana*, *Bella-Osana*, est en Normandie, dans le pays de Bray; il faisait partie des diocèse, parlement et intendance de

---

sard, publiées par M. Blanchemain, tome VII, p. 341, la charte de fondation du prieuré de Saint-Côme, traduite en français par Ronsard, prieur commendataire du dit prieuré, et imprimée à Tours en 1637.

Rouen, élection des Andelys et comptait au XVII⁰ siècle, 60 habitants. Il y avait une abbaye d'hommes, de l'ordre des Prémontrés, fondée dans la forêt de Bray, par Hugues III, seigneur de Gournay, *divinæ pietatis intuitu*, en 1198. Elle valait cinq mille livres à l'abbé. Les Prémontrés étaient seigneurs de ce lieu. Le célèbre Jacques Amyot en a été abbé. Pierre de Ronsard en fut abbé commendataire jusqu'à sa mort. Cette abbaye tomba, comme tant d'autres monastères, sous les coups de la révolution. Elle fut livrée au pillage, les vases sacrés furent volés, l'orgue fut vendu et dilapidé, les cinq cloches enlevées pour faire des canons, etc.

Les armes de l'abbaye de Bellozanne étaient : *d'azur à trois fleurs de lys d'or, 2 et 1*.

Voir pour plus de détails : *Neustria pia*, p. 891-92. — *Gallia christiana*, t. XI, p. 334-36 et *Instrumenta*, p. 29. — L'ABBÉ COCHET, *Notice historique sur l'ancienne abbaye de Bellozanne*, dans le *Précis de l'Académie de Rouen*, année 1846-47, p. 327-337. — P. DE LA MAIRIE, *Supplément aux recherches historiques sur la ville de Gournay-en-Bray*, p. 398. — DERGNY, *Les Cloches du pays de Bray*, t. I, p. 184.

CHAPITRE III.

ICONOGRAPHIE

ET SOUVENIRS

DU POÈTE RONSARD.

Le musée de Blois possède un portrait du poète Ronsard, attribué à l'école française du XVIIe siècle (n° 78 du livret, section de peinture). Il est peint sur toile et pris de trois-quarts, bien dessiné et sans retouche. La tête est nue, la figure très-vieille, le teint blême, les cheveux blancs et clairsemés, mais sans tonsure. Ils sont coupés courts. Ronsard porte de petites moustaches, avec une barbiche au menton. Le costume consiste en une robe noire, avec collet blanc rabattu. Au dessus de la tête on lit : *Feu Monsieur de Ronsard*. (C'est ce portrait reproduit par M. Queyroy, un de nos aqua-fortistes les plus distingués, que nous donnons en tête de notre album et de notre édition in-8°.)

La même collection possède un buste de plâtre (n° 34 de la sculpture), qui est la reproduction contemporaine de celui du Musée de Vendôme, dont nous parlerons plus loin;

Un écusson provenant du château de la Poissonnière (n° 14 des curiosités). C'étaient les armes de la famille de Ronsart, ainsi blasonnées : « *d'azur à trois ross d'argent.* »

A côté de ce blason fraîchement repeint, le musée montre un marbre détaché de la tombe du poète. On sait qu'il mourut le 27 décembre 1585, dans son prieuré de Saint-Cosme-lez-Tours et y fut inhumé ([1]). Un de ses premiers successeurs lui érigea un monument digne de sa mémoire. Ici, nous ne pouvons mieux faire que de transcrire les indications précises de Guillaume Colletet (p. 115) : « Rodolphe Botero,
» dans la seconde partie de ses Annales de
» France, remarque qu'en l'an 1609, Joachim
» de la Chetardie, conseiller au Parlement de
» Paris et prieur commendataire de Saint-
» Cosme-lès-Tours, après avoir rétabli ce
» fameux monastère, voyant que le tombeau
» de Ronsard estoit miné, moins par la vieille
» suite des années que par l'irruption violente
» et sacrilége des huguenots; voyant que le grand
» Ronsard, que ces mesmes huguenots avoient
» tant hay pendant sa vie et durant la fureur
» des guerres civiles pour la religion, qu'ils
» avoient tant de fois inutilement attaqué et tant
» de fois poursuivi à coups de fusil et de carabine,

---

1. Le P. Hélyot, *Histoire des Ordres monastiques*, t. 2, p. 251.

» avoit un tombeau comme n'en ayant point et
» qu'à peine restoit-il en ce lieu sacré quelques
» vestiges de la sépulture de ce grand poëte, se
» resolut de luy faire ériger un monument de
» marbre, non pas digne de luy, puisque sa
» mémoire et ses œuvres dureront plus que le
» marbre et l'airain, mais capable de tesmoigner
» au moins à ceux de son siècle que le nom du
» grand Ronsard lui estoit en singulière véné-
» ration, et qu'il tenoit à beaucoup de gloire de
» posséder, vingt ans après, ce fameux prieuré
» de Saint-Cosme. . . . . Voicy
» donc l'éloge qu'il fit graver dans une table de
» marbre au-dessus du portrait de Ronsard de
» la mesme matière :

EPITAPHIUM PETRI RONSARDI

POETARVM PRINCIPIS ET HVIVS CŒNOBII QVONDAM PRIORIS.

D. M.

CAVE VIATOR, SACRA HÆC HVMVS EST.
ABI, NEFASTE, QVAM CALCAS HVMVM SACRA EST,
RONSARDVS ENIM IACET HIC,
QVO ORIENTE ORIRI MVSÆ,
ET OCCIDENTE COMMORI,
AC SECVM INHVMARI VOLVERVNT.
HOC NON INVIDEANT, QVI SVNT SVPERSTITES
NEC PAREM SORTEM SPERANT NEPOTES.

In cvivs piam memoriam
Joachim de la Chetardie,
In suprema parisiensi cvria senator
Et illivs, vigenti post annos,
In eodem sacro cœnobio, svccessor
Posvit.

En 1744, par suite de la suppression du prieuré de Saint-Cosme, les chanoines de Saint-Martin de Tours, dont relevait ce bénéfice, firent enlever le cénotaphe de Ronsard pour le placer dans leur salle capitulaire, où il demeura jusqu'à la démolition de leur église monumentale, ordonnée en 1793 [1]. Après différentes vicissitudes, le marbre qui conservait l'élogieuse épitaphe fut apporté à Blois et relégué dans les greniers de l'évêché, d'où il passa enfin au musée, en 1857. Une cassure avait mutilé les premières lignes, mais on les a restituées sur plâtre, à l'aide du texte, imprimé d'abord en 1623 dans la grande édition du poète vendomois [2] et de nos jours dans la publication des Œuvres inédites recueillies et publiées par M. Prosper Blanchemain. L'épitaphe est gravée sur une plaque de marbre noir en lettres romaines majuscules. Le texte ci-dessus, donné par Colletet contient de plus la mention du prieur qui fit ériger le tombeau, à partir de ces mots *in cujus piam*, etc. Probablement cette phrase finale existait sur une autre tablette qui ne nous est pas parvenue.

Nous venons de voir que Joachim de la Chetardie avait placé, au-dessus de la table qui contenait l'épitaphe, un buste en marbre de Ronsard. Qu'est-il devenu ? Nous ne saurions le dire. On assure toutefois que plusieurs bustes en

---

1. Chalmel, *Tablettes chronologiques de Touraine*, p. 259, et *Histoire* de la même province, t. III, p. 521.
2. Œuvres de Ronsard publiées par Richelet en 1623. Paris, Nicolas Buon, 2 vol. in-fol. avec les portraits. C'est la plus complète et la plus estimée, à cause des commentaires et des appendices qui l'enrichissent.

plâtre furent moulés sur ce modèle. M. de la Saussaye, le savant recteur de l'Académie de Lyon, en possédait un qu'il acquit jadis à Tours et qu'on lui a toujours affirmé avoir cette provenance. Il vient d'en faire don au musée de Vendôme. Il représente Ronsard vieux; la tête est fortement penchée en avant et couronnée de lauriers; les cheveux assez longs mais rares, le front bombé et découvert, le nez long et légèrement aquilin, le menton très-pointu et rasé comme la lèvre supérieure. Il porte pour vêtement une tunique boutonnée jusqu'au menton avec un col droit; par-dessus, un collet à larges plis et tout ouvert.

Vendôme possède encore dans les salons de son musée un buste de Ronsard dû au ciseau de M. Irvoy, statuaire distingué, dont il s'honore d'être la patrie. Ce buste a été fait d'après le portrait de Janet que nous décrivons plus loin. Un jeune poète vendomois [1] composa pour son inauguration les vers suivants que nous croyons peu connus, bien qu'ils méritent de l'être.

---

1. M. Louis Bouchet, né à Vendôme en 1815, mort à Brest, lieutenant de vaisseau, à l'âge de trente-deux ans. Il a laissé un recueil de poésies manuscrites et de pièces en prose de genres très-variés : épîtres, élégies, orientales, fantaisies amoureuses et cavalières, impressions de voyage; pages sombres, gaies, folles, rêveuses; imitations de lord Byron ou d'Alfred de Musset; écho multiple d'une âme de poète, peu susceptible d'ailleurs de discipline.

RONSARD A VENDOME.

> Ta lyre qui ravit par de si doux accords,
> Te soumet les esprits dont je n'ai que les corps.
> (Charles IX à Ronsard.)

De tous les siècles morts nul ne fut plus puissant,
Plus fort que le seizième ; aucun autre en passant
    N'étonna tant le monde
Et si profondément ne le fit tressaillir ;
Nul autre ne jeta pour les temps à venir
    Semence si féconde.

Hardi rénovateur, dans ses mains de géant,
Il prit et broya tout, sans ployer un instant
    Sous cette immense charge.
Poésie et beaux-arts, guerre et religion,
Il enveloppa tout dans son grand tourbillon
    Et refit tout plus large.

C'est que ceux qui portaient globe, tiare ou lis,
C'étaient François Premier, Charles-Quint, Léon Dix,
    Et puis, noble phalange,
Venaient Martin Luther, le grand réformateur,
Montaigne et Rabelais, Cellini le sculpteur,
    Raphaël, Michel-Ange.

Et les combats d'alors étaient rudes et beaux ;
On appelle ces champs où luttaient des héros,
    Marignan ou Pavie,
Souvenir à la fois de peine et de grandeur,
Pavie où nos guerriers, perdant tout fors l'honneur,
    Vendaient si cher leur vie !

Pavie où notre sang coulait abondamment,
Où chacun se battait avec acharnement,
    Tombait avec vaillance ;

Où, seul des siens debout, un hardi chevalier,
Un tronçon d'arme au poing, se rendait prisonnier ;
   C'était le roi de France !

Veuve de ton monarque et veuve de tes preux,
Pauvre France, pour toi quel soleil désastreux !
   Au sein de tes alarmes,
Console-toi pourtant ; ton Dieu dans sa bonté
Vient de prendre en merci ta triste adversité,
   Et veut sécher tes larmes.

Dans ce temps de revers, en un calme château,
Paisiblement assis entre les bois et l'eau,
   Un enfant vint au monde.
O France, garde-lui ton plus riant accueil,
Car tu feras un jour ton légitime orgueil
   De cette tête blonde.

C'est qu'aussi Dieu marqua cet enfant de son sceau ;
Des poètes bientôt il ceindra le bandeau ?
   Et bientôt son génie,
D'un art créé par lui déployant l'étendard,
Partout ira porter le beau nom de Ronsard
   Sur des flots d'harmonie.

Par lui la Poésie alors ne sera plus
Un enfant bégayant un amas tout confus
   De galants badinages ;
Mais une noble Muse à l'esprit cultivé,
Au maintien élégant, au langage élevé,
   Tout chatoyant d'images.

Cinq rois honoreront de leur intimité
Ce protégé des cieux qui chanta la beauté,
   Et fit la Franciade.
Les poètes du jour, se rangeant sous ses lois,
Tout haut proclameront le cygne vendomois
   Pour chef de leur Pléiade.

Mais quel sort, ô Ronsard, attend ton avenir!
Quand tes contemporains te voyaient resplendir
  D'une gloire si pure,
Qui donc eût pu prévoir que deux siècles entiers
Jetteraient à ton nom, jaloux de ses lauriers,
  L'oubli sinon l'injure?

Grand faiseur de sonnets, un poète glacé,
Puis un froid satirique au jugement faussé,
  Pères d'une autre école,
Essayèrent tous deux de te répudier,
Et le peuple niais se prit à t'oublier
  Sur leur simple parole.

A notre siècle seul appartenait l'honneur
De restaurer ton nom, de rendre à sa splendeur
  Ton antique couronne.
N'est-ce pas lui déjà qui, malgré cris et bruit,
Noblement retira Shakspeare de sa nuit,
  Pour lui donner un trône?

Par le torrent d'alors dans l'erreur entraîné,
Ton injuste pays longtemps l'a condamné
  A l'oubli le plus triste;
Mais des cœurs généreux le vœu fut entendu;
Tu renais parmi nous; tu nous reviens, rendu
  Par un tout jeune artiste.

Ton front tranquille et fier, tes traits nobles et purs
De notre hôtel de ville ornent enfin les murs.
  Après si long déboire,
Viens, ô Ronsard, trôner, paisible souverain,
Dans ce vieux monument, jadis contemporain
  Des beaux jours de ta gloire.

Mais, hélas! c'est trop peu, pour toi comme pour nous;
Qu'un large piédestal s'élève aux yeux de tous
  Sur la place publique;

Que le bronze se torde aux flammes des brasiers,
Et nous rende immortel, le front ceint de lauriers,
　　　Notre poète antique !

Corneille dans Rouen se mire aux flots surpris,
Montaigne est à Bordeaux et Molière à Paris.
　　　Oh ! gardons l'espérance
Que tous ces noms fameux, orgueil de nos cités,
Un jour se répandront, par nos cris répétés
　　　Des deux bouts de la France.

Vendôme, janvier 1844.

On voit au musée de la préfecture du Mans un médaillon en pierre assez dure, haut et large de 48 centimètres qui passe pour être le portrait de Ronsard. On l'a enlevé de la façade d'une maison du Bourg-Belay (paroisse de la Couture) qui a appartenu à la famille. Au-dessus, on remarque un petit écusson de pierre haut de 10 centimètres, large de 15 et contenant les trois poissons ou ross en fasce avec cette légende « Ne quid nimis. » Cet écusson se trouvait sur une cheminée du XVIe siècle dans une maison de la rue de la Tannerie.

Au dire de ses biographes, Ronsard était grand et bien fait, il avait le port noble et majestueux, le cou long et gracieux, le visage ovale, le front large, les yeux vifs et perçants, le nez aquilin, la barbe et les cheveux châtains et frisés. Son portrait a été souvent reproduit par la gravure, soit dans ses œuvres, soit séparément. Plusieurs même ont été gravés de son vivant et cette origine est pour eux une sérieuse garantie de ressemblance. Nous allons décrire tous les portraits du poète que nous connaissons soit dans les collections particulières, soit dans les dépôts publics. Nous pensons qu'on peut regarder comme authentiques les numéros I, III, X, XIII, XIV et XV.

I

Portrait qui se trouve en tête du volume intitulé *Les amours de P. de Ronsard vendomoys* (ensemble le cinquiesme livre de ses Odes. Paris, veuve Maurice de la Porte, 1552, pet. in-8º de 239 p.). C'est la première édition de cette partie des Œuvres du poète. Ce portrait gravé sur bois fait face à celui de la belle Cassandre sa maîtresse. Il a été répété dans presque tous les recueils de poésies in-8º et in-4º qu'il donna de son vivant. Il est dans un cartouche ovale, orné de cuirs, autour duquel on lit cette inscription grecque :

ΩΣ ΙΔΟΝ ΩΣ ΕΜΑΝΗΝ.

Au-dessus de la tête : A. Æ. 27. — Le poète veut dire que dès qu'il eut vu sa chère Cassandre, il en devint éperdûment amoureux. Au-dessous, sont écrits ces vers :

> Tel fut Ronsard autheur de cet ouvrage
> Tel fut son œil, sa bouche et son visage,
> Portrait au vif de deux crayons diuers
> Icy le corps et l'esprit en ces vers.

Ronsard avait alors 27 ans, comme l'indique l'inscription abrégée que nous venons de citer A. Æ. 27 (anno ætatis 27). C'est un profil à droite, tête laurée, l'œil doux et rêveur, le nez long, droit et arrondi du bout, la lèvre supérieure saillante et le menton couvert d'une barbe naissante. Il est vêtu à la romaine.

Le portrait de Cassandre qui fait face à celui-ci porte cette inscription autour du cartouche :

Carpit et carpitur una.

A cette époque elle avait 20 ans et mille belles qualités que Baïf avait célébrées en vers grecs placés au-dessous de son image.

Une autre édition des *Amours* nouvellement augmentée par l'auteur et commentée par Muret, *petit in-8º, Paris, Vᵉ Maurice de la Porte*, 1553, renferme à la suite du titre les trois portraits sur bois de Ronsard, de sa dame et de Muret. Papillon, dans son histoire de la gravure sur bois, attribue ces magnifiques portraits à Jean Cousin. Ils ont 0,106^m de hauteur sur 0,074^m de largeur.

Le même profil réduit et un peu vieilli, orne les éditions in-12 de 1597 à 1617. Il a 0,074^m sur 0,052^m.

II

Portrait en tête des *quatre premiers livres des Odes*, édités par la veuve Maurice de la Porte en 1555; gravé sur bois, format in-8º. On voit dans la collection de portraits de la Bibliothèque impériale un autre portrait d'une exécution bien inférieure, mais évidemment de la même époque.

III

Petit bois carré, en tête de la *seconde responce de F. de la Baronie*, 1563, in-4º. Cette petite gravure qui a 4 centimètres sur 36 millimètres, représente un vieillard assis dans un vaste fauteuil et devant une haute cheminée où brille un bon feu. Ce vieillard à longue barbe, la tête couverte d'un bonnet à oreilles et le corps enveloppé d'une longue houppelande, s'appuie des deux mains sur un bâton, la tête penchée en avant dans l'attitude de la méditation. On lit au-dessus : *M. P. de Ronsard*. La chambre dans laquelle il est représenté est meublée de deux coffres et éclairée par une petite fenêtre à meneaux.

IV

Médaille ancienne, d'assez grand module. Tête à droite, d'un beau caractère. Robe flottante. M. Blanchemain, qui nous a donné connaissance de ce portrait, n'a possédé que le plâtre de cette médaille et n'en connaît que le revers. La légende en latin porte : « *Petrus Ronsardus a. ætatis suæ XLII.* »

V

Une autre médaille figure dans le Parnasse de Tithon du Tillet.

VI

Profil à droite, dans un cercle, au promptuaire des médailles. Lyon, Roville, 1574, in-4°.

VII

Buste ovale, profil à droite, chevelure abondante, couronne de lauriers, toge antique. Autour, ces mots : ΩΣ ΙΔΟΝ ΩΣ ΕΜΑΝΗΝ. A gauche, le monogramme du graveur *IG*. Dessous : « *Super icone P. Ronsardi.* »

*Mater habet corpus, mentem pater, ecce figuram,
Nomen ubi? Vix vi nomen uterque capit!*
Jac. Vellardius.

Ce portrait est au verso du titre des *Funèbres regrets sur la mort de Ronsard, gentilhomme vendosmois* par plusieurs autheurs. — A Paris, chez Guillaume Linocier, 1586, in-16. Il a 55 millimètres sur 42 millimètres (collection de la Biblioth. impér.).

VIII

Buste dans un médaillon ovale; autour, on lit ces mots : « *Petrus, Ronsardus. Vindomensis.* » *Poe. gall.* » Profil à gauche; le poète paraît avoir une quarantaine d'années. Il a la chevelure abondante et la barbe entière. Tête laurée; le front beau, le nez assez fort et arrondi du bout, le cou nu et d'un galbe gracieux. Toge antique fixée sur l'épaule gauche; ce portrait paraît extrait d'un volume des œuvres du poète (collect. de la Bibl. impér.).

Dans la même collection, on voit un autre portrait qui est la reproduction du précédent. Profil à droite; au-dessous ces mots :

Tel fut Ronsard autheur de cet ouvrage, etc.

(Voy. Portrait I ci-dessus, p. 118).

Ce dernier est en tête du Bocage royal dédié à Henri III, roi de France et de Pologne, t. III, Paris, chez Gabriel Buon, au clos Bruneau, à l'enseigne Saint-Claude, 1587.

Après la mort de Ronsard, arrivée en 1585, Jean Galland son ami fit paraître à Paris chez G. Buon en 1587, de concert avec Cl. Binet,

une édition des Œuvres de ce poëte, 10 tomes en 5 vol. in-12, dédiée au roi Henri III et à laquelle sont joints : « *Le discours de la Vie de*
» *Ronsard, par Cl. Binet, plus les vers composés*
» *par ledit Ronsard peu avant sa mort, ensemble*
» *son tombeau recueilli de plusieurs excellents per-*
» *sonnages d'après le recueil imprimé par Gabriel*
» *Buon en* 1586, *in-4°.* »

IX

Portrait de la fin du xvie siècle, profil à droite, barbe entière, couronne de lauriers, manteau romain, environ quarante ans. Le buste à peine indiqué; il a 27 millimètres sur 34, non compris la suscription *Pierre de Ronsard*. Gravure sur cuivre très-fine et fort soignée. Nous l'avons vue aux estampes de la Bibliothèque impériale. Ce dernier porte le n° 109. C'est le 109e portrait d'un recueil du xvie siècle connu sous le nom de *Chronologie collée* et intitulée :
« *Pourtraicts de plusieurs hommes illustres qui*
» *ont flory en France depuis l'an* 1500 *jusques à*
» *présent.* »

X

Buste tourné à droite, en haut du titre gravé sur cuivre par Léonard Gaultier pour l'édition in-fol. de 1609 et reproduit dans celle de 1623. La Bibliothèque impériale possède ce dernier. Il orne le sommet d'un portique à quatre colonnes. Homère et Virgile, assis sur l'entablement, lui offrent chacun une couronne de laurier. A la base des colonnes s'appuient un guerrier et une nymphe, emblêmes de la gloire et de l'amour qu'avait chantés le poète.

XI

Le titre précédent a été réduit par le même graveur pour les éditions in-12 de 1610 et 1617.

XII

Une gravure sur bois assez grossière qui se trouve dans l'édition de 1629-1630 reproduit Homère et Virgile couronnant le buste de Ronsard. Nous croyons reconnaître dans l'angle droit inférieur la signature *C. E.*

XIII

Beau portrait, format in-4°. Profil à droite, tête laurée, chevelure abondante, barbe entière, nez droit, arrondi du bout, une trentaine d'années. Sous un portique, autour de l'hemicycle ces mots : « *Petrus Ronsardus Vindomiensis poe.* » *gall.* » Au-dessus de chaque colonne du portique, on voit un colimaçon, un lézard et une fleur de myosotis enlacés. Au-dessous du portrait dans un petit cartouche à gauche : « *Ronsardus* » *nascitur XI sept. an.* 1524, *obijt* 27 *décemb.* » *a° 1585.* » A côté de ce cartouche, se trouvent une plume, un encrier, un livre. Plus bas, on lit :

Bystonii cecenit vates ad Strymonis undas,
Non melius tibi quam funditur ore melos.

Dans l'intérieur, ce monogramme : *R.*
(Collect. de la Bibl. impériale).

XIV

A droite d'un titre gravé par Léonard Gaultier pour les *Marguerites poétiques* (Lyon, Ancelin, 1613, in-4°) est un portrait en pied de Ronsard qui fait pendant à Du Bartas. Toux deux sont couronnés de lauriers, drapés de manteaux et cuirassés à la romaine. La tête de Ronsard est presque de face. Il paraît avoir quarante-cinq ans environ.

XV

Portrait gravé sur cuivre au XVIe siècle. Profil à droite, cinquante ans, nez long et aquilin, bouche rentrée, barbe courte et grise. Tête couronnée de lauriers et de myrtes, manteau à la romaine. Cadre ovale sans ornements avec cette devise : « *Et myrto et lauro.* » Au-dessous : « *P. de Ronsard, prince des poëtes françois, mort* » *l'an 1585.* » Ce portrait est dans le style de Jaspar Isac. La bibliothèque du Palais des Arts de Lyon en possède une bonne épreuve.

XVI

M. P. Blanchemain en a fait exécuter une réduction *fac-simile* dont il possède la planche sur acier.

XVII

Médaillon pareil au portrait XV pour la dimension, la pose et les traits. Il est entouré d'un encadrement d'architecture et se trouve dans la collection d'Odieuvre. Dans l'épreuve que nous avons vue, à la Bibliothèque du Palais des Arts de Lyon, l'exergue manque. Au-dessus du cartouche on lit : « *L. pinxit Æ. sculp.* » Dans l'intérieur de ce cartouche, on trouve cette indication : « *Pierre Ronsard, prince des poëtes » françois du* XVI*e siècle, né en Vendomois le* 11 *» septembre* 1524, *mort en Touraine le* 27 *décembre » 1585. A Paris, chez Odieuvre, marchand d'es- » tampes, rue d'Anjou, la dernière porte cochère à » gauche entrant par celle Daup;* » et dans un coin : *C. P. R.* Ce portrait est cité dans la Bibliothèque historique du Père Lelong ; nous l'avons trouvé dans la collection de Martonne.

XVIII

Reproduction et contre-partie du n° XV, un peu plus petit de dimension et sans nom de graveur, format in-8°. (Collect. de M. A. Queyroy).

XIX

M. A. Queyroy a reproduit le portrait de la collection Odieuvre en tête de l'étude sur Ronsard publiée par M. Bozérian. C'est une gravure à l'eau-forte très-bien traitée.

XX

Le Voyage en France et la *France pittoresque* (département de Loir-et-Cher), contiennent une réduction du portrait gravé par Léonard Gaultier. Cette reproduction est sur acier et très-finement faite par Hopwood ; elle est assez commune, nous l'avons trouvée dans la collection de la Bibliothèque impériale, nous en possédons nous-même une bonne épreuve.

XXI

Profil à droite, vingt-cinq ans environ, barbe claire, tête laurée. Col blanc rabattu, robe de velours, manteau de brocard, cadre ovale orné de cuirs avec l'inscription : ΩΣ ΙΔΟΝ ΩΣ ΕΜΑΝΗΝ. Ce portrait se trouve dans l'édition in-16 de 1560 et dans les suivantes, ainsi que dans celle in-12 de 1587. Il est gravé sur bois et a 72 millimètres sur 50. Il y en a une copie dans l'édition de Lyon 1592.

XXII

Profil à droite, gravé sur cuivre par Cl. Mellan, dans un médaillon ovale. Le portrait de Cassandre dans un ovale semblable lui fait face. Autour du portrait de Ronsard on lit l'inscription grecque ΩΣ ΙΔΟΝ ΩΣ ΕΜΑΝΗΝ; au-dessous, les vers que nous avons déjà cités : *Tel fut Ronsard,* etc. *Cl. Mellan fec.* Au-dessus de la tête, dans l'intérieur, on lit en tout petits caractères : *Æt.* 27. Derrière l'exemplaire que possède le cabinet des estampes de la Bibliothèque impériale, on lit ces mots : *P. Mariette,* 1592, écrits à la main.

Les deux portraits sont réunis dans un cadre carré dans l'édition in-folio de 1623. — Le cabinet des estampes en possède un second copié sur celui-ci, mais dont l'exécution est fort médiocre; il est in-4°. C'est celui qu'indique le Père Lelong dans sa biblioth. hist., t. IV, p. 260. Portraits.

Le même a été réduit et gravé sur bois pour les *Œuvres choisies de Ronsard,* publiées en 1862 chez Didot.

XXIII

Portrait sur cuivre, profil à gauche, tête laurée, toge à la romaine, encadrement architectural en œil-de-bœuf. Gravé en 1778, par C. S. Gaucher d'après Cl. Mellan, pour le t. V des Annales poétiques, format in-12; pièce médiocre.

Une autre copie du portrait de Cl. Mellan se trouve en tête des Œuvres choisies de Ronsard, données par Paul Lacroix. Il n'y a pas d'encadrement.

XXIV

Autre, dessiné d'après nature par Janet, reproduit par Belliard, lithographié par Delpech; tiré du cabinet de M. le chevalier Lenoir ([1]). Au-dessous se trouve un fac-simile de la signature autographe de *Ronsart*, écrite par un *t*. Le poète est en costume civil et négligé; le front est beau et découvert, la barbe entière. Il a l'air d'avoir une cinquantaine d'années. Format in-4°. Ce portrait est assez commun, nous le connaissons dans les collections de la Bibliothèque impériale et dans plusieurs autres.

XXV

Autre gravé d'après le précédent, mais dans le format in-8°. Il porte ces indications : *Pelletier delin. Lithographie de Monnoyer.*

---

1. Le chevalier Alexandre Lenoir, mort en 1839, est surtout célèbre comme fondateur du musée de l'école des Beaux-Arts.

XXVI

Autre, dans un médaillon ovale et de format in-4°. Profil à droite; 40 ans environ, barbe entière, tête laurée. Le poète porte le pallium qui lui recouvre toute la poitrine et est agraffé sur l'épaule. On lit au-dessous :

Esme de Boulonois fec.

Médiocre d'exécution et assez commun.

XXVII

Autre au trait et en profil. C'est à peu près la reproduction du n° XXVI. Il est extrait d'une histoire de France et sans nom de graveur.

XXVIII

Profil gravé en même temps que Marot, Desportes et Malherbe, d'après les originaux par Barrois. Au-dessus ces deux vers de Boileau :

Enfin Malherbe vint, et le premier en France
Fit sentir dans les vers une juste cadence, etc.

Format in-4°, peu important.

XXIX

Autre petit médaillon dans le texte d'un ouvrage latin; la gravure est fort médiocre. On lit autour ces mots : *Petrus Ronsard p.* Au-dessous du portrait, on lit un éloge pompeux du poète écrit en latin, et les termes de ce morceau semblent indiquer que l'ouvrage est contemporain de Ronsard.

Nous pensons que l'auteur était Papyrius Masson que Colletet dit avoir fait l'éloge latin de Ronsard.

XXX

Autre, dans un médaillon ovale. On lit au-dessous : « *A Paris, chez Daumont, rue Saint-Martin,* » puis les six vers suivants de Gacon (1) :

> Le célèbre Pierre Ronsard
> Avec tout le génie et l'art
> Qu'il faut pour faire un grand poëte :
> Que si ses vers n'ont eu qu'un très-foible destin,
> C'est qu'il a très-souvent besoin d'un interprète
> Et qu'il parle françois moins que grec et latin.

Ce portrait est édité dans le format in-4º; il a le profil à gauche et la barbe entière. La figure porte de 30 à 40 ans. Le poète a la couronne de lauriers, il est cuirassé et couvert du pallium antique fixé sur l'épaule gauche par une fibule arrondie. Ce portrait est évidemment du commencement du XVIIIe siècle.

XXXI

Médaillon ovale, profil à droite, semble la reproduction d'un bas-relief. Exécution médiocre. Au-dessous dans un cartouche : *Pierre Ronsard*. In-8º (Collection de la Bibliothèque impériale).

---

1. François Gacon, poète satirique de la fin du XVIIe siècle, connu par ses diatribes grossières à l'égard des célébrités littéraires de son temps.

XXXII

Profil à gauche dans un cadre orné de cuirs et entouré de lauriers, avec le nom *P. de Ronsard* dans un cartouche suspendu au cadre. Tête nue, fraise au col, justaucorps de brocart. Il se trouve dans les Œuvres inédites de Ronsard, publiées par M. Blanchemain, Paris, Aubry, 1855. C'est une copie idéalisée des portraits n° I et II.

XXXIII, XXXIV ET XXXV

Le Père Lelong cite dans la *Bibliothèque historique* des portraits de Ronsard, faits par Desrochers, Th. de Bry et M. Lasne (t. IV, p. 260, portraits).

Outre les trente-cinq portraits que nous venons d'énumérer, il en existe plusieurs anonymes et de médiocre valeur.

CHAPITRE IV.

MÉLANGES

SUR PIERRE DE RONSARD.

I

Époque de la naissance de Ronsard.

Dans la généalogie qu'on vient de lire, nous avons fait naître Ronsard le 11 septembre 1524, comme l'affirment Claude Binet, le cardinal Du Perron et Ronsard lui-même, lorsqu'il dit qu'il naquit l'année où François Ier fut fait prisonnier devant Pavie. Toutefois, on trouve dans les Œuvres mêmes du poète un vers qui rend cette date douteuse. Dans une pièce intitulée : *Réponse à quelque ministre* (p. 86 du t. IX de l'ancienne édition in-12 des Œuvres; édition de M. Blanchemain, t. VII, p. 95), et par laquelle il répondait à des adversaires mordants et railleurs qui l'accusaient de mener une vie voluptueuse, il écrit :

> Tu dis que je suis vieil, encore n'ay-je atteint
> Trente et sept ans passez et mon corps ne se plaint
> D'ans ny de maladie et en toutes les sortes
> Mes nerfs sont bien tendus, et mes veines bien fortes ;
> Et si j'ay le teint palle et le cheveu grison,
> Mes membres toutes fois ne sont hors de saison.

La pièce dans laquelle Ronsard parle ainsi fut composée quelques semaines après la mort du duc de Guise (1), comme l'indique l'épitre qui précède les vers dont nous citons un extrait : elle aurait donc été écrite au printemps de l'année 1563 (2). S'il n'avait eu que 37 ans en 1563, il serait né en 1526 au lieu de 1524. Mais il est fort possible que l'imprimeur ait mis *Trente et sept ans passez...* au lieu de *Trente et neuf ans passez...* Si, comme nous le supposons, l'erreur vient du fait de l'imprimeur, le poète est d'accord avec lui-même et avec lui ses historiens.

II

Ronsard a-t-il été prêtre ?

La famille de Ronsart était connue par sa fermeté dans la foi catholique. Après la mort

---

1. François de Lorraine, duc de Guise, tué par Poltrot.
2. Le printemps de l'année 1563 équivaut au commencement de l'année, car on sait que jusqu'en 1564 l'année commençait le 25 mars, jour de l'Annonciation. C'est par un édit de Charles IX que le commencement de l'année fut reporté au 1er janvier. Ainsi l'année 1563 n'a eu que 282 jours, et entre le 15 février 1562 et le 15 février 1564 il n'y a eu qu'une année d'intervalle.

d'Henri II et sous le règne de François II, les dissensions religieuses commencèrent à s'élever en France. Ronsard voulut s'opposer par ses écrits aux erreurs de l'opinion nouvelle. Il publia à ce sujet des *Remontrances* qui lui valurent les éloges du Roi, de la Reine et même du pape Pie V; ce succès ne fit qu'envenimer la haine de ses ennemis, qui commencèrent à lui décocher des vers satiriques et calomnieux dans lesquels on le disait faussement prêtre et même curé.

Théodore de Bèze a surtout contribué à accréditer cette opinion contre Ronsard. Voici ce qu'il en dit dans l'*Histoire ecclésiastique*, livre III, p. 537 : « Le plus grand mal fut que,
» parmi les images, le commun rompit quelques
» sépultures de la maison de Vendôme ([1]), chef
» aujourd'hui de la maison de Bourbon, ce qui
» fut trouvé très-mauvais et à bon droit. Adonc
» ceux de la religion romaine voyans ces choses
» et que quant à la noblesse du pays, les uns
» étoient allés trouver le prince à Orléans, les
» autres s'étoient jetés dans la ville du Mans,
» commencèrent à tenir ceux de la religion
» en merveilleuse sujétion. Entr'autres, Pierre
» Ronsard, gentilhomme doué de grandes grâces
» à la poésie françoise entre tous ceux de nostre
» temps; mais au reste, ayant loué sa langue
» pour non-seulement souiller sa reine de toutes
» ordures, mais aussi mesdire de la religion et

1. Les tombeaux des comtes et ducs de Vendôme qui ornaient l'église collégiale de Saint-Georges de Vendôme furent saccagés par les protestants. On ne saurait trop déplorer cet acte de vandalisme qui fit disparaître des monuments si précieux au point de vue de l'histoire de l'art.

» de tous ceux qui en font profession, s'estant
» fait prestre, se voulut mesler en ces combats
» avec ses compagnons. Et pour cet effet,
» ayant assemblé quelques soldats en un village
» nommé d'Evaillé, dont il étoit curé, fit plu-
» sieurs courses avec pillerie et meurtres. » Le
zèle de Théodore de Bèze pour la religion
réformée est trop connu pour qu'on puisse
ajouter foi à ce passage écrit sous l'influence
d'un fanatisme partial et exalté.

Il peut être aussi le résultat d'un renseignement mal compris : Th. de Bèze peut très-bien avoir entendu dire que les catholiques avaient à leur tête Ronsard, curé d'Evaillé; ne connaissant que le poète dont le renom et la faveur excitaient tant de jalousies, il aura supposé que son zèle pour le catholicisme l'avait décidé à prendre l'habit religieux et, qu'au bruit des désordres qui se produisaient autour de lui, l'ardeur guerrière de ses premières années s'était réveillée.

J. de Sponde, dans son *Epitome des Annales ecclésiastiques* ([1]), et Varillas, dans son *Histoire de Charles IX*, partagent la même conviction. Nous avons démontré plus haut ([2]) que Pierre de Ronsard n'avait jamais été curé d'Evaillé, qu'il avait été confondu avec Charles de Ronsart son frère. Mais, tout en n'étant pas curé d'Evaillé, a-t-il cependant été prêtre comme

---

1. Spondanus, *Annal. eccles.* ad ann. 1562, num. 16, p. m. 621, 622.
2. Voy. Charles de Ronsart, 4° fils de Louis, huitième degré, p. 34.

l'assurent le ministre Chandieu et Florent Chrétien, précepteur d'Henri IV. Ces deux protestants fanatiques publièrent à Orléans des pièces sanglantes contre lui. Le premier cacha son vrai nom sous ceux de *A. Zamariel, B. de Mont-Dieu*, et le second sous celui de *François de la Baronnie* ([1]). Quelques auteurs pensent que Zamariel et B. de Mont-Dieu ne sont pas le même personnage, et que de Mont-Dieu est le nom supposé de Jacques Grevin ([2]). Ces pièces étaient des réponses à un nouvel ouvrage de Ronsard intitulé : *Discours des misères de ce temps* à la Royne mère du Roy. Paris, Gabr. Buon, 1563, in-4° de 6 ff. avec la *Continuation* du même discours, publiée en 1564 chez le même libraire, dans le même format et composée de 10 ff. Dans ce discours en vers, l'auteur retraçait avec beaucoup d'énergie le tableau des maux causés à la France par les Calvinistes sous la minorité de Charles IX. Un défenseur aussi passionné du catholicisme que Chandieu et autres l'étaient de la religion réformée, le père Garasse, fait un grand éloge de ce Discours et flétrit de tout son pouvoir les réponses qu'on y fit. Il cite parmi ces dernières : *le Temple de Ronsard, légende de sa vie brièvement décrite*, nouvellement imprimée à Genève en un petit in-8° de 7 ff. (sans lieu), 1563. Cette pièce a reparu à la suite d'un opuscule intitulé : *Seconde*

---

1. Voy. la *Doctrine curieuse des beaux esprits de ce temps*, par le P. Garasse, jésuite (Paris, 1623), p. 126 et 1022, et Lacroix du Maine, p. 88.

2. Jacques Grevin avait été le plus cher disciple de Ronsard ; il devint ensuite son plus implacable ennemi.

réponse de F. de la Baronnie (Florent Chrestien) *à messire P. de R., prebstre gentilhomme vandomois, evesque futur,* etc. 1563, in-4° de 36 ff. non chiffrés, lettres italiques. Le Temple de Ronsard est sorti des presses d'Eloy Gibier, imprimeur calviniste d'Orléans; cette brochure devenue très-rare, presque introuvable, a été réimprimée dans le tome VII de l'édition elzevirienne des œuvres complètes de Ronsard publiées par M. P. Blanchemain. Il en a été tiré à part quinze exemplaires de bibliophiles qui sont destinés à devenir aussi rares que l'original. Elle est attribuée à Jacques Grevin. Ronsard y est accusé d'athéisme et de mauvaises mœurs.

Nous citerons encore parmi les pamphlets publiés contre Ronsart :

— Réponse aux calomnies contenues au discours et suite du discours sur les misères du temps, fait par messire Pierre de Ronsard, jadis poëte et maintenant prebstre; la première par A. Zamariel, les deux autres par B. de Mont-Dieu où est aussi contenue la Métamorphose du dict Ronsard en prebstre (Orléans), 1563, in-4° de 28 ff.

— Remonstrance à la Royne, mère du Roy, sur le discours de Pierre de Ronsard des misères du temps nouvellement mis en lumière. Lyon, François Leclerc, 1563, petit in-8° de 30 ff. non chiffrés, lettres italiques (en vers).

— Réplique sur la responce faite par messire P. de Ronsard, jadis poëte et maintenant prebstre, à ce qui luy avoit esté respondu sur les calomnies de ses discours touchant les misères de ce temps. Par D. M. Lescaldin (De Montméja?). — S. l. (Orléans), 1563, in-4° de 55 p.

— Apologie ou deffense d'un homme chrestien (Fl. Chrestien), pour imposer silence aux sottes repréhensions de P. Ronsard, soy-disant non-seulement poëte, mais aussi maistre des poëtastres. Par laquelle l'aucteur respond à une épistre secretement mise au devant du Recueil de ses nouvelles poésies. S. l. (Orléans), 1564, in-4° de 16 ff. dont un blanc (en prose).

— Palinodies de P. de Ronsard sur ses discours des misères du temps. Nouvellement imprimé (en vers). S. l. 1563, petit in-8° de 11 ff.

— Advertissement du médecin de Monseigneur le cardinal de Guise à Ronsard touchant sa Franciade. — Lyon, B. Rigaud, 1568, petit in-8°, 16 ff.

M. P. Blanchemain a publié dans son volume préliminaire des Œuvres complètes de Ronsard une bibliographie détaillée de ces pièces, nous y renvoyons le lecteur.

Les vers suivants extraits du recueil de Rasse-des-Nœuds à la Bibliothèque impériale sont anonymes. Ils semblent émaner des mêmes auteurs :

A RONSARD.

Nous le veismes, Ronsard, et chacun le confesse
Que voulant enrichir le langage françois
D'un vol audacieux, parmi l'air t'eslançois,
Rapportant maints trésors d'Italie et de Grèce.

Peu après t'appelloit, mon Ronsard, la jeunesse,
Et fusmes esbahiz que ne t'en offençoys ;
Mais nous ne sçavons pas où, ne que tu pensois,
Lorsque devins curé et que chantas la messe !
   L'avarice ne doit un poëte enchanter :
Sa messe on ne veid onc aux neuf muses chanter.
Ton opinion n'est encor de tous blasmée.
   On pense qu'à la messe (ouvraige d'ignorans)
Tu feras plus d'honneur que non tous ses parents,
En faisant de sa prose une farce rimée.

DE RONSARD.

Ronsard, cogneu pour un bon athéiste
Tesmoins ses dits, ses escrits et ses faits,
Fuyant ce bruit, se rend prestre, papiste,
Pour faire Dieux de paste contrefaits.
Et puis au lieu des beaux vers qu'il a faits,
Chante aujourd'hui le grand : *Per omnia;*
Voire plus hault qu'onc asne ne cria.
Pauvre prestrot qui desguises nature
Pour feindre en toy plus de bien qu'il n'y a,
Tu fais des Dieux, et de Dieu tu n'as cure.
                     1562 ([1]).

On voit par cette date que ces deux pièces étaient comme celles que nous n'avons fait qu'indiquer, inspirées par le *Discours sur les misères de ce temps*. Nous aurions voulu les donner toutes, mais leur publication intégrale aurait dépassé les limites de ce volume et nous avons dû nous borner aux deux poèmes apocryphes et inédits que nous donnons plus loin sous les titres de : *Conversion de Pierre de Ronsard* et de *Remontrance à P. de Ronsard*.

1. *Cabinet historique*, t. XI.

Nous y avons joint une deuxième *Remontrance* qui, bien que n'étant pas inédite, nous a paru fort rare et semble une suite de la première. Ceux qui taxaient Ronsard d'athée poussèrent la folie jusqu'à crier au paganisme. Ils saisirent pour prétexte une farce de carnaval dans laquelle la Pléiade, réunie en partie de plaisir à Arcueil, avait offert un bouc à Etienne Jodelle, un de ses membres qui venait de faire jouer avec succès devant le roi sa tragédie de Cléopâtre. Ronsard leur répondit :

    Tu dis en vomissant dessur moi ta malice,
Que j'ai fait d'un grand bouc à Bacchus sacrifice :
Tu mens inpudemment : cinquante gens de bien
Qui estoient au banquet diront qu'il n'en est rien.
    Muses, qui habitez de Parnasse la crope,
Filles de Jupiter, qui allez neuf en trope,
Venez et repoussez par vos belles chansons
L'injure faite à vous et à vos nourrissons.
    Iodelle ayant gaigné par une voix hardie
L'honneur que l'homme grec donne à la tragédie,
Pour avoir en haussant le bas stile françois,
Contenté doctement les oreilles des Rois ;
    La brigade (¹) qui lors au ciel levoit la teste
(Quand le temps permettoit une licence honneste)
Honorant son esprit gaillard et bien appris,
Luy fit présent d'un bouc, des Tragiques le prix.
Jà la nappe estoit mise, et la table garnie
Se bordait d'une saincte et docte compagnie ;
Quand deux ou trois ensemble en riant ont poussé
Le père du troupeau à long poil hérissé :
    Il venoit à grands pas ayant la barbe peinte,
D'un chapelet de fleurs la teste il avoit ceinte,
Le bouquet sur l'oreille, et bien fier se sentoit

---

1. La brigade des poètes, la Pléiade.

> De quoy telle jeunesse ainsi se présentoit :
> Puis il fut rejetté pour chose mesprisée,
> Après qu'il eut servy d'une longue risée,
> Et non sacrifié, comme tu dis, menteur,
> De telle faulse bourde impudent inventeur (¹).

Ronsard se défendit toujours d'avoir jamais été prêtre.

> Or, sus mon frère en Christ, tu dis que je suis prestre
> J'atteste l'Eternel que je le voudrois estre
> Et avoir tout le chef et le dos empesché,
> Dessous la pesanteur d'une bonne evesché ;
> Lors j'auroys la couronne à bon droit sur la teste,
> Qu'un razoir blanchiroit le jour d'une grand'feste,
> Ouverte, large, longue, allant jusques au front
> En forme d'un croissant qui tout se courbe en rond (²).

Certainement si Ronsard eut été prêtre, il n'aurait pas osé le nier d'une manière aussi catégorique. D'ailleurs, rien dans ses poésies ni dans ses portraits ou ses bustes ne laisse apercevoir qu'il eut eu charge d'âmes. Ce qui a pu induire les protestants en erreur, erreur volontaire probablement, c'est qu'en vertu des licences du Concordat (³), Ronsard possédait en commende les bénéfices des abbayes de Saint-

---

1. Ronsard, *Réponse à quelque ministre*, p. 92 du t. IX de ses œuvres, édition de Nic. Buon, Paris, 1604, 10 tomes en 5 vol. in-12. Edition de M. Blanchemain, t. VII, p. 110.
2. Ronsard, *Réponse à quelque ministre*.
3. Par suite du concordat passé en 1526 entre le pape Léon X et le roi François I⁺ʳ, on avait établi sous le titre de *commendes* cet usufruit des revenus monastiques accordé à des personnes qui, la plupart du temps, demeurèrent séculières et dissipèrent en vains plaisirs ce fruit du labeur pénitent des générations du désert.

Côme en l'Isle, près Tours, de Croix-Val (paroisse de Ternay) et de Saint-Gilles de Montoire (1). Il porte même le titre d'aumonier du roi, comme on le voit par la quittance suivante extraite des manuscrits de la Bibliothèque du Louvre (Joursanv. $\frac{F.}{2.}\frac{145.}{3.}\frac{''}{4.}$ f. 140).

Paris, 8 octobre 1573.

Quittance par Pierre Ronsard de la somme de 300 fr. pour un quartier de sa pension comme poëte du Roi.

En la présence de moy .... notaire et secrétaire du Roy, M° Pierre Ronsard, ausmonnier et poëte françois du dit seigneur, a confessé avoir reçeu comptant de M° Pierre Deficte, conseiller du dit seigneur et trésorier de son espargne, la somme de trois cents livres tournois en testons à XIII s. pce à luy ordonnée par le dit seigneur pour sa pension et entretenement durant le quartier de juillet, aoust et septembre mil cinq cent soixante-treize dernier passé, qui est à raison de XII c. l. par an. De laquelle somme de III c. l. le dit Ronsard s'est tenu content et bien payé. Et en a quicté et quicte ledit Deficte, trésorier de l'espargne susdit et tous autres. Témoing mon seing manuel cy mis à sa requeste, le VIII° jour d'octobre l'an mil cinq cent soixante-treize.

Signé : NICOLAS.

Ronsard était aumônier du roi au même titre que prieur de Saint-Côme et autres lieux. Il remplissait les fonctions ecclésiastiques en habits socerdotaux; c'est lui-même qui nous l'apprend dans la Réponse dont nous avons déjà cité quelques vers.

1. Voy. l'abbé Simon, *Hist. de Vendôme*, t. 3, p. 531.

> Mais quand je suis aux lieux où il faut faire voir
> D'un cœur dévotieux l'office et le devoir,
> Lors je suis de l'Eglise une colonne ferme,
> D'un surpelis ondé les espaules je m'arme,
> D'une haumusse le bras, d'une chape le dos,
> Et non comme tu dis faite de croix et d'os :
> C'est pour un Capelan, la mienne est honorée
> De grandes boucles d'or et de frange dorée
> . . . .
> Je ne perds un moment des prières divines :
> Dès la poincte du jour je m'en vais à matines,
> J'ay mon bréviaire au poing, je chante quelquefois
> Mais c'est bien rarement, car j'ai mauvaise vois.
> Le devoir du service en rien je n'abandonne,
> Je suis à Prime, à Sexte et à Tierce et à Nonne,
> J'oy dire la Grand'Messe, et avecques l'encent
> (Qui par l'église espars comme parfum se sent,)
> J'honore mon prélat des autres l'outrepasse,
> Qui a pris d'Agenor son surnom et sa race.
> Après le tour finy je viens pour me r'asseoir.

Ronsard conserva jusqu'à sa mort ces divers bénéfices qu'il devait à la générosité de Charles IX, son royal protecteur. Il avait en outre une pension de douze cents livres tournois par an comme poète du roi.

III

CONVERSION DE PIERRE DE RONSARD.

> Comme passant près d'un bled verdoyant
> Lors qu'on oyt l'air d'un tonnerre abboyant
> Guigner les monts et menacer les plaines,
> On doubte fort veoir frustrer de leurs peynes
> Les laboureurs : ou quand lors qu'un amy
> L'amy va veoir, mort le treuve à demy,
> Il est dolent, puis quand oyt la nouvelle

Que ce champ n'a esté battu de gresle
Mais que les vents la nue ont destourné
Et cest orage ès lieux deserts mené;
Ou que l'amy fort prochain de la mort
Est rendu sain, du cœur tout soucy sort.
 Ainsy, Ronsard, des bons esprits le Prince,
Au temps jadis on l'eust en grand estime,
De çà, de là, en l'Asie, en l'Europe
On te disoit le premier de la troppe;
Et de ma part, toy seul je disois estre
Pour le sçavoir tant rare et tant exquys
Duquel tous ceulx de nos ans tu vainquys;
Mais quand j'ouys ta Muse changer chance,
Beer la crosse et crouasser la panse,
J'euz un effroy certes bien merveilleux
De te veoir cheoir d'un rocher sourcilleux
Et enfondrer dedans Syrte et Carybde,
Ou que viendrois plus insensé qu'Olvide.
Hé! disois-je à part moy, ce poëte
Tant renommé et qu'est-ce qu'il souhaitte;
Veult-il changer une science exquise
En l'hameçon avare de prebstrise?
Veult-il muer d'un homme auctorisé
Quelque caphard masqué ou prebstre razé?
D'un grand prophete et présageur des choses
Que nature a dans l'estomach encloses.
Vouldroit-il bien pour un son de marmite
Estre ung resveur, ung messier hypocrite?
Hé! ou pense-il? Bon Dieu, quelle fureur
Luy a saisy et possède le cœur!
Seroit-ce point la fureur Atrienne
Qui hors des gonds a tire l'âme sienne?
Pour toy j'ay faict cent et aultres cent veux,
Ronsard, croy moy; et tirois mes cheveux
Quand on venoit me rapporter : Ronsard
N'est plus poëte, il s'est faict un caphard,
Une medalle, un badin revestu
D'*exaudi nos*, et non pas de vertu.

Il suit le vent et faveur des plus grands;
Il va béant les honneurs apparens;
La pauvreté aux poëtes commune
Il hayt bien fort; il ayme la pécune;
Il cerche maistre et suit, vaille que vaille,
A tous hazardz ce qui plus luy baille.
Je desmentois soubdain ces rapporteurs,
Les estimant tes hayneux et menteurs;
Voire et souvent estant opiniastre,
Sommes venus jusques à nous combattre;
Et quand quelcun tes escripts tant friands
Me démonstroit brimbars et mendians,
Ou m'asseuroit qu'avois faict sacrifice
Au dieu Bacchus, j'accusois sa malice.
 Voylà, Ronsard, l'opinion certaine
Que j'euz de toy et que j'ay trouvé vaine.
A la parfin, à force de tesmoings
Et par les vers prebstreux qui vallent moings
Que les vers faictz d'un nouveau apprentif
Trop de la main et de la plume hastif,
J'ay apperceu une altération
Parmy ces vers et une affection
Trop desbordée, et croy que Démocrite
Eust trop moins ry que pleuré Héraclite,
Iceulx lisant, te voyant de Cibelle
Prebstre sacré, estre ung prebstre sans zèle,
Prebstre razé à qui cent fantasies
Rongent le cœur au lieu des prophéties
Que vont en tant de Jupiter les filles
En ceulx qui n'ont en leurs âmes gentilles
Tache de vice et qui se rendent bons
Pour recepvoir des Neuf Filles les dons
Ostés à ceulx qui nets ne peuvent prendre
Tels dons exemptz, pour ne vouloir entendre
A la vertu et tout soing employer,
De leurs péchés leurs âmes nettoyer;
Ou qui trop sots, d'avarice agitez,
Vont mesprisant les sacres déitez

Pour une odeur de la marmite grasse
Ou pour les dons que l'on porte en leur tasse.
O! quel grand dueil saisyt lors ma pensée
Quand j'apperceuz ta cervelle offensée;
Toy en péril d'estre à jamais perdu.
Mais par après ayant eu entendu
Que tu estois, de téméraire et fol,
Tout converty comme ce grand sainct Paul,
Mon âme lors fut de joye saisie;
Cela me fut succre, miel, ambroisie
Et tel plaisyr vint surprendre mon cœur
Qu'a le berger, quand tremblotant de peur,
Sa brebis treuve à son dam esgarée,
Lorsqu'il cuydait qu'un loup l'eust dévorée;
Ou un grand Roy, quand cuyde estre dompté
Par armes, voit son haineux surmonté
Bien ce grand Dieu des occultes idées
Par qui nos morts et vyes sont guidées,
Bon, patient, doulx, puissant, immuable,
Se monstre à toy bening et amiable
D'avoir daigné ton esprit inspirer
Et tes deux pieds du gouffre retirer
Où l'avarice et ardeur cyprienne,
Tes appétits, ta volupté trop vaine
Et l'athéisme, insensé, effronté,
Comme un cheval sans mors t'avoit porté,
Pour tel bien faict, pour un si bon party
Que Dieu t'a faict pour t'avoir converty
De mal à bien et donné cognoissance
Que celluy faict qui hayt Dieu pour la panse,
Ou qui malin estre Dieu ne croyt point,
Ou de bien vivre et bien faire n'a soing;
Estimant l'homme après la mort semblable
A ung cheval et beste irraisonnable;
Ou se régir comme il veult, pesle mesle,
Par un instinct d'une âme universelle.
Marot fut bien en ses ans fort lascif,
Voluptueux, en plaisirs excessif,

Plus inconstant qu'arondelle qui volle;
Mais, dévestu de sa jeunesse folle,
Ayant les ans repurgé son cerveau,
Il vint ainsy qu'un homme faict nouveau,
Laissant violaiz, rondeaux, chansons lascives
Pour rechanter hymnes et chansons vives
Au hault Seigneur; et de si grand couraige
S'y applicqua qu'au péril et dommaige
Et de ses biens et de sa propre vye
Il ne taisa ce que l'âme ravie
Au hault Seigneur l'admonestoit chanter,
Quoy qu'on le vint souvent espouvanter
De mille feuz, de cordes et de gehennes,
Il mesprisoit fouets, tourments et peynes;
Faisant ainsi qu'un rossignol ramaige
Qui s'esvertue à chanter davantaige
Quand veoit un homme; en voyant deux ou trois,
Renforce et double à son pouvoir la voix,
Et si très-hault son gazouiller eslève
Qu'en s'efforçant, il se tue et se crève.
Ses chants lascifs pleins de folles amours
Avecq son nom n'eussent duré longs jours,
Car comme l'ombre et au vent la fumée
Se perd de l'homme et l'œuvre et renommée,
Comme mortel il et ses œuvres meurent
Tost après luy, ou si elles demeurent
Pour quelques ans, l'envye et l'envieux
Toujours dedans vont plongeant les deux yeulx.
Mais, quand c'est Dieu qui conduict quelque esprit,
L'inspire et dresse à former un escript,
Jamais le temps avare ny l'envye
A l'œuvre sien ne ravissent la vye;
Car ce qui est formé divinement
Comme divin ne meurt auculnement.
Advise donc, puisque le Dieu haultain
En sa promesse et jugement certain
Ne t'a point prins au temps qu'il t'a trouvé
Et athéiste et paillard approuvé,

Que tous tes vers n'aillent ormais sinon
Parlant de luy et de son sacré nom.

Si tu le fais ainsy, encores dans ta teste
Envoyera l'humeur d'augure et d'interprète :
Tu diras le futur et au vol des oyseaux
Tu cognoistras les temps, ès-mœurs des animaux,
Tu liras le vouloir du hault Dieu. Au contraire,
Si tu ne veulx penser à bien dire et bien faire,
Ce Dieu t'envoyera ceste dure vengeance
Qui, lente, pas à pas, talonne nostre offence,
Il t'envoyera Athé dressé de meschef
Qui de ses pieds de fer t'escarbouille le chef.
Et encor que soubdain que l'avons irrité
Ne nous punisse pas, il garde, despité,
Cela, temporisant pour punir le mérite
Au double de celluy qui pensoit estre quitte.

 Voylà, gentil Ronsard, qu'en jectant larmes d'yeulx,
J'ay faict à ton honneur et afin qu'en tous lieux
Où se liront mes vers de grand joye on sautelle
Qu'on rye à qui mieulx mieulx du fond de la ratelle ;
Qu'on dresse des banquets pour faire bonne chère,
Ainsy que celle faict qui a trouvé la pierre
Et la bague perdue, allant dévotieuse
Monstrer à ses voisins sa pierre prétieuse.

 Que je pry' au Seigneur, pour le bien que te veux
Et à tous ceulx qui ont ung esprit généreulx
Que jamais dans ton cœur n'aye faveur ny siége
L'avarice idolâtre et trouppe sacrilége
Qui les vifs et les morts ronge, dévore et tue,
Celluy qui l'a batu ensuyvre s'esvertue
   Là est mon but.

(Gaignières, 485 NO, f° 127. 1ʳᵉ partie.)

IV

REMONSTRANCE A PIERRE DE RONSARD.

Si la saison permet à cil qui soufre perte
D'exercer sa cholère à pleine gorge ouverte,
Oultrager sans propos, maugréer, despiter
Et sortir hors de soy en voullant s'acquitter,
On te doibt supporter, Ronsard, et place faire
Au ver esguillonné qui picque ta cholère
Et ne trouver nouveau si ton poulmon rongé
T'a si tost converty de folen enragé,
Veu la perte que fais par la cheute prochaine
De celle qui nourrist gayement ta bedaine.
  Mais d'autant que tu peulx d'un glaive desgainé
Offenser les passans, si n'estois enchaisné,
Ainsy que bon voisyn et bon amy je lye
Avecques ce cordeau le cours de ta folly,
Essaïant sus mon luth quelques communs accords
Pour chasser le daimon qui travaille ton corps,
A l'exemple cogneu de David Isaïte
Qui du sien delivroit le prince Israellite.
Car prenant escumeux les hommes au collet,
Ne t'aïant dommaigé, on veoit bien qu'un folet
Possede ton esprit, mesme jettant l'offense
Sur celuy qui poursuit seulement sa deffense.
  Comme l'homme enivré, çà et là combattant
Une pierre dure et or un tronc heurtant
Est tellement lassé que vaincu d'une souche
Trebuche à recullon et sommeilleux se couche
Endormy jusque à tant que du vin depesché
Il se réveille; et lors trouvant son œil poché,
Songe quelque argument pour luy servir d'excuse
Et puis l'un et puis l'autre avollement accuse.
  Ainsy Ronsard estant enyvré de l'espoir
Qui desjà luy faisoit une tinne avoir,

Avecques ses discours heurtoit à l'estourdye
Cestuy cy cestuy là de sa teste allourdye;
Mais enfin esveillé par quelque importun bruict
Qui lui feit esclarcyr le profond de sa nuict,
Sentant son chef blecé et l'ouverture telle
Que chascun descouvroit qu'il estoit sans cervelle;
Forcené contre ung tiers, encores que luy seul
Ait esté le motif de la playe et du dueil.
   Qu'ainsy soit, ô Ronsard, d'où sortit la responce
Cause de ton ennuy, sinon de la semonce?
Qui s'estoit pris à toy? Quel incogneu bragard
Mesdisoit de ton nom, que toy mesmes, Ronsard
Trompé de ton amour qui doulcement abuse
Le loyer de ta peine et l'espoir de la Muse?
Qui t'avoit assailly alors que sans raison
Tu voulois embraser du Seigneur la maison?
Toutesfois en celant que la source première
De ton mal vient de toy tu fais à la manière
Du pasle criminel qui sur le jugement
La cause de sa mort et non sus son meffaict.
   Tu dis que ton discours (racine de la noise)
S'adressoit seulement à Calvin et de Beze
Non pas à de Montdieu : ouy comme si l'enfant
Voïant suivre son pere à l'estoc d'un trenchant
Ne debvoit exposer au péril sa personne
Pour destourner le coup qui le suit et talonne.
Tu t'abuses, Ronsard, et la peine tu perds
En cuidant esmouvoir tels hommes par tes vers :
Ilz sont trop resoluz de ton art poëtique
Chassée par Platon hors de sa République.
Leur âme est réformée et ne sont receleurs
Des chansons que Ronsard, père des basteleurs,
Pour donner passe temps par les cantons publie.
   Supposons toutefois que Théodore oublye
Le rang de son esprit, pour entrer au combat
D'un chrestien renié, ainsy que par esbat
Je le veoy demarcher hault, la teste levée,
Portant sa conscience au sang de Christ lavée.

Faisant taire et rougyr ton cacquet affilé
Par le grave contour d'un œil non simulé;
Je le voy composé d'un front et d'une grâce,
Nourrissons de vertu et tesmoings de sa race.

   Sus donc, brave luicteur, qui roydis bras et corps
Dedans un lict pleurant les paillardises, lors
Que puant de sueur tu mouille à grosse haleine
L'incestueux duvet (ta lice et ton areine).
Theodore est icy marchant de mesme cœur
Que David appresté pour se rendre vainqueur
Du Philistin lequel engravant sur le sable
La forme de son pied, de son bras effroïable
Crollant un pin lancier et le poix d'un armet
Forgé d'airain, couvrant de son chef le sommet,
Deffioit les Hébrieux et jà se faisoit croire
(Comme toy) qu'il avoit de sa part la victoire.

   C'est maintenant, Ronsard, qu'il fault estre animé.
Ne vois-tu pas de Beze à l'advantage armé?
Voire armé d'un harnois d'estoffe plus solide
Que celluy que forgea ton Vulcain à Pelide.
Il a pour morion l'espoir de sauveté;
La cuirasse qu'il porte en dos est fermeté;
Le coutelas dessu qui reluit en sa dextre
Est la voix du Seigneur meurtrière de ton maistre.
Et neantmoings, c'est peu de ces pièces, au pris
Du tanlache (¹) gravé qu'en senestre il a prys.
Le . . . . . (²) de tes dieux vergogneux s'en recule,
Cachant celuy d'Achill' et celuy là d'Hercule.

   En sept ames égaulx (un chascun assorty
De différent labeur) ce bouclier est party:
Le premier qui a place au plus prochain du centre
Tout' espèce de mort contient dedans son ventre.
Là se voit le fourneau des régions de l'air
Eslançant icy-bas le tonnerre et l'esclair,
Les cailloux embrasez, tempestes et tourmentes;

---

1. *Tanlache*, vieux français, espèce de bouclier.
2. En blanc dans le manuscrit original.

Les fouldres, les tiphons et flammes tournoïentes.
Là sont tous les venins asséchants en langueur
Les membres de nos corps, sans espoir de vigueur.
Bellone y est aussy qui le monde extermine,
Suivye pas à pas de peste et de famine.
Les enffans de la nuict, l'engence de péché
Que la Grèce jadys dans la boïtte à caché
De Pandore, affectée en la circonférence
Du rondeau s'apperçoit, excepté l'espérance.
Bref les boureaux du ciel sont gravez au millieu
De ce bouclier nommé le Jugement de Dieu.
 Aux six cercles suivans, selon l'ordre de l'Ange,
Se cognoissant rengez ceulx qui tournans visaige
Au vouloir de leur Dieu se sont trouvez banniz
De sa grâce benigne et griefvement punys.
 Regarde au second rang la tresbuchante bande
Des anges présumants, d'oultre cuidance grande
S'esgaler au Seigneur. Voy Caïn agité,
Çà et là fugitif, et sa postérité.
 Au cercle qui le suit sont noyez sans refuge
Les enffans hommes nez par les eaux du déluge.
Cestuy-là que tu veois vagabond déguysé
Est maudict de son père, Caïn mal advisé,
Je dy Caïn inventeur de ceste phrenaisie
Qui enffle et faict parler ta vaine poësie ;
Compaigne de l'emprise exerceante céans
Sur la tour de Babel tes compagnons géans.
 Au quatrième rondeau de l'immortel tanlache
Sodome te ravit et finement attache,
Marrie qu'obstiné tu ensuives de près
L'eschole et les vertus de Janes et de Mambrès,
Touteffois elle a tort, veu que pour la repaistre
Tu tracasses autour de la mytre d'un prestre,
Ou pour mieulx advenir te jectes au giron
Des neveux de Choré, Datan et Abiron.
 Mais, Dieu, c'est ung grand cas qu'en chacune ceincture
Du tanlache luisant se veoit ta pourtraicture.
 Au cinquiesme parvys tu es au mesme lieu

Des prophètes menteurs qui préférans à Dieu
Le prouffil de leur panse, allumoient la follie
D'Achab, de Jezabel, de Joran, d'Atulie,
Et le dernier du parc, ce Judas que tu voy
Carresser Jésus-Christ est tout semblable à toy.

Dans le sixiesme clos (pour passer en silence
Infinys apostats gravez à ta semblance),
Contemple Julien duquel tu as les traictz,
Non-seulement de corps, mais aussy de ses faicts.
Julien quitta Christ d'arrogante cholère
Tu t'en gaudis d'orgueil, plein de cholère noire :
Il estoit glorieux, tu es superbe aussy.
Il estoit mesdisant, tu n'as aultre soucy.
Il s'estoit faict pareil au monarque Alexandre,
Tu ne veux à Homère inférieur te rendre ;
Aux idoles donna leur crédit ancien.
Il n'est si meschant tronc du plus meschant payen
Que tu n'aies poly, honorant son ordure
Par louanges et vœus dedans ton escripture.
Il donnoit son estude aux devins et sorciers,
De telle puanteur sont farcys tes papiers.
L'impiété suivait pas à pas de Porphyre.
Tu les passes tous deux, non que l'un vueilles suivre.
Bref, le laict ne ressemble au laict plus proprement
Que vous entresemblez, fors d'un poinct seulement,
Car la mytre il avoit et d'Europe et d'Asie.
Tu n'es ny pape, ni roy, sinon par phantasie ;
Mais que fault-il cercher, pourquoy seray-j' enclin
Au septiesme circuit encor à demy plain ?
N'est-ce assez que Ronsard et aultres ses semblables
Convaincus et jugez en leurs âmes coulpables,
Voient là mille morts dont plus ilz sont ouïs
Plus ilz sont obstinez, meschants et endurcys.

Sus debout, sus Ronsard ! il faut entrer en lice
Sus avant ! Qui a-t-il ? Quoi ta démarche glice !
O Dieu ! il tombe à plat, le sang lui refroidyt,
Son ventre s'endurcist, la nucque luy roydist ;
Son chef laisse tomber la bachique lierre.

Bref, son corps peu à peu se convertit en pierre.
Arrestés-vous, bon Dieu! son destin sursoyés,
Affin que recogneu par sa bouche soyés.
Il est vray qu'à Nabal vous fustes ainsy rude
Et que Ronsard n'a moings que luy d'ingratitude.
Mais aussy seai-je bien que plus estes touché
De pityé lorsque plus il y a de péché.
De Beze, pour ce coup, de ce tunlache n'use
Puisqu'il cause à Ronsard le faict d'une Meduse.
Env'loppons-le plus tost au scandal précieux,
Consolant des navrez et la playe et les yeulx,
Entonne la chanson dedans la sourde aureille
Qui change un cœur d'aimant en charnure vermeille.
Courage! il remue, il respire et s'estend;
La couleur naturelle au visaige se rend.
Mon de Beze, il vault mieux te retirer arrière,
Me laissant avecq luy poursuivre la carrière.
Tu as meilleure affaire, et luy d'aultre costé
Pour t'entendre n'est pas encor bien appresté;
Ains te voïant s'effraye et tremble en ses mérites,
Comme en Oreb faisoient tous les Israélites
Lorsqu'au son du cornet le tonnerre semoit
Un bruist remply d'esclairs et la roche fumoit.
Redresse-toy, Ronsard, Beze n'est plus en veue;
Je dy ce fort toureau qui de sa longue queue
Gressée de marsouyn, secoue de son flanc
Ton tuon importun, par boys et par estang.
Ne te vus plus cercher, reserve ta furie,
De peur qu'il ne le jette en quelque porcherie,
Comme fint Jesus-Christ; ou te face advouer
Que tu es vray phantosme en te cuidant jouant.

 Contente-toy, Ronsard, qu'entre nous la meslée
Soit icy doulcement, pair à pair, demeslée.
Et bien que par tes vers ne m'ayes ensailly,
Ne t'esbahys pourtant s'en place suis sailly.
Tous ceulx là de qui l'âme au Christ est addonnée
Ne sont qu'un mesme corps et mesme destinée;
On n'en sçauroit picquer un membre que dès lors

Ne soit communiqué le mal à tout le corps.
Chacun diligemment son office desploye
Pour appaiser le mal et resoulder la playe.
C'est pourquoy moy (foiblet) qui viens de t'agasser,
Attendant que Montdieu te vienne terrasser,
Ma place n'en sera moindre ny reculée;
Faisant comme un varlet qui sort de l'assemblée,
La main derrière le dos; il marche le premier;
Au travers la brisée avance son limier;
Cerche routte et à point laisse courre la beste,
Qu'il avoit le matin descouverte à la queste.
Je suis appareillé, j'ay des fermes solliers;
J'ay le baston en main pour rompre les halliers.
Mais affin que te soit mon dessein manifeste,
Devant le Dieu vengeur des meschans je proteste
Qu'aucune passion, envye ou maltalent
Ne me faict attaquer un si brusque gallant;
Ains l'hommaige, l'honneur, le debvoir et le zèle
Que doibt porter à Christ tout couraige fidelle
Me font plus tost souffrir un reproche d'asnier,
Deffendant mon Seigneur en langaige grossier
Qu'avec ruse mondaine ou trop fine sagesse,
Oysiver, en oyant blasphemer sa haultesse.

 Venons doncques au poinct et laissons tout fiel.
L'an passé, de Montdieu avecq Zamariel
Escoutans les discours (ou d'opprobre et diffame
Contre Dieu et les siens tu animes la fame)
Se sont dessus les rangs courageux presentez
Pour convaincre d'erreur tes propos inventez,
Et enfin ont prouvé par la plume effrontée
Qu'innocens nous estions, toy meschant et athée.
C'est pour quoy plain d'orgueil, à tort et à travers
Tu dis que leur ouvraige est tissu de tes vers.
Le mensonge en ce poinct a la gorge couppée
Par droict et vérité, mesme de son espée.
Ainsy le brigandeau les despens satisfaist
Du juge et de l'arrest qui tourmenter le faist.
Tu avois assez dict, pour te taire et reprendre

Sans t'accuser deux fois, en te cuidant deffendre.
   Quiconque sans passion ta responce lira
D'un jugement rassys, aussy tost il dira
Que Ronsard raille bien, qu'il sçait gaudir et rire;
Qu'il est presumptueux, excessif à medire;
Mensonger, impudent, et pour le faire court,
Poison de la jeunesse et peste de la court;
Mais plus sa conscience il peincture et colore
Plus descouvre qu'il est enffant de Diagore.
   Comme le diable masqué que le peintre sçavant
De moyne accompagne au milieu du couvent,
Agencé, testonné, aucunes fois imite
Les traicts d'une putain, quelquefois d'un hermite :
Si n'est-il néantmoings tellement desguisé
Qu'il ne soit pas ses cors et griffes accusé.
Aussi voulant Ronsard contrefaire le pye
Soubz le manteau papal toujours se trouve impie,
Quoyqu'en mille façons çà et là soit vagant,
Que d'Orphée devienne casuiste arrogant,
D'idolâtre payen, dissimulé papiste,
De poëte gentil, d'yvroigne sorboniste,
D'amoureux verollé, de délivre empestré
Et du roi syrien Lymaron emplastré.
Si veoit-on clairement soubz une chappe sotte
Lucien apparoir et galonie Azote.
Voilà le jugement que font de tes secrets
Prophanes et sorciers, tous les cerveaux discrets.
   Mais revenons au poinct et sans plus s'entre-mordre
Apprenons de garder en nos escripts quelque ordre,
En suivant la façon du médecin expert
Qui ne s'arreste pas à cela qui appert
En l'extrême partye ains au dedans il entre
Pour nettoyer du mal la racine et le centre.
   Nostre débat, Ronsard, dépend comme je voy,
Asscavoir si tu as une solide foy,
Ou si legiére elle est çà et là transportée,
De bec advouant Dieu, de faict estant athée;
A nostre vueil, Ronsard, fussions préoccupez

De telle passion que fussions trompez
Et que l'œuvre parlant te découvrist papiste
Ardent et conjuré; non pas Lucianiste.
De peine et de douleur nous serions delivrez
Te rejettant au rang des âmes suyestez;
Mais voyans de ta foy la vraye pourtraicture
Reluysante en tes mœurs et en ton escripture,
Nous croions (et contrainctz) qu'en chaque temps et lieu
Tu forge en ton cerveau comme il te plaist un Dieu.
  Pendant qu'as ignoré le style roncipète,
Tu as esté du pape ennemy manifeste;
Mais soudain que ta gueulle a receu de ces os,
Comme un chien affamé tu as tourné le dos
Et chanté le papisme auquel tu n'as fience
Plus grande qu'espérant en avons récompense,
Comme la maquerelle accoste la putain,
Non pour la révérer, mais pour souler sa faim.
  Or, escoutons un peu comme tu nous asseure
Avoir du Souverain une notice seure;
Voyant du ciel (dis-tu), l'ordre qui point ne fault,
Je suis très-asseuré qu'un moteur est là-hault.
Quoy, Ronsard, est-ce tout? N'as-tu aultre argument
Pour asseoir de ta foy la base et fondement?
Que diroit moings un Turc ou payen plus immonde
Ignorant le calcul et principe du monde.
Si Dieu ne t'est cogneu que par l'entour des cieulx,
Quel estoit-il avant l'univers spacieux?
On peult cognoistre assés que tu sors d'une escholle
Impie, et mesprisant la divine parolle
En laquelle apprenons que Dieu a ce crédit
D'estre Dieu recogneu pour aultant qu'il l'a dict.
Aussy quand peu après l'histoire tu racompte
De Jésus, on diroit que cela n'est qu'un conte,
Car en tout ce narré ces deux beaux mots : Je croy,
Ne se trouvent escripts en signe de ta foy.
  D'aultre part, je ne peux ces paroles comprendre
Où tu dis que Jésus du ciel ne doibt descendre
Visible; que ce monde il n'aict reduist à rien.

La phrase m'est cachée, ou si je l'entends bien,
En disant que descendre il ne doilt point visible.
Tu infère et soustiens qu'il descend invisible.
O divin interprète! O distingué gentil!
Race du seraphique et du docteur subtil,
Sans toy, petit adjoinct, sans toy, sans ton addresse
C'estoit faict de ce Dieu rondelet de la messe.
Jusques à ton maillot la Sorbonne a sué
Pour prouver que le pain est transsubstantié.
Les idiots, Ronsard, passe-temps de tes maistres,
Se reposent, brutaux, sur la foy de leurs prebstres;
Mais toy qui as sur ce d'enfance les secrets
Et mistères sacrez des Latins et des Grecs;
Soubz le plausible nom de telle resverye,
Du missel de Numa tu rappelle Elicie.
Dresse les yeulx au ciel, la tempeste je voy
Comme à Tulle jadis fouldroyer dessus toy.

 Le corps de Jésus-Christ, docteur, ne se transforme
Ainsy que tes grands Dieux, il a toujours sa forme;
D'une mesme façon il se maintient rassys;
Et pour que nous croyons qu'il est au ciel assys
Jusqu'au terme ordonné pour réprimer l'audace
Du sorcier qui le souffle en ceste terre basse.
Dy vérité, Ronsard, si Christ n'a qu'ung vray corps,
Peult-il estre à mesme heure et dedans et dehors?
S'il peult en mesme instant au ciel estre visible
Et tracasser çà bas, voltigens invisible,
N'aura-il pas deux corps? dont l'un veoir on pourra,
Comme Estienne l'a veu; l'autre ne se verra.
Voilà le fruict que l'âme arrogamment régie
Par son cuider reçoit de sa théologie,
C'est elle qui te faict par la tradition
Enclorre ton église à la succession
Des personnes et lieux, affin que soubz tel ombre
Lorsque mytre seras, tu sois trouvé du nombre
Des trocqueurs effrontez ausquelz est affecté
L'esprit du Souverain, car ilz l'ont achepté.

 Si tu n'as de l'Eglise aultres marques, n'enseigne

Fors la succession que Sorbonne témoigne.
Tu ne sçaurois, Ronsard, asseurément prouver
Que Rome fut Eglise; où, pourras-tu trouver
En escript accordant à la saincte Escripture
Que Pierre y ait esté? Et lorsque l'adventure
Tienne lieu de certain, quel suffisant autheur
De son episcopat te pourra rendre seur?
Venons aux successeurs. Si l'histoire s'accorde
Aux degrez et au temps, vrayement je t'accorde
L'Eglise que tu veulx. On ne m'orra nyer
Que Pierre des Romains soit l'evesque premier
Mais aussy si aulcuns des anciens à Clète
Donnent le second lieu, aultres à Anaclète;
Si Linus est premier et troisiesme Clemens
(Clète perdant son lieu); bref, s'il y a cent ans
En leurs successions, mal aysez à comprendre,
Ou plus tost incertains jusque après Alexandre;
Que pourras-tu, Ronsard, sans faillyr advancer
Pour l'Eglise romaine à son haut commencer?
Où estoit-elle lors que les mytres et chappes
Se lassoient de courir ès mains des antipapes?
Quelle face avoit-elle lorsque Liberius
Pour destroner Félix s'accosta d'Arrius?
Ou alors qu'Anastase approuvant la furye
D'Accarius, suivoit l'erreur de Nestorye?
Que faisoit ceste Eglise au temps que Jehanne estoit
Papesse et qu'en ses mains les reliques portoit?
Et bref, toutes les fois qu'un infâme hérétique
Ou sorcier a régy le siège apostolicque?
Mesmes pendant qu'il a vacqué souventes fois
Sans Pape couronné par deux ans, voyre trois.
(Je te prye, Ronsard, je te pry', ne desguise.)
Où estoit l'heritage alors de ton Eglise?
Si ton art avoit lieu, certes il s'ensuivroit
Que plusieurs fois l'Eglise icy bas cesseroit.
  Mais tu descouvre encor plus avant ta bestise
(Sauf ton sçavoir bachique) en disant que l'Eglise
Toute pleine de grâce et de l'esprit de Dieu

A choisy pour tesmoings sainct Marce, sainct Matthieu
Et sainct Jean et sainct Luc, et pour les faire croire
Qu'aux peuples baptisez approuva leur histoire,
Car de Jean et Matthieu les esprits plus noysifs
Confesseront que Christ les a mesme choisys.
Quant à Marc et à Luc, la notoire substance
De la bouche de Dieu leur a donné croyance,
Non les hommes menteurs. Si ton dire avoit lieu,
De tes masques pendroit la parolle de Dieu
Et de nostre salut n'aurions aultre notice
Qu'autant comme vouldroit l'homme remply de vice.
Nous sommes enseignez, théologue, aultrement,
Nous dirons avecq Paul que le seul fondement
De l'Eglise est assis dessus les interprêtes
Du souverain docteur, apostres et prophêtes ;
Lesquelz en leurs escripts n'ont esté qu'instrumens
Pour rediger au vray tous les commandemens
Et vouloir de leur maistre en lettre bien notée,
Sans en rien altérer la voix à eulx dictée.
Toute l'authorité, tout l'honneur, tout le droict
Que l'Eglise prétend, provient de cest endroict.
Si quelque différend en l'Eglise prend cours
Aux saincts Escripts il fault toujours avoir recours.
Ainsy que l'héritier de bon entendement
Pour juger de ses droicts recourt au testament
Qu'il contregarde entier, et pour n'estre faulsaire
N'accourcist ny estend la plume du notaire.
Tel debvoir à l'Eglise, envers Christ toutesfois
Tu dis qu'elle peult faire et ordonner des loix.
A quelle fin, Ronsard ? Sera-ce pour entendre
Un service nouveau qu'à Dieu conviendra rendre ?
Mais tu sçais qu'un service il veult de nous avoir
Non pas selon nos sens, ains selon son vouloir.

    Comme le mary singe, allant à quelque foyre
Loingtaine de l'hostel, laisse un ample mémoyre
A sa femme de tout ce qu'il veult et entend
Qu'en son absence face, et oultre luy deffend
De ne point excéder aulcunement sa chairge,

Mesprisant quelque chose en faisant davantaige.
　Si par oultre cuydance ou bonne intention,
Elle enfrainct de son chef l'estroitte pression,
Quel tort luy sera faict, si mesme en sa présence
Son mary désadvoue une telle licence?
Semblablement Jesus par mémoire a laissé
Tout cela qu'il entend estre faict et dressé
Par son espouse chère; il n'a rien voulu taire
De ce qu'il a pensé luy estre nécessaire.
　Par quoy, lorsque l'Eglise advancer prétendra
Quelque commandement, regarder il faudra
Si la fin de sa loy se rapporte à la forme
Qui est aux saints escripts. Si elle s'y conforme,
Il la faut accomplyr. S'on la veoit transporter
Des bornes de son Christ, il luy fault résister.
Si en pensant voller les provinces unies,
Elle forge et bastit quelques cérémonies
Par lesquelles advient que la religion
S'abatardisse et tumbe en superstition,
Il la faut réprimer. Si elle est réfractaire
Nous la devons laisser ainsy qu'un adultère.
L'Eglise pourra bien par temps et par sayson
Enrichir de police et orner sa maison;
Donner un reiglement convenable et propice;
Mais advenant aussy, soubz umbre de police,
Qu'elle entache l'honneur de son espoux, alors
On la peult dégrader et faire sortir hors,
Ainsy que nous voïons le père de famille
Permettre voluntiers que la femme s'habille,
Selon que bon luy semble avecq honnesteté
Pour orner et nourir en mieulx sa chasteté;
S'elle sanguine et folle, abandonne la bride
Au conseiller charnel qui brutement la guide,
Tout à coup sus le monde on la verra pencher,
Ensorceler ses yeulx, soustenir son marcher,
Farder son naturel et n'aura jamais cesse
Que son mary du tout ne la rejecte et laisse.
　Ton Eglise, Ronsard, par la cérémonie

Est jà pieçà tumbée en semblable manie.
Et ne suis esbahy si avecq mille efforts
Tu vouldrois endurer l'honneur de mille morts,
Ains que l'abandonner : tes morceaux elle couppe
Et le sec de tes nerfs arrouse de sa couppe.
 Neantmoings, tu promects que sans plus demourer
Avecques ses abuz, tu t'en veulx séparer.
De quels abuz, Ronsard? Si l'abuz tu mesprise
Il fauldra maulgré toy quicter là ton Eglise,
Car ce n'est qu'un abus, et cuidant s'addresser,
Comme un bon laboureur et non pas la laisser.
Tu ressemble à Oza qui de gaye sottise
Devant l'Arche de Dieu indignement remisse
Sur le joug des taureaux et au lieu de l'oster
Du char prest à verser, la voulut supporter,
Fut tué du Seigneur ; et depuis en son temple
Oza mort a servy et servira d'exemple
Contre ceulx qui la loy du Seigneur délaissans
Le veullent, esventez, reigler selon leur sens.
 Voylà l'Eglise, en somme, ô Ronsard, que veulx suivre
Et dedans son giron toujours mourir et vivre.
Hélas ! ainsy fût-il ! nous n'aurions pas de quoy
Accuser ton esprit, ains seulement ta loy.
Empeschez ne serions après ceste deffence :
Tu serois convaincu par ta propre ignorance.
Mais chacun sçait assés que tu n'es si grossier,
Que tu es mieulx trempé et de plus fin acier ;
Que du papisme hideux tu n'aymes que le vice
Et le plomb crocheteur de quelque bénéfice.
Aussy tu recognois que ce seroit péché,
D'estre prebstre, sinon au prys d'un evesché.
Tu descry la prestrise haultaine et estoffée,
Des secrets Niliens et d'Eumolpe et d'Orphée.
Tu veulx gringuenotter la grand' messe, pourveu
Qu'elle dore tes doigts, affin d'estre bien veu ;
Aultrement s'elle n'a de quoy fournyr ta table
Et boire du meilleur, elle est abominable.
 Comme en Grèce Lays son amour addonnoit

Au courtisan qui plus de présens luy donnoit,
Exposant ses souspirs pour guerdon à la course
De celluy qui avoit plus haleneuse bourse.
Pendant que l'amoureux avoit de quoy compter
Il estoit son Phœbus, son Mars, son Jupiter;
Mais le ruisseau tary et la source esgouttée,
Il estoit Ixion, Tantale et Prométhée.
Telle est, Ronsard, la foy de la religion :
Elle ploye à tout vent, climat et région.
 Ce pendant que le Pape et ceulx de son domaine
Nourriront ton espoir, elle sera romaine,
Le Pape fleurira bon et grand comme Dieu,
Le vicaire de Christ, president au milieu
De l'Escripture saincte et vray chef de l'Eglise;
Mais, le cas advenant que la court mieulx apprise
Quittast le joug romain, le Pape en ton escript
Ne seroit qu'avorton meschant et Antechrist.
 Escoutte un peu Ronsard, en jugement j'appelle
Le remors balancier qui ton âme martelle,
Lors que tu es aux lieux où il fault faire veoir
Ce que peult ton très sainct et très juste devoir,
Que comme un limaçon enchappé te pourmeyne
Dans le temple pavé de l'évesque du Maine,
Voïant dessoubz les pieds d'un Michel bien doré
De Martin, de Bernard le Diable est adoré.
Soubz Margot un dragon; le pourceau soubz Anthoine,
Soubz Crespin le chegros et la forme et l'alesne,
Ne t'en mocques-tu pas, sachant que l'empereur
Julien a esté de telle ruse autheur,
Lors qu'adorer faisoit à la trouppe chrestienne
Soubz le pourtraict d'Auguste un' idole payenne.
Quand tu repans aussy sur les charbons ardens
Au fond de l'encensoir les larmes de l'encens
Et qu'au sortir de là tu en reçois sallaire,
Tu sçais que l'Apostat en vouloit autant faire.
Bref, regardant du chœur et l'un et l'autre flanc
Depuis l'ordre premier jusques au dernier rang,
Tu veois les ennemys et dégast de la vigne

Que Jésus-Christ avoit cultivée à la ligne :
Tu te mocques d'un rys en toy-mesmes caché,
Voïant en ceste part un bouc emoustaché
Comme celui d'Arcueil, ayant la teste ceincte,
Le bousquet sur l'aureille et la machouère peincte ;
A dextre les pourceaux, à gauche les regnards,
Au dessoubz les lisets, les fourmys et lézards.
Mais surtout tu te plais, alors que plain de crasse
Tu te pais du bourgeon en forme de lymasse ;
Et qu'au sortir de là, remply de charité,
Pour ne loger chez toy trop de sévérité,
Tu vas faire l'amour, solliciter les femmes,
Ou coucher par escript tes amoureuses flammes ;
Dire le mot pour rire, et fleury de soulcy,
Suivre le bal, la dance et les masques aussy.
Or, juges esloignez et de haine et d'envie,
Prononcez, je vous pry', le nom de telle vye.
Si gaber et gaudir de sa religion
Soubz le fard coloré d'une dévotion ;
Si prendre du bon temps et n'avoir aultre cure
Que de passer la vye en bombance et ordure ;
Si relever les os des plus infâmes Dieux,
Les louer, les servir par offrandes et vœux ;
Consommer nuict et jour en leurs théologies ;
Chanter l'Elension et les festes orgies
De Delphe ; redresser courtines et trépiers ;
Couronner ses cheveux de profanes lauriers ;
De Christ faire ung Hercul ; représenter la peyne
Et les faictz de tous deux par antithèse vaine,
Et n'employer ailleurs ses mains et ses outils
Qu'à rebastir le ciel ruyné des Gentilz,
Si tel art, disons-nous, est autre que papisme,
Comme le pourroit-on appeler qu'athéisme ;
Et le feuré hulneux qui n'a second à soy,
Des aultres la grandeur, la fontaine, la loy,
Qui a pris le mestier par le rivaige Actée
Sera-il pas nommé le souverain athée.
 Quel violet blanchit te colère, Ronsard ?

Pourquoy maugrées-tu? Le nom vient de ton art
Non pas de calomnie. On ne fait point d'oultraige
En appellant l'ouvrier du nom de son ouvraige.
Il s'ensuivroit, dy-tu, si ton dire avoit lieu,
Que croire on ne verroit les poëtes en Dieu.
Descendre je ne veulx à ceste conséquence.
Je sçay bien qu'il y a plusieurs esprits en France
Gaillards et disposez à chanter clairement
Qui ne vouldroient parler de Dieu que sainctement
Sans fainctise ny fard; mais je dy qu'il me semble
Qu'Ethnique on ne peult estre et chrestien tout en-
Je dy que le poëte ou gentil ou chrestien   [semble.
Ne peult, ne doibt louer aultre Dieu que le sien.
Voy si Linc ou Orphée, les nourrisons de l'ode
Si Eumolpe ou Musée, Homère ou Hésiode
Aultres dieux ont chanté en leurs hymnes dorez
Que ceulx-là qui estoient parmy eulx adorez.
   Recerche si jamais leur chosde fut guindée
Pour tinter le grand Dieu qu'adoroit la Judée?
Comme au contraire aussy voy le sonneur Hébrieu
Estroictement collé au nom de son seul Dieu.
   Quoy donc? Ores la terre est-elle plus maudite
Pour soustenir le faix d'un monstre hermaphrodite
En la religion. De l'Eglise jadis
Quelques clercs déchassés furent et interdistz
Pour avoir escoutté patiemment Libane
Recitant de Bacchus une chanson prophane;
Et nous autres François non seulement avons
Un prophane sonneur, mais aussy le loûrons?
Il en aura sallaire; il portera la charge
D'un gros canonicat; une chemise large
Umbragera sa robbe, et tout fier là dessus
Fera comparaison au linge que Nessus
Arrose de son sang. Quelque brunette avide
Sera sa Déjanire et Ronsard son Alcide.
Alcide vrayement, lorsqu'à démy rongé
Des paysans vérollez mourra plus qu'enragé,
Et la braise qui fut seulement temporelle

A Hercule sera pour Ronsard eternelle.
 Ha Dieu! redresse moy! O Seigneur convertir
Vueilles plus tost Ronsard par un doux repentir,
Plaise toy l'inspirer et sa lyre payenne
Promptement remonter d'une chosde chrestienne,
Accomplissant par luy ce que ton œil divin
N'a permis d'achever au poëte Angevin;
Fais qu'il chante Israël, ou si sa destinée
Se trouve contre toy tellement obstinée
Qu'esclave de l'espoir d'un parchemin chetif
Il ayme mieulx mourir pantoisement captif
Soubz l'attente sans fin d'une mitre jurée,
(Comme on voit le courant mourir pour la curée)
Que reçois du bienfaict que luy as départy,
S'abbaisser en ta craincte et suivre ton party.
Permets au moings, Seigneur, qu'il ne soit que papiste,
Mange-messe aveuglé et non pas atheiste.
 Lors, Ronsard, tu pourras desgorger ton venin
A juste occasion contre Bèze et Calvin;
De Montdieu t'advoura pour le père des Muses
Et ne dementira cela dont tu l'accuses.
Il t'aura desrobbé ta poésie, encor
Qu'il n'aye jamais veu tes œuvres sinon qu'hor
Hores que respondant à tes traistres mensonges,
Il ne décélera que tu vends comme autheur
Les œuvres dont tu n'es qu'affamé traducteur.
Tu luy seras, Ronsard, toy-mesme vénérable;
Et luy, pauvre, chétif, ministre misérable
Courant après son Christ, de telle ambition
Qu'envieux ne sera de ta condition.
 Le médecin dira que de pourpre estois yvre
(Non agité du mal qui pasle te faict vivre.)
Alors que tu suivois, au lieu d'un loup garou,
Celluy qui parfumoit le regnard en son trou.
Montdieu ne dira plus que ta casse parolle
Ny ta sourdesse aussy viennent de la vérolle,
Ains le son du clocher et le chant advoué
Dans un chœur, t'auront faict et sourd et enroué.

Les solides esprits voïant que tu blasonne
De Montdieu faulement l'estude et la personne,
L'affeublant sans raison des plus meschants habits
Donnez par tes ayeulx à Lycambe et Ibis,
Ne te reprocheront que ta langue legière
Est plus sotte que n'est celle d'une harengère
Buvant, enluminée et branlant le museau
Contre cil qu'elle veoit auprès de son estau.
Vray est que tu mesdis de personne incogneue
A ton beau resonneur, soit d'avye ou de veue ;
Et l'epistre qui est de ton livre le sueil
Ne recognoit Montdieu n'y d'aureille ny d'œil.
Toutesfois, oublieux tu le tranche et découppe
Comme si tu l'avois engressé de ta souppe.
Or, il t'est prédicant, caphard, ambitieux ;
Or, il faict saigement l'amour en divers lieux.
Tu l'as veu cheminer dans Paris l'aultre année
Descharné, deshalé, la couleur bazannée,
Et ton peuple disoit que ce mal avoit prys
Travaillant au mestier de la belle Cypris.
  Voilà comment l'aveugle en conduisant un' aulne
Prend le noir pour le blanc et le verd pour le jaulne.
Tu ne faicts aultrement qu'un peintre sans objet
Tirant de son esprit les songes pour subject
Selon que son humeur se trouvera guidée,
S'il veult pourtraire un monstre, il emprunte l'idée
De tout cela qu'il peult imager de plus ord
Qu'on ne sauroit trouver en lieu que d'où il sort.
  Ainsy ne rencontrant contre Montdieu que dire
Tu luy prestes, Ronsard, le plus beau et le pire
De tes sainctes vertus. Ridicule est celluy
Qui soy-mesme noircit pensant noircyr aultruy.
  Mais la voiffre sera couverte et supportra,
Estant à bon escient papiste et non athée,
Jamais ne te feront reproche ny recueil
Du bouc sacrifié au voïage d'Arcueil.
Tu n'estois pas monté dessus à pleines jambes ;
Nous en démentirons les temoings dithyrambes.

Au contraire, de Beze alors sacrifioit,
Quand loing de ses papiers la taigne dechassoit;
Et or qu'il fût touché de mesme maladye,
Il en sera guary par sa palinodie
Que Lausane escoutta lorsqu'Abraham François
Flechissoit Isaac pour l'ouïr sur le boys.
  Jà n'adviene, Ronsard, que par nous on cognoisse
Que tu es héritier de la messe sourdesse
Dont Pharaon jouyt, ou lorsque le prescher
De Beze te faisoit et cracher et moucher.
Ce fut un moucheron qui faschant ta narrine
Te faisoit retourner soudain à la cuysine
Pour prester ton espaule et luy servir d'appuy.
  Jà ne dirons de toy trop cogneu que celluy
Couve mille dangers et mille morts extrêmes
Qui meurt cogneu de tous, incogneu de soy mesme.
  Tout beau, ne bougez point, oubliez que Ronsard
Se soit mocqué de Dieu, puisqu'il est papelard,
Taisez que soubz couleur d'attacquer vostre style,
Il aye ouvertement comparé l'Evangile
Au manteau ravaudé de cent mille morceaux
Ramassez ès esgousts, cloaques et ruisseaux.
Bref, enfin cognoissez que Ronsard et sa Muse
Ensuivent du regnard et la vie et la ruse.
  Ce regnard cault fin, s'appercevant pressé
Du lévrier alongé est jà desjà troussé,
Esloigne de son fort et du corps et d'haleine,
Se trouvant le plus fort au combat de la plaine
Contre le lévrier, affin que la ranceur
Puante luy devoye et la trace et le cœur.
  Ainsy voïant Ronsard (or bachelier papiste)
Qu'il est inférieur en sa cause sophiste,
Que les fruicts de ses Dieux ne sont plus de saison;
Qu'en sa cause n'y a droicture ny raison,
Vomyt un fiel puant et villaines ordures,
Cuittes dans ses poulmons empoisonnez d'injures.
  Mais vous, enffans de Dieu, vous du ciel les amys
Prenez du Mythridat qui vous rende affermiz,

Si peu vous soucians d'une telle racaille
Que n'en soyez esmeus non plus que la muraille
Frappée du baton. Il a heurté souvent,
Elle ne bougeant point, son routeur plein de vent
Bonsdille çà et là et tel prys en rapporte
Et qu'à la fin crevé d'une verse, il avorte.
  Si te pouvons, un coup, vray papiste trouver,
Il nous sera, Ronsard, facile de prouver
Qui a troublé la France et desrobbé ses tittres,
Ou tes prestres enflez ou nos pauvres ministres
Lesquels si tu avois quelque peu frequentez
Tu desdirois soudain tes propos inventez.
Mais, d'autant qu'ils font guerre au maistre de ta panse,
Il te semble estre vray tout ce que tu en pense.
  Tu dy (mal adverty de leur condition),
Qu'ils sont présomptueux et pleins d'ambition.
Eusse-tu veu, Ronsard, une heure en leur estude
Et vie reposée et grande quiétude,
Eusse-tu contemplé avecq sain jugement
Leurs desirs limitez, tu dirois aultrement;
Tu verrois l'un avoir mesprisé l'esperance
De la moisson dorée et toute l'accoinctance
Des honneurs affamez; les aultres depeschez
Du faiz empoisonné des grosses éveschez;
Aultres avoir quitté comtez et baronnies;
Aultres le gouvernail des grandes seigneuries;
Aultre estant gentilhomme de célèbre renom
N'avoir poinct desdaigné du ministre le nom.
Entre lesquels aussy pourrois sçavoir encore
Quels biens et quelle attente a laissé Théodore.
Bref, tu verrois chacun porter entre ses mains
La parolle de Christ au lieu d'honneurs mondains
Qui leur sert de bureau ou charges et offices
Se donnent pour néant et où les bénéfices
S'obtiennent sans procès, ains le patron accourt
Et confère gratis, sans qu'on face la court.
  Là marchander on n'oït le prys des antichattes,
Là taxées ne sont dispenses ny annates.

Là ne fault déroger au chapistre de Jean,
Au concile de Basle, ou celuy de Latran.
Ains est recompensé chacun ratte pour ratte
Et souvent le dernier est le premier en datte.
Ainsy ambitieuse est leur condition,
Si vivre contenté s'appelle ambition.
   Les ministres, dy-tu, sont pipeurs de nature,
Interprêtes menteurs et remplys d'imposture.
Je te pry', regardons qui pippe de nous deux
Ou toy qui ne veulx point que le peuple otieux
Occupe son loysir à sçavoir et comprendre
Ce qu'il doibt et peult bien de son salut apprendre;
Qui devant luy jargonne en langaige incogneu
Qui luy caches du Ciel le commun revenu,
Qui le mects à l'escart et de toy le separe
Comme prophane, luy idiot et barbare,
Ou moy qui sollicite un chacun à porter
La parolle de Dieu, la lire et fueilleter;
Qui ne parle en latin ny en langue gregeoise
Ainçois publicquement en parolle françoise
Je fais prière à Dieu et des saincts sacremens
Je déclare la foy conjoincte aux élémens;
Qui ne marmonnant point en secrette magie;
Qui ne fainct, n'ymagine une théologie
Diverse à celle-là que Jesus-Christ m'apprend;
Qui suis subject aux loys alors qu'il me reprend,
Qui respon, appelle au publicque colleige
Sans nulle exemption, primace ou privileige.
Qui enseigne qu'en Christ sommes tous alliez,
Membres d'un mesme corps, saincts et justiffiez;
Et bref, que de mon sang je soubzsigne et cachette
Que Jesus-Christ est roy, grand pontife et prophète.
Or, concluds maintenant sans plus estre menteur
Lequel est de nous deux pipeur et imposteur.
   Tu dis que nos pasteurs sont boufons et farcistes;
Si ne sont ilz, Ronsard, ainsy que tes papistes
Desguisez en habit. On les trouve tousjours
Vestuz d'une façon aux festes et aux jours.

Dediez à travail. Ilz n'ont qu'une chemise
Non plus qu'en leur privé quand ilz sont en l'église.
Il ne les fault farder pour les rendre plus beaux;
On les cognoit de jour sans torches ny flambeaux.
Ils n'eschaffaudent Christ à plusieurs personnages,
Ainçois interprétans passaiges par passaiges,
L'adorent purement et honnorent d'encens
Que luy mesme demande, et non pas de leur sens,
Ilz ne sont gandissans, mais asprement s'escrient
Contre toy et les tiens qui Jesus injurient.
Ilz sont doulx aux benings encontre le meschant.
L'effect de leur parolle est ung glaive trenchant
Par lequel la vertu du Seigneur ilz font croire
Non pas comme tu dys leur orgueil et leur gloire.

 Si ont-ils beau produire à milliers de tesmoings
De leur intention paisible, néantmoings
Ronsard qui n'ouyt onc (car il n'a point d'aureilles)
Leurs prédications, les déclare rebelles,
Mutins, présomptueux, pleins de présomption,
Séducteurs, et surtout chefs de sédition.
Ainsy Christ se trouvoit des mutins exemplaire
En chassant les larrons du temple de son père.
Sainct Paul à Démétrie estoit séditieux
Parce qu'il luy ostoit le prouffict de ses Dieux
Et Pierre détestant des prestres l'avarice
Estoit tumultueux, rebelle et plein de vice.

 Les ministres, dy-tu, pipez de fraische erreur
Ont mys par leurs sermons les peuples en fureur,
Rompants toutes les loix et l'humble obeyssance
Des Roys, des magistrats et de toute puissance.
S'idiot tu estois, Ronsard, il conviendroit
T'enseigner doulcement la faulte en cest endroict;
Mais veu que tu dys faulx d'obstinée malice
On te doit renvoyer ès mains de la justice,
Car ignorer ne peulx (pour sourdault que tu sois).
Comme ilz se sont astrainctz à ses publicques loix;
Ou si tu n'as daigné leur escripture lire,
Tu devois enquérir (avant que d'en mesdire)

Quels sont leurs arguments, leurs presches et escripts
Pour à droict les blasmer ; alors tu eusse appris
Que des Princes et Roys la force ilz recognoissent
Procédants du grand Roy ; que de prier ne cessent
Pour leur prospérité, les peuples exhorter
D'obeyr à leurs loix et constamment porter
Ce qu'ilz commanderont, voire impossible à faire,
Moyennant qu'à l'honneur de Dieu ne soit contraire,
Sans prétendre le droict d'aulcune exemption
Comme font les rusez de la Religion.
   Tu dys qu'ils ont ouvert le grand cheval de Troye,
Mettant taut ce royaulme aux estrangers en proye.
Les estrangers voysins sont entrez voyrement,
Mais à leur grand regret non à leur mandement,
Entrez, dy-je, au pourchas de la France hors d'haleine
Et sont entre les mains de la paillarde Heleine,
Iliade des maux de ce monde advenuz
Depuis que les seigneurs par elle entretenuz
Ont enduré sa face et soubz sa tyrannie
Abusés, captivé leur couronne et leur vye.
   C'est celle qui a mys en général desroy
(O fascheux souvenir !) et la France et son Roy,
Qui encor aujourd'huy ensanglante de noyse
Seyne parisienne et la Loyre tournoise.
   Mais laissons le passé s'oublier en repos,
Ne réveillons, Ronsard, les cendres et les os
De celuy que tes vers si bien tu t'en recordes,
Ont marqué pour aucteur des dernières discordes,
Alors que transporté par le serein du temps
D'un manteau nouvelet fust la terr' reverdye,
Que l'autheur de ces maulx mourut de maladye,
Aïant le sorcelet d'oultre en oultre foncé
D'une picque ou d'un plomb fatalement poussé.
Tu en dois détester le prince et sa puissance
Duquel ores legier tu cerches l'accoinctance
Comme un chien affamé flatte de tout son corps
Son maistre que n'agueres il a blecé et mors.
   Mais Dieu (qui des meschants revolte la sagette

La destournant des siens contre ci qui la jette),
S'est servy de ton veu, d'un secret jugement
A sa gloire et honneur, outre ton pensement,
Ainsy que Balaam il contraignyt bien dire
Au peuple d'Israël, au lieu de le maudire
Tel tu seras Ronsard, et la mère des moys
N'aura point rallumé ses comes par neuf foys
Que contre ton souhaict l'Heleine qui te pense
Ne perde son crédit, ruyne de la France,
Car, ou le nom fatal de Charles me deçoit,
Ou ce Charles qui tant de tumultes reçoit.
En son aage premier par ceste infâme Heleine
Mettra soy et les siens pour un coup hors de peyne.
Délivrant son pays d'un si horrible faix
Et gravant en la France un' éternelle paix.

(Bibl. imp. Gaignières 485. N-O, fol. 101 (1re partie).

V.

DEUXIESME REMONSTRANCE

A PIERRE DE RONSARD.

(Paris, 1577.)

Ronsard, il me deplait que le temps qui tout change
Ne pourvoit désormais au changement estrange
Qui brouille cet Estat, d'heure en heure altérant
Sa grandeur, qui tousjours decroist en empirant :
Semblable au corps humain, où le mauvais régime
Lors que par nonchalois on en fait peu d'estime,
Engendre peu à peu, voire de plus en plus,
L'accumulation des humeurs superflus,
Causans sa maladie : ainsi toute la France
Aiant couvé les maus de sa longue soufrance,
A veu par le surcroist de ses nouvelletés

Pesle-mesle troubler Rois, peuples, et cités :
Et n'eut esté que Dieu rasserena son ire,
C'estoit fait que de nous, et de ce pauvre empire.
Ore donc que sa grâce, et sa benignité,
Commance nous aiser d'une tranquillité :
Et que les flos mutins, ni l'horreur de l'orage,
Ne nous menassent plus d'un si crüel naufrage :
Nous esperons aussi que les plus nobles arts
N'aguère ensevelis par l'injure de Mars,
Seront remis en vogue : et que l'aspre Justice
Triomfera du mal, et la vertu du vice :
Nous espérons, Ronsard, que ce siècle si las
De noises, et d'excès, à l'aide de Pallas
Reprennant son beau lustre, au sus pourra remettre
Et les homes d'honeur, et les homes de lettre,
Sans peur de la tourmente : et que par ce moïen
Ton brave Francion, sauvé du sac Troien,
Aura le ciel propice, aura le vent en poupe,
Pour meshui s'embarquer avec toute sa troupe,
Courant même fortune : et malgré les dangers,
En armes attaquer les Princes estrangers,
Franchir le Rhin germain, et par fatalle guerre
Se faire en fin Seigneur de la gauloise guerre :
Où déjà si long temps nous l'avons attendu,
Que nous craignons (Ronsard) qu'il soit mort, ou perdu :
Ou qu'aveques sa ville aus Grecs il fut en proïe,
Et qu'il ne partit onc des rivages de Troïe.
Mais puis que nous voions à ton commencement
L'aprest de l'équipage, et son embarquement,
Puis que par mer il cerche un si grand territoire :
Cela cela, Ronsard, cela nous fait acroire
Qu'il hâte son voiage, et qu'il arrivera
Bien tôt aus bors de Seine : où brave il fondera
Dedans une belle isle en tous lieus renommée,
Cette illustre cité, par lui mêmes nommée
De l'agréable nom de son oncle Paris :
Futur siége des Rois, borne de ses perils.
    Que tardes-tu donc tant d'assortir l'œuvre entière

De tout ce qui défaut à sa montre première?
Qui te peut amuser? Qui te peut divertir
De ne laisser au jour cet ouvrage sortir?
Certes il nous plaît bien! mais la trop longue attante
Qui nous promet le reste, ore nous mécontante.
 Quand j'estois escolier jeune d'ans, et d'esprit,
(Studieus toutesfois) un tel désir me prit
Aprés la douce erreur du bel art poëtique,
Qu'un peu fantasque, et gai, j'en ai fait la pratique :
Et ne scache poëte ou latin, ou françois,
Que je n'aie bien leu, si je ne me déçois :
J'entens au moins ceus-là qui méritent la peine
Qu'un bon lecteur s'arreste à leur texte, et leur veine :
Mais deslors j'ai toujours toujours ouï parler
De ce tardif labeur, qui te doit égaller
Aus meilleurs artisans : et maintenant j'oi dire
Qu'en lieu de faire ainsi la trompette rebruire
Par le choc des combas, laissant ce beau projet,
Tu prens d'un satyriq' la trace, et le sujet!
 Certes quand tu pillas et Thebes, et la Pouille,
On prisoit ton audace, et leur riche dépouille :
Et comme ton haut stile adonc Pindarisa,
Maint lyrique françois depuis Ronsardisa :
Et conceut ou alors une espérance telle
Des tons inusités de ta harpe immortelle,
Qu'il nous sembloit déjà que nous estions pourveus
D'un chantre inimitable à nous, et nos neveus :
Et qu'aus siens favorable ainsi la France mere
Acouchant d'un beau part, enfantóit son Homere,
Lequel par un chef-d'œuvre imiteroit celui
Qui tonne dans ses vers, et vit jusqu'aujourd'hui :
Mêmes le titre enflé de ceste Franciade
Qui devoit obscurcir la gregeoise Iliade,
Ne promit rien rien moins que l'accomplissement,
Et le fruit esperé d'un tel enfantement :
Mais on ose déja la comparer sans creinte
Au moquable avorton de la montaigne enceinte,
Bien que le bruit hardi de tes aultres écris

Rembarre d'assés loing nos blasons, et nos cris.
　Donc plutot que ta Muse héroïque, et lyrique,
Aigrissant sa fureur devienne satyrique :
Je te suppli, Ronsard, mettre devant tes yeux
De tant de Rois françois les faits victorieus :
Ausquels tu t'es vanté d'une acorte jactance
Qu'au temps, voire au trépas, ils feroient resistance,
Des que par toi chantés ils reluiroient ainsi
Que les plus vifs ardans, par le ciel éclairci :
Et ne t'excuse plus sur l'orde ingratitude
Qui souloit de fraudes ta peine, et ton estude.
　Dieu gard de mal (Ronsard) à qui n'en a pas tant,
Et qui vit néanmoins assés libre, et contant :
Voire aussi disposé d'écrire en mainte sorte,
Si la faveur du Roi lui tenoit la main forte :
Et pourtant ne permets qu'un moins heureus soneur
Ton devancier s'acquiere un si célèbre honeur,
Et qu'après ces subjets ta brusque ardeur s'allume
Où maint un d'entre nous peut essorer sa plume :
Même en cette saison que nos perverses mœurs
Eveillent çà et là mille petits rimeurs,
Foisonnans par la France en telle formilliere
Qu'elle semble tantot à quelque grenouilliere :
Où l'on oit coüasser à deploiés gosiers
Tous ceus qui font servir leurs œuvres aux merciers,
Et fournissent d'habits à leur honte éternelle
Le poivre, le safran, le ris, et la canelle :
Seulement quelques uns plus doctes, et gaillars
Font taire en ses estangs ce verd peuple de Mars
Qui n'ose ouvrir la gueule, et moins se faire entendre,
Quand la voix de ceus-ci le trouble, et vient surprendre.
　Tu marches le premier, tel entr'eus paroissant
Qu'entre les moindres feus paroist un beau croissant :
Mais quoi ? pour estre encor leur source, et leur fontaine,
Il te faut mettre à chef une œuvre plus hautaine :
Et montrer hardiment à l'envieus moqueur
Qu'en perdant ton support, tu n'as perdu le cueur :
Et que c'est sans raison que sa sotte folie

T'égalle en tes desseins aux hostes d'Italie,
Qui d'un maigre repas dementant l'appareil
De leurs mets racourcis, et leur plaisant recueil
Traittent les survenans : qu'ils font d'un art metable
Joieus à l'arriver, et sobres à la table.
 Qu'as tu que faire aussi de perdre temps ailleurs
Mordant, ou déplorant, nos vices, et malheurs?
Crains-tu pas qu'un raport lachement proditoire
Canonne à coups de bec le rempart de ta gloire,
Ebranlé par la ruse, et l'infidélité,
De tel qui s'appuïant sur la crédulité
De ces dieus de la cour, fonde, attaque, et broquarde,
L'honeur des plus constans, au son de sa bombarde?
Il est vraiment à craindre ains qu'on face leçon
De tes vers enfiellés, que mêmes un soupçon
Sinistrement conceu, leurs oreilles alleche,
Et que pour t'efforcer on monte par la brèche!
Certes tout bien fondé, mon Ronsard, il ne faut
Qu'un petit méchant mot, pour te donner l'assaut!
J'enten si sans feintise, et d'un ouvert courage,
La nuë vérité s'exprime en ton ouvrage :
Lequel ainsi tissu, sans cela ne sçauroit
Gaigner le digne prix qu'on lui denieroit.
 « Car si la liberté de la vraïe satyre
Pathique ne me semble en bien disant médire,
Si son parler n'est rond, ne chatouille, et n'époint,
En se joüant de nous, je ne l'estime point : »
Un subtil Calabrois qui chacun époinçonne,
S'égaïe au tour du cœur de la même personne
Qu'il pince en se riant : et son naïf tableau
Fait veoir ce qu'un chacun a de laid, et de beau :
Au lieu que si Candide ainsi tu representes
Des homes d'aujourd'hui les actions présentes,
Les plus grands qui verroient comme dans un miroir
Quelque chose du leur dans ton livre apparoir,
Penseront à l'instant que le coup, et la pierre,
Tombat dans leur jardin : et Dieu sçait quelle guerre!
 Ton Charles ne vit plus, et vit non plus aussi

Qui ta Muse enhardisse, et j'autorise ainsi :
Donc en sondant le gué d'une telle rivière,
Ne passe si avant qu'une horrible fondrière
T'engoufre en son giron : et te feignant à tort
Un mécontentement, ne brasse point ta mort.
  Ne cuide emanciper ta poésie famée :
Un célèbre Corras, un docte la Ramée,
Homes très singuliers en leurs professions,
Et toutes fois occis pendant nos factions,
T'instruisent à leur dam! que sçais-tu que te garde
Un puissant adversaire? ou bien quand par mégarde
Tes écris seroient leus, si tels se trouveront
Portans la haine au cœur, et l'impudence au front,
Qui pour te mettre au rang des suspects, et rebelles,
Leur imposent le nom de pasquils, ou libelles?
  Tien donc un seur chemin, Ronsard : et quitte moi
Ce qui te peut causer moins de los, que d'émoi :
Condui ta Franciade au comble de sa gloire,
Et ne te chaille point de nos faiseurs d'histoire!
Aussi es-tu plus libre, et fais sans craindre rien
Office de poëte, et non d'historien,
Qui parle encor parfois de choses inconües,
Fors je ne sçai comment par songes, et par nües :
Ce qui n'est si taxable es poëtes divers.
  Quand l'aveugle divin a compris en ses vers
Les proüesses d'Achille, et les erreurs d'Ulysse,
Ou ne l'argüe point de mensonge, ou de vice :
Et soient vrais ses discours, ou pleins de fiction,
Il est ce néanmoins en chaque nation
Prisé, loüé de tous : et la superbe Grèce
Ne peut assés vanter sa Muse chanteresse.
  Ainsi quand un Virgile à son exemple a fait
En faveur des Césars, son œuvre si parfaict :
Il pallie si bien la trahison d'Enée,
Les amours, et la mort, de Didon forcenée,
Que tant s'en faut (Ronsard) qu'on le tienne à mépris,
Qu'il est comme admiré des plus gentils espris ;
Mais qui seroit si beste, et si gueus de nature,

De blamer les beaus traits d'une vive peinture?
 Aussi quand ton Francus (Francus de qui le nom
S'acquiert ja dans ton œuvre un immortel renom)
En Gaule de nos Rois viendra planter la race,
Il sera recueilli d'une aussi bonne grace :
Soit que du sang Troien il soit vraiment deduit,
Soit que le sang Troien ne l'ait jamais produit,
Qu'il apreigne aus Francons ses victoires insines,
Qu'il sorte d'Allemaigne, ou des Alpes voisines,
Baste il ne nous en chaut! pourveu qu'à ton reveil
On voie en sa rondeur flamber ce grand soleil,
Qui n'aguiere darda par tous les coings de France
Quatre rais messagers de sa rare excellance :
Et sans cela seroit par l'envie appellé
Quelque monstre imparfait, ou un corps mutilé.
 Vien donc, et te montrant armé de toutes piesses,
Et debrouillant l'obscur des tenebres espesses,
Malgré la nuit muette, et la fuite des ans,
Force-moi le silence, et nos faus médisans :
Celui qui eut la veine et si noble, et fertile,
Eut bien pour detracteur un ignorant Zoïle :
Et l'autre qui si haut son Auguste chantoit,
La dent d'un sot Filiste encores ressantoit :
Mais comme ils eurent lors une voix trop meilleure,
La tienne sera telle : et verra t'on à l'heure
Ni toi pallir de peur, ni ta nef abymer,
Car elle voguera sur une seure mer,
Bien que large, et profonde : et les courriers d'Eole
Qui volent haut, et bas, de l'un à l'autre pole,
Rappellés flatteront leur rage, et leur courrous,
Et ne l'empoupera qu'un zéphyre très dous :
Si qu'en fin abordé sur la rive déserte,
Tu ..ieras tes vœus à Glauque, et Melicerte.

VI

EPISTRE A LA POPULASSE DE PARIS.

Si as daigné un tas de rimasseurs
Mais je les veux nommer rappetasseurs
De ryme, car c'est leur droit et vray nom,
Les lourds escripts recepvoir, pourquoy non
Ne liras en louant cil qui l'a faitte,
Si d'un robin la chanson le trespas
As daigné voir, tu ne jetteras pas
A mon advis ce mien petit labeur,
Si as receu la lettre d'un lecteur
Vallant au change un Normand et demy,
Tu ne dois point te monstrer endormy
D'estudier cecy tant proffitable
A cil qui veult bien dresser une table,
Si d'un Tontain les tant lourds tragicqs vers
Tu n'as voulu regarder de travers,
Je te supply ceux cy mieux façonnez
Auseras-tu laisser abandonnez,
Comme tu as, ô merveilleuses faultes!
De mon Ronsard les matières si haultes,
De mon Baïf les amoureuses voix
Et les chansons du comte d'Alsinois,
De mon Prangé la cruelle Médée
Et cil qui l'a revue et amendée.
Lesquels non seuls tu as eu à mespris
Mais tout poëte et auteur de grand pris,
Suyvant plus tost, d'ignorance vestu,
Quelque sottart qu'un homme de vertu.
Je te pry donc, ô pauvre populasse!
Recognoy-toy, et si de prime face
Tu ne peux pas leur doux style comprendre,
Ly les souvent tout premier qu'entreprendre
De les blasmer, puis tu pourras cognoistre
Enfin du jeu que vault la docte lettre;

Et si tu as par cy devant erré,
Fay qu'à ce coup soit l'erreur réparé,
En recepvant d'un aussi bon courage
Que de bon cœur je t'envoy cest ouvrage ;
Te promettant à jamais estre tien
Et demeurer un vray Parisien. A Dieu.

(Bibl. imp. Gaignières, 485. P. Q., fol. 70, 1re partie).

VII

AD PETRUM RONSARDUM.

DE FONTE DIVI THEOBALDI.

Hæc tua quæ strepitat tremulis argentea rivis
    Et que de vivo cespite lympha micat
Non illa est pridem quatu, Theobalde, solebas
    Quesitam nimie sole lenare sitim ;
Febre loborantes non est quæ pota juvaret
    Artubus et medicæ quæ daret artis opem :
Nam periit, veteresque petens fugitiva meatus
    Arentem averso tramite liquit humum
Hæc nova Parnasi currit de vertice montis
    Hanc sequitur propere Pieridumque chorus.
Migraverunt Nymphæ simul et migravit Apollo.
    Et jacet obscurus nunc sine fonte locus
Mimirum pulchre venturi prescia vatis
    Unda sepulchralem quæ fluit ante domum.
Ergo Ronsardum si bruta clementa sequantur,
    Nonne putas Orphei facta habitura fidem.

(Bibl. imp. Gaignières, 485, P. Q., fol. 53, 1re partie).

VIII

AD RONSARDUM.

Te non invenio quoties, Ronsarde, requiro;
Non quæro quoties, protinus invenio
Ut te non inveniam, mi Ronsarde, requiram,
Non quæram quo te protinus inveniam.

AURATI (1).

(Bibl. imp. Gaignières, 485, P. Q., fol. 80, 2° partie).

IX

PASSERAT A RONSARD.

Le félicite sur son retour à la santé.

A Monsieur,
Monsieur de Ronsard.

Monsieur, les tristes nouvelles semées nagueres par deça et confirmées par plusieurs asses certains auteurs m'avoient forcé de mettre alors la main à la plume afin de tesmoigner par escrit une partie de l'extrême douleur que mon âme avoit conceue pour une si grande perte et malheur commun à tous ceux qui ont quelques sentiments de vertu et honesteté. Mais les lettres du seigneur d'Elbène, père de monsieur de Hauttecombe, m'aportèrent depuis un incroyable

---

1. Jean Dorat ou Daurat (Auratus), savant du XVII° siècle, nommé en 1650 professeur de grec au collége de France. Il eut une grande réputation pour les vers latins et grecs; nous n'oserions juger de son talent par ce prétentieux échantillon.

plaisir, m'asseurant que ce bruit estoit faux et que commenciez à recouvrer vostre bone santé; et mesme evangile nous a esté envoyé par mons' Lambin qui affirmoit davantage vous avoir veu et salué sain et gaillard à Paris. Voilà comme les deux contraires et principalles passions selon la sentence de Platon n'ont esté guères esloignées l'une de l'autre; et avons senty la dernière plus forte d'autant que la première estoit véhémente. Or, cette gratulation ne vous doit point sembler tardive veu que je vous puis véritablement asseurer, Monsieur, que incontinent après avoir receu ces bonnes nouvelles je n'ay esté paresseux de renvoïer ceux-là dont auparavant je ne m'estois moins plaint que si d'un mesme coup de foudre ils eussent accablé tous mes parents et amys et blessé moy-mesme à mort. Je ne poursuivroy ce point plus avant, aymant mieux que vous entendiez ce qui en est d'autre que de moy. Seulement j'ay à vous supplier, par cette tant douce et désirée santé, que doresnavant vous la gardiez pour vous, vos amys et l'honneur de tous. Si je vous escrivois de ceste ville de Bourges, je ne vous manderois rien de nouveau : toutesfois, si vous le voulez sçavoir, un sonnet mal sonné vous le dira en son barragouin, lequel je vous envoye et presente d'aussy bon cœur que je souhaitte avoir part en vos bonnes grâces et prie Dieu, monsieur de Ronsard, vous donner en santé heureuse et longue vie. De Bourges, ce 20 jour d'aoust 1566.

Vostre humble serviteur et amy,

PASSERAT.

(Bibl. impér. Fonds latin 8585, — folio 153, v°.)

X

MARGUERITE DE FRANCE,

Duchesse de Savoie,

A LA REINE-MÈRE.

Elle lui recommande le poète Ronsard et demande un bénéfice qui lui donne le moyen de continuer les labeurs qu'il a entrepris au profit et honneur de toute la France.

Madame, encores que je soye bien asseurée de la bonne cognoissance que vous avez des labeurs et mérites du sieur de Ronsard et que, pour ses vertuz, rares qualittez, il vous soit assez recommandé, si ne veulx-je faillir, pour le désir que j'ay de long-temps de son bien et advancement et pour l'espérance qu'il a toujours eu en votre aide et faveur, de vous escrire ce mot de lettre en sa recommandation, et vous supplier, Madame, le vouloir, tant pour l'amour de moy que pour respect mesme, tenir toujours en vostre bonne grâce et le pourvoir de quelque bénéfice pour de plus en plus lui donner moyen de continuer les labeurs qu'il a jusques ici entrepris au proffict et honneur de toute la France et d'autant, Madame, que je suis certaine que de tels personnaiges estants congneus de vous, comme ledit Ronsard est, ne peuvent sinon trouver secours et advancement en vostre endroit, je ne vous en feray, pour ceste heure autre plus humble prière, me remetant à la bonne volonté et faveur qu'il vous a toujours pleu porter à ceulx qui vous ont esté recommandé de ma part, qui m'est, Madame, une obligation si grande que je ne puis sinon vous en demeurer toute ma vye redevable : et sur ce point je me recommandray très-humblement à vostre bonne grâce, priant Dieu vous donner, Madame, en santé très-bonne et longue vye.

De Bijelle, ce IIIe de may.

Votre très-humble et obéissante sœur et subjette,
MARGUERITE DE FRANCE.

(Bibl. impér. Fonds Beth. 8691, f° 14.)

MORCEAUX INÉDITS

DE P. DE RONSARD.

I

Monsr et meilleur amy Monsr Chrestian, à Vendosme (¹).

Monsr mon bon amy, ce porteur va exprès à Vendosme savoir si vous avez rien fait depuis avec le prieur de Lancé (²), puisqu'il vous en a pleu prendre

---

1. Cette lettre est complètement inédite. L'original appartient depuis peu à M. Prosper Blanchemain, qui a eu l'obligeance de nous la laisser copier. Elle est de la fin de la vie de Ronsard (1583?). En novembre 1583, le poète était à Paris; il se peut qu'elle remonte à ce séjour. En tout cas, elle ne peut guère être antérieure à 1580, époque à laquelle Ronsard commença à être sérieusement atteint de la goutte et à se retirer de la cour. On voit dans sa lettre qu'il pense à se fixer dans le Vendomois et cherche à échanger un de ses bénéfices contre le prieuré de Lancé. M. Chrestian à qui elle est adressée pourrait être Guillaume Chrestien, savant médecin et chancelier du duc de Vendôme, mort en 1584.

2. En 1090 deux nobles chevaliers donnèrent le village de Lancé aux religieux de Marmoutier, qui y établirent un prieuré. Ce prieuré passa à la nomination du roi depuis

la peine, et ce que le dit prieur veult dire et ce qu'on peut espérer de luy et de cette negotiation. Je vous en suis infiniment redevable. Si vous voyez que ma presence y soit requise, encor que je ne sois pas trop dispos, je ne faudray à monter à cheval ou bien y envoyer homme expert. C'est pour avoir ce bien de demeurer près de vous et vous faire service et plaisir toute ma vie. Et en cette asseurence je vous baizeray humble^t les mains.

De Croixval, ce vingt-trois de novembre.

V. très-humble et plus affectionné serviteur et vray amy.   RONSARD.

II (¹)

Monsieur, je vous supli vouloir tant faire de bien à ce pauvre enroué et morfondu et luy despartir de vos nouvelles, et si avés rien apris de nouveau depuis que je ne vous vy. L'ode de St Gelais est faite et ne veux la lui faire tenir sans vous l'avoir premier^t communiquée.

Je me re^{de} (²) humbl^t (³) aux plus que divines grâces et charité de Mademoiselle de Morel (⁴) et aux vostres pareillement.

Votre obéissant frère, serviteur et amy.
RONSARD.

---

l'union de la mense abbatiale de Marmoutier à l'archevêché de Tours, en 1737. Il faisait partie du diocèse de Blois et de l'archidiaconé de Vendôme.

1. Nous devons communication de cette lettre à l'aimable courtoisie de M. Feuillet de Conches, qui possède l'original dans sa splendide collection d'autographes.

2. Abrév. pour *je me recommande*.

3. Abrév. pour *humblement*.

4. Sans doute Camille de Morel, fille de Jean et d'Antoinette de Morel. Cette demoiselle était très-versée dans les lettres grecques et latines; Ronsard parle souvent de cette famille dans ses vers.

III

Sonnet à la Royne de Navarre (¹).

Princesse que le ciel, les dieux et la nature
Ont faict femme de Roy, sœur et fille de Roy,
Ont orné de beauté, de confiance et de foy,
Pour vous faire honorer sur toute créature;
　S'il vous plaist de mes vers presenter la lecture
Au Roy mon nouveau maistre, à qui mon tout je doy,
Recommander ma Muse et luy parler de moy,
Vous serez ma Déesse, et moy vostre facture.
　J'ay chanté vostre frère, et vostre Vandomois,
Sur la fin de l'esté au déclin des beaux mois,
Seule vous invoquant pour ma Muse éternelle,
　Voulant de mon païs la Muse rechercher,
Tellement qu'il n'y a bois, antre ny rocher,
Qui ne vous déifie et qui ne vous appelle.

---

1. Ce sonnet se trouve au dernier feuillet imprimé de l'édition princeps d'une plaquette qu'on vient de nous signaler. Elle est la propriété d'un savant bibliophile, M. Louis Jarry, d'Orléans. Cette pièce, unique de rareté et de conservation, est intitulée : *Discours au Roy, après son retour de Solongne, ès l'année MDLXXIIII*, par P. de Ronsard, gentilhomme vandomois. A Lyon, par Michel Jone et Jean Pillehotte, 1575 (8 ff. petit in-8°, le premier pour titre et le dernier blanc).
Cette pièce contient 76 vers qui ont été retranchés après la publication et ne se trouvent dans aucune des éditions postérieures. Il y en a 4 de l'édition de 1578 qui ne s'y trouvent pas et de nombreuses variantes dans toute la pièce.

IV

Vers faits par P. de Ronsard pour l'entrée à Paris de la reine Élisabeth.

François de Godefroy, chroniqueur du XVIIe siècle, donne dans son ouvrage intitulé : *le Cérémonial françois* (Paris, 1649, 2 vol. in-fol., t. I, p. 538 et suiv.), des détails fort intéressants sur l'entrée à Paris de la reine Élisabeth, femme de Charles IX, le 29 mars 1571, au retour de son sacre. On lit dans une note marginale, en regard des vers faits à cette occasion : « Ces vers et les suivants furent faits à la prière de Messieurs de l'hôtel de ville par les sieurs Ronsard et François Dorat. Ce furent de plus les mêmes qui ordonnèrent pour la plupart de toutes ces inventions et mystères. » Nous ne reproduirons ici que les inscriptions françaises composées par Ronsard.

Sur un portail rustique élevé à la porte Saint-Denis et orné des statues de Charlemagne et de Pépin le Bref :

De la religion Pepin fut défenseur,
Des pères saints l'appuy, et son fils Charlemagne
Remit la majesté de l'empire en grandeur,
Tenant le sceptre en main de France et d'Allemagne.

Un autre portail était orné de deux tableaux, l'un représentant un homme qui foule aux pieds des tiges de safran et de camomille qui n'en fleurissaient que mieux, pour représenter la grandeur de la France qui semble s'accroître dans l'adversité. Au dessous était ce quatrain :

> Tant plus on foule aux pieds la fleur
> Du saffran, plus est fleurissante ;
> Ainsi de France la grandeur
> Plus on la foule et plus augmente.

L'autre tableau montrait une femme entourée d'épis de blé, de pampres et de fleurs, et représentait l'abondance ; on lisait au dessous :

> La France riche et valeureuse
> Est mère si fertile en biens,
> Qu'elle peut de mamelle heureuse
> Nourrir l'estranger et les siens.

Sur un arc de triomphe d'ordre corinthien, enrichi de fleurons et de figures dorées, on voyait deux personnages d'argent et de taille colossale, le coude appuyé sur un globe terrestre. Les deux personnages représentaient le Rhône et le Danube associés, pour faire allusion à l'union des maisons de France et d'Autriche.

D'un côté de l'arc de triomphe étaient écrits des vers latins ; de l'autre, le huitain suivant qui en était la traduction :

> Comme l'on voit le Rhône et le Danube ensemble,
> L'un fleuve des Gaulois et l'autre des Germains,
> D'un naturel accort joindre leurs fortes mains,
> Quand pour tenir ce globe à l'un l'autre s'assemble ;
> Ainsi tant que la paix chassant de nous la guerre
> Joindra comme jadis les Germains aux Gaulois,
> Et l'une et l'autre gent tiendra dessous ses lois,
> De deux n'estans plus qu'un, l'empire de la terre.

Au bout du pont Notre-Dame on plaça un grand navire d'argent représentant la ville de Paris. Il avait les voiles enflées par le vent de septembre qui vient d'Allemagne. On voyait apparaître du même côté la constellation de l'Ourse destinée à guider ce navire. A l'extrémité du grand mât était la devise de la ville :

Tumidis velis, aquilone secundo.

Dessous on lisait ces vers :

Puisque l'Ourse apparoist pour guider ce navire,
Et le vent Aquilon fait ses voiles enfler,
Les François et Germains feront un jour trembler
Tout le reste du monde et joindre à leur empire.

Nos deux poètes furent bien payés de leurs peines. On lit à la page 367 du tome VIII (1re série) des *Archives curieuses de l'histoire de France,* par Cimber et Danjou, un extrait des dépenses faites à l'entrée du Roy et de la Royne à Paris, en 1571, qui nous le prouve. On voit figurer parmi ces dépenses :

« A maistre Pierre de Ronssart, aulmosnier du Roy, la somme de 270 livres tournois à luy ordonnée par Messieurs de la ville sur les inventions, devises et inscriptions qu'il a faites pour les entrées du Roy et de la Royne.

» A maistre Jehan de Dorat, poëte du Roy, la somme de 29 livres tournois à luy ordonnée pour avoir faict tous les carmes grecs et latins mis tant ès portiques, théâtres, arcs triomphants que colosses qui ont esté dressés, et avoir faict partie des inventions, mesme l'ordonnance de six figures de sucre qui furent présentées à la collation de la Royne. »

CHAPITRE V.

PIERRE DE RONSARD.

SES JUGES ET SES IMITATEURS.

EN présence des divers jugements, des amères critiques et de l'œuvre de réhabilitation dont Pierre de Ronsard a été l'objet, nous avons pensé qu'il serait intéressant de recueillir l'opinion des hommes qui, vivant du temps du poète et dans la même sphère, ont été à même de l'apprécier à sa juste valeur.

La plupart de ces renseignements sont pris dans l'*Histoire des poëtes françois*, par G. Colletet, précieux manuscrit de la bibliothèque du Louvre.

I

HIÉROSME D'AVOST,

Né à Laval en 1558.

Son livre, imprimé à Paris, in-8°, chez L'Angelier, l'an 1584, et intitulé : *Les Essais de Hiérosme d'Avost de Laval*, contient la version française de trente sonnets de Pétrarque, plus quelques poésies de sa façon adressées à des personnages du temps. Pour faire voir la supériorité de son style sur celui de Jacques Pelletier, Clément Marot, Estienne du Tronchet et Vasquin Philieul de Carpentras, qui avaient avant lui traduit plusieurs sonnets de Pétrarque, il donne quelques-unes de leurs traductions, afin que le lecteur puisse comparer. Il avait le dessein de traduire tout Pétrarque, et on doit regretter qu'il n'ait pas mis son projet à exécution; car jusqu'à lui, sauf les grands poètes du siècle précédent, Ronsard, du Bellay, Belleau, Jamin, des Portes et quelques autres, qui n'ont eu que le dessein de l'imiter, jamais personne n'avait su rendre dans notre langue les beautés érotiques du poète italien.

(Bibl. du Louvre, *Hist. des poëtes françois*, t. I, f° 119.)

II

LAZARE DE BAIF,

Né en la terre des Pins, près La Flèche.

Le roi François Ier l'affectionnait beaucoup. Voulant lui donner un témoignage éclatant de son estime, il l'envoya en ambassade à Venise (1532), et Baïf y soutint très-haut la gloire du nom français, de son roi et des belles-lettres dont il se proclamoit hautement le protecteur. L'heureuse issue de cette première mission fut si agréable au roi, qu'il l'envoya depuis à Spire, ville impériale d'Allemagne où devoit se tenir une diète. C'est dans ce voyage que Pierre de Ronsard, qui étoit alors fort jeune, et Charles Etienne, célèbre médecin, l'accompagnèrent. Claude Binet le raconte dans sa Vie de Ronsart et Jean Antoine de Baïf le dit dans ces vers embarrassés :

> En l'an que l'empereur Charles fit son entrée
> Dans le sein de Paris; l'année désastrée
> Que Budé trespassa; mon père qui alors
> Alloit ambassadeur pour vostre ayeul, dehors
> Du royaume en Almagne, et menoit au voyage
> Charle Etienne, et Ronsard qui sortoit hors de page
> Estienne médecin qui bien scavant estoit
> Ronsard de qui la fleur un beau fruit promettoit.

(Bibl. du Louvre, *Hist. des poëtes françois*, t. I, f° 134.)

III

JEAN ANTOINE DE BAIF.

Jean Antoine étoit fils de Lazare de Baïf. Jean Dorat, que Colletet appelle avec un peu trop de générosité le docte père de tous nos grands poètes, avoit une grande réputation pour les lettres grecques et latines. Il faisoit d'abord dans le faubourg Saint-Marcel, chez Lazare de Baïf, puis au collége Coqueret dont il fut nommé principal, des cours très-suivis par la jeunesse studieuse. Jean Antoine de Baïf, fils de Lazare, et Pierre de Ronsard, qui sortoit des pages, étoient ses disciples les plus assidus. Ronsard étudioit la poésie française et Baïf les lettres grecques. Le premier, qui avoit pris à la cour l'habitude de se coucher tard, restoit sur ses livres jusqu'à deux ou trois heures du matin et, en se couchant, il réveilloit le jeune Baïf qui, suivant l'expression du chroniqueur, ne laissoit pas refroidir la place. C'est ainsi qu'ils devinrent tous deux les plus savants hommes de leur siècle.

(Binet, *Vie de Ronsard.*)

. . . .
. . . . Avant que Baïf éteignit entièrement ses feux pour Francine, et qu'il l'abandonnast tout-à-fait, en estant abandonné, j'apprends d'un excellent poème de Ronsard, intitulé *le Voyage de Tours*, que Baïf et luy s'en allèrent encore la visiter à la campagne et que ce grand poète prend plaisir d'exprimer dans ce poème où il les introduit soubs les noms de Thoinet et Francine qui se découvrent l'un à l'autre leur affection mutuelle. C'est à mon advis une des plus belles et des plus naïfves pièces de Ronsard en ce genre.

. . . .
Certes il paroist assez par ce que j'ay dit de son esprit, qu'il avoit une grande inclination à la poésie, mais j'adjouterois volontiers que ce fut plutost à la poésie grecque et latine qu'à la poésie françoise, puisqu'il fit et qu'il pouvoit

faire encore de ces vers grecs et latins comparables à ceux de l'antiquité, et non pas des françois où il réüssissoit le moins, et qu'il n'entreprit jamais sans doute que par l'émulation et par l'exemple de Ronsard, son amy et son compagnon d'estude. A propos de quoy je diray que sur quelque faux rapport, il y eut un jour du refroidissement entre eux, comme je le remarque par un sonnet du second livre des amours de Francine, où l'autheur dit :

> Ronsard que les neuf sœurs et leur bande sçavante
> Suit comme son Phœbus, toûjours la mer Egée
> Mesme tu l'as chanté, ne tempeste enragée
> Toûjours de vents hideux l'air horrible ne vente,
> Mais le boüillant courroux de ton cœur ne s'allente.

Et le reste, où il dit en son style raboteux et forcé, que l'on s'est chargé depuis que la cholère que Ronsard a conceüe contre luy ne se change point, et en suitte il se purge nettement de la calomnie que l'on luy imposoit d'avoir voullu trahir sa gloire par le mépris de quelcun de ses ouvrages ; mais comme le fondement de cette cholère ne fut pas trouvé véritable, cela ne servit qu'à les faire aymer et honorer davantage l'un l'autre, et plusieurs lettres de Ronsard, postérieures à cette petite querelle, sont tombées entre mes mains, où il fait paroître aussy bien que dans ses autres ouvrages, la haute estime qu'il faisoit effectivement de Baïf. En effet, pour n'être pas si parfait que luy dans nostre poésie, il ne laissoit pas d'estre bon amy, et d'avoir d'autres rares et excellentes quallitez du cœur et de l'esprit qui le firent honorer de son siècle.

. . . .

L'an 1581, le roy donna à Ronsard et à Baïf la somme de douze mille livres contant, somme fort considérable pour le temps, et cela pour les vers qu'ils avoient composez.

. . . .

Estienne Pasquier, dans ses recherches de la France dit, en parlant des vers alexandrins dont Marot nous avoit seullement donné quelques petits échantillons, que le premier des nostres qui les remit en crédit et en vogue fut Baïf en ses amours de Francine, en quoy il fut suivy par du Bellay en ses regrets, et par Ronsard en ses hymnes.

. . . .

Joachim du Bellay, dans sa Musagneomachie, le traitte de grand esprit, ce qu'il continue encore dans un de ses divers sonnets qu'il luy adresse :

> Du grand Baïf qui la France décore
> L'esprit jadis comblé de tout le mieux,
> Qu'en leur thresor reserverent les dieux
> En toy Baïf est retourné encore.
>   Ton vers françois que le François adore
> Suit de Ronsard le vol audacieux
> Et ton vers grec l'or le plus précieux
> De ton Dorat qui son siècle redore.
> Mais si un jour par l'esprit de ta voix
> Tu donnes l'âme au théâtre françois
> Jusques icy toujours demeure vuide.
>   Assure toy que je t'ay mal gouté
> Ou tu seras du françois escoutté
> Comme du grec fut jadis Euripide.

(Bibl. du Louvre, *Hist. des poëtes françois*, t. I, f° 140.)

IV
NICOLAS BARGEDÉ,
Né à Vézelai, en Bourgogne.

L'ode qu'il adresse à *M. de Ronssart* (car c'est ainsi qu'il le nomme, et même j'ai des lettres écrites de la main propre de Ronsard où il écrit ainsi son nom) cette ode, dis-je, qu'il adresse à ce grand personnage sur son sçavoir et sur son invention des odes françoises, témoigne assez dans son mauvais style que non-seulement le mérite de Ronsard éclattoit déjà beaucoup dès ce temps-là, mais aussi qu'il étoit le véritable inventeur des odes françoises, et non pas Joachim du Bellay, comme quelques uns nous ont voulu faire accroire; et c'est une raison que l'on peut encore joindre à celles qu'allègue Claude Binet pour prouver que Ronsard avoit donné le premier ce nom d'ode à la France.

. . . .

Il est croyable qu'il avoit encore commencé quelqu'ouvrage d'importance qu'il appelle la *Francoïde*; ce que j'infère de ces vers extraits de son poëme intitulé *les Larmes* :

> En ce discours la mort pour le venger
> Sur un malheur un autre vint ranger,
> Et pour m'ôter la sainte fantaisie
> De la très-noble et docte poësie
> Qui m'inspiroit par son céleste ayde
> De mettre à fin ma noble Francoïde.

Ce qui donna peut-être sujet à Ronsard d'entreprendre depuis sa fameuse Franciade.

(Bibl. du Louvre, *Hist. des poëtes françois*, t. I, f° 170.)

V

GUILLAUME DE SALUSTE DU BART,

Seigneur du Bartas,
Né en 1544 au pays d'Auhs.

Pierre de Ronsard jouissoit paisiblement et sans trouble de la haute et unique principauté de nostre Parnasse françois, lorsque du Bartas vint à paroître au monde. Mais le mérite des ouvrages de cet excellent homme, la noble matière qu'il traittoit et la sublimité de ses raisonnemens et de ses pensées commencèrent si bien à partager les esprits des doctes, que tandis que les uns demeuroient toujours fermes dans leur premier respect envers Ronsard, les autres se révoltèrent contre luy, et proclamèrent hautement du Bartas le Prince des Poëtes françois; et pour fortifier d'autant plus ce nouveau party, ceux de la relligion prétendue réformée, du nombre desquels il estoit, prirent comme à tasche de lire, de traduire et de commenter ses ouvrages et de les faire réimprimer à l'envy par toutes les villes de France et d'Allemagne où ils estoient les maistres. De là vient que nous n'avons peut-estre point de livres en nostre langue plus connus, ny plus fameux que les siens; s'ils sont préférables à ceux de Ronsard, du moins quant au caractère de la vraye poésie, car quant à la dignité de leur sujet je n'en parle point, je m'en rapporte à ceux qui ont une exacte connoissance des secrets de cet art, et qui sçavent distinguer le style du vray poëte d'avec celluy du poëte historien. Je diray seullement qu'il semble que du Bartas n'eut pas si bien connu la force et la beauté de nostre langue si Ronsard auparavant ne l'eut cultivée, qu'il fut peut-estre plus heureux que luy au choix de ses matières, et qu'il fit en docte historien ce que sans doute Ronsard eut mieux fait en noble poëte. Les sujets sérieux que Ronsard a traittez avec tout l'air de l'ancienne et brillante poésie, me semblent des preuves assez claires de cette vérité, et quiconque voudra considérer de près son fragment du poëme de la Loy, qu'il fit après avoir veu la première semaine de celluy dont j'escris la vie, jugera bien par cet essay que son vaste esprit ne trouvoit rien d'impossible, ni rien mesme de difficile dans ses belles productions spirituelles. Du Bartas luy-même en demeura d'accord, et le témoigna bien hautement, lorsque ravy des œuvres de Ronsard il ne put s'empescher, dans le second jour de la seconde semaine, d'en parler ainsi :

> L'autre est ce grand Ronsard qui pour orner la France
> Du grec et du latin dépouille l'éloquence
> Et d'un esprit hardy manie heureusement
> Toute sorte de vers, de style et d'argument.

Je sçay bien qu'il y en a qui se sont persuadez que du Bartas avoit plus fait en une semaine que Ronsard en toute sa vie, et qui attribuent encore ce bon mot au mesme Ronsart. Mais je sais bien aussy que Ronsard, de son vivant, démentit ceux qui faisoient courir ce bruit si contraire à sa réputation, aussy bien qu'à sa créance; et pour ce que le sonnet qu'il composa sur ce sujet est tombé entre mes mains, écrit de la main propre de Ronsard, et que je ne croy pas qu'il se trouve ailleurs, si ce n'est peut-estre dans la dernière édition de ses œuvres, je ne feroy point de difficulté de le rapporter ici pour le contentement des curieux; c'est donc ainsy qu'il parle à Jean Dorat son maistre (1) :

> Ils ont menti Dorat, ceux qui le veullent dire
> Que Ronsard, dont la Muse a contenté les roys,
> Soit moins que du Bartas, et qu'il ait par sa voix
> Rendu ce témoignage ennemy de sa lyre.
>   Ils ont menty, Dorat. Si bas je ne respire;
> Je scay trop qui je suis, et mille et mille fois
> Les plus cruels tourments plutost je souffrirois
> Qu'un aveu si contraire au nom que je désire.
>   Ils ont menty, Dorat, c'est une invention
> Qui part, à mon advis, de trop d'ambition.
> J'aurois menty moi-mesme en le faisant paraître;
>   Francus en rougiroit, et les neuf belles sœurs
> Qui tremperent mes vers dans leurs graves douceurs,
> Pour un de leurs enfants ne me voudroient cognoistre.

Et en suite de ce sonnet, il escrivit ces six vers, qui sont sans doute comme un jugement tacite qu'il fit des œuvres de du Bartas, son illustre rival :

> Je n'ayme point ces vers qui rampent sur la terre
> Ny ces vers ampoulez dont le rude tonnerre
> S'envole outre les airs; les uns font mal au cœur
> Des liseurs dégoûtez les autres leur font peur,

---

1. M. Blanchemain a publié ce sonnet dans son édition des *Œuvres complètes de Ronsard*, t. V, p. 348. — Notre version offre avec la sienne quelques légères variantes.

Ny trop haut ny trop bas, c'est le souverain style
Tel fut celluy d'Homère et celluy de Virgile.

Et en effet le style de du Bartas passe parmy les intelligences pour un style enflé et bouffy ; mesme raboteux, dur, et qui fait autant de bruit que ce charriot de fer de la fable, lorsqu'il passait sur un pont d'airain.

. . . .

Edouard du Monin après avoir traduit en vers latins sa première semaine, dans un long poëme latin et françois conçeu tout en la louange de du Bartas, rend grâce à Dieu de ce qu'il avoit accomply ce laborieux ouvrage en l'espace de deux mois seullement, comme on le voit dans son manipule poétique ; et non content de cela, il parle encore magnifiquement de luy en plusieurs endroits de ses œuvres, particulièrement à la fin de son poëme du Phœnix où il l'appelle ainsy ridiculement et pensant bien dire :

Ronsard, Dorat, Pimpont, Saincte-Marthe, Bartas,
Evesques, Delphiens, triez du mortel tas, etc.

Remarques curieuses du sieur Colletet le fils.

Jean Beaudouin dont le nom a esté si connu dans l'empire des belles-lettres et duquel nous avons de si fidèles traductions, m'a dit autreffois que Ronsard, qui estoit fort adroit à jouer à la paume et qui ne passoit guère de semaines sans gagner de partie aux plus grands de la Cour, estant un jour au jeu de l'Aigle dans notre faubourg St-Marcel, quelcun apporta la Semaine de du Bartas, et qu'oyant dire que c'estoit un livre nouveau, il fut curieux, quoy qu'il fut engagé dans un jeu d'importance, de le voir et de l'ouvrir, et qu'aussy tost qu'il eut leu les vingt ou trente premiers vers, ravy de ce début si noble et si pompeux, il laissa tomber sa raquette, et oubliant sa partie, il s'écria : O que n'ai-je fait ce poëme, il est temps que Ronsard descende du Parnasse et cède la place à du Bartas que le ciel a fait naistre un si grand poète. Guillaume Colletet, mon père, m'a souvent assuré de la mesme chose; cependant je m'estonne qu'il ait obmis cette particularité remarquable dans sa vie, pensée qui n'a point de rapport au sonnet allégué qui commence :

> Ils ont menty, Dorat, ceux qui le veullent dire,
> etc., etc.

Mais il se peut faire que Ronsard ait esté alors de ce sentiment, et que la suitte du temps luy ait fait chanter cette palinodie, lorsqu'il vit la gloire de du Bartas prendre un si grand essor parmy les sçavans de son siècle.

(Bibl. du Louvre, *Hist. des poëtes françois*, t. I, f° 171.)

VI

CHRISTOFLE DE BEAUJEU,

Né près de Langres en Champagne.

Il fut connu de Ronsard, ce qu'il a voulu nous témoigner par un de ses sonnets qui porte pour titre : Sonnet que l'auteur fit le jour de la Toussaint, à Paris, étant avec feu M. de Ronsard, lequel lui avoit promis de le mettre dedans ses œuvres. Mais quoiqu'il fût connu de ce grand poëte, ce n'est pas à dire que l'on doive conclure qu'il en fût estimé.

. . . .

Dans la préface de son premier livre de la *Suisse*, qu'il fit imprimer à Paris, in-4°, 1589, et qu'il dédia à ce docte et fameux président Brisson, dont la fin funeste fut regrettée de toute la France, voire même de toute l'Europe, il dit qu'à l'imitation de Ronsard dans sa Franciade, il avoit composé la Suisse et qu'il l'avoit divisée en douze livres.

(Bibl. du Louvre, *Hist. des poëtes françois*, t. I, f° 193.)

VII

REMY BELLEAU,

Né à Nogent-le-Rotrou.

L'intelligence qu'il avoit des langues grecque et latine et l'intégrité de sa vie le firent choisir pour gouverneur de Charles, marquis d'Elbœuf, prince de la maison de Lorraine, qui estoit en ce tems-là le favorable azile des sçavants et des grands courages. Ce fut en cette qualité de sçavant et de guerrier, que René de Lorraine, duc d'Elbœuf, le prit en affection singulière et se servit de ses conseils et de son bras même dans son voyage de Naples, où cet excellent homme l'accompagna; et c'est de ce fameux voyage dont parle Ronsard dans une de ses odes que j'insereray ici d'autant plus volontiers, qu'elle ne se trouve que dans les premières éditions de ses ouvrages, ayant esté retranchée des dernières :

> Donc Belleau tu portes envie
> Aux dépouilles de l'Italie
> Qu'encore ta main ne tient pas,
> Et t'armant soubz le duc de Guise
> Tu penses voir broncher à bas
> Les murailles de Naples prise.
> J'eusse plutost pensé les courses
> Des eaux remonter à leurs sources,
> Que te voir changer aux harnois,
> Aux piques et aux harquebuses
> Tant de beaux vers que tu avois
> Receu de la bouche des Muses (1).

. . . .
Il composa des écrits avec tant de génie qu'ils eurent l'approbation de son siècle, et qu'ils font encore les délices du nostre. Jamais homme de son tems ne s'exprima plus naifvement, aussi le grand Ronsard, qui l'aymoit particulièrement, l'appeloit le peintre de la nature. Les premiers ouvrages qu'il publia furent ses commentaires sur le second livre des amours de Pierre de Ronsard, marchant en cela sur les pas de Marc Antoine de Muret, qui avoit pris le soin de commenter le premier livre des amours de ce grand poëte, et ce fut là que Belleau fit paroître d'abord l'intelligence qu'il avoit des mystères de la poésie ancienne; de la beauté des langues étrangères, des grâces de sa langue maternelle et des secrets des plus nobles sciences.

1. Voy. l'édition de M. Blanchemain, t. II, p. 425.

Le second tôme des œuvres de Remy Belleau contient entre autres choses la version françoise des odes grecques d'Anacréon, qu'il avoit autreffois publiées luy-même à Paris, et à Lyon vingt ans auparavant sa mort, avec plusieurs autres excellens poèmes de son invention ; en nous communiquant cet ouvrage, il nous avoit communiqué toutes les délices de la Grèce. Henry Estienne les ayant autreffois apportées d'Italie en avoit régalé les muses latines puisqu'il les avoit heureusement traduites en cette mesme langue, et Belleau ne put souffrir que la France fut privée d'un si riche et si précieux thrésor. En quoy certes il fut d'autant plus à loüer que le plus sobre de tous les poëtes ne dédaigna pas de traduire le plus grand beuveur de toute l'antiquité, et ce fut aussy pourquoy le grand Ronsard luy reprocha son abstinence de fort bonne grâce, dans une de ses odes où il luy parle librement de la sorte :

> Tu es un trop sec biberon
> Pour un tourneur d'Anacréon,
> Belleau he quoy ! cette comete
> Qui naguère du ciel reluisoit
> Rien que la soif ne prédisoit,
> Ou je suis un mauvais prophète.

. . . .

Remy Belleau mourut à Paris le 7 mars 1577 âgé de 50 ans. Il fut honorablement enterré dans la nef des Grands-Augustins de Paris où il fut porté sur les pieuses épaules de ses doctes et illustres amys Pierre de Ronsard, Jean Antoine de Baïf, Philippe Desportes et Amadis Jamin.

. . . .
Entre les vers qui composent le recueil qui fut fait sur la mort de Belleau et imprimé à Paris, je ne saurois m'empescher d'inserer icy ceux que Ronsard fit en sa faveur, et ce d'autant plus qu'ils sont gravez sur sa tombe avec une belle inscription en prose latine :

> Ne taillez, mains industrieuses,
> Des pierres pour couvrir Belleau,
> Luy-mesme a basty son tombeau
> Dedans ses pierres précieuses (1).

. . . .
Pierre de Ronsard, entre tant d'autres vers qu'il luy addresse, luy consacra deux beaux poëmes; l'un en faveur de sa version des odes d'Anacréon, qui commence ainsi :

> Non je ne me plains pas qu'une telle abondance
> D'escrivains aujourd'huy fourmille en nostre France,
> Etc., etc.

Et l'autre sur son extraction et sur l'antiquité de sa noblesse dont voicy le commencement :

> Je veux, mon cher Belleau, que tu n'ignores point
> D'où nasquit ton Ronsard que les Muses ont joint
> D'un nœud si ferme à toi, affin que des années
> A nos nepveux futurs les courses retournées
> Ne celent que Belleau et Ronsard n'estoient qu'un,
> Et que tous deux n'avoient qu'un mesme cœur com-
> Etc., etc. [mun,

Jean Antoine de Baïf luy addresse non-seul-

---

1. Edition de M. Blanchemain, t. VII, p. 247.

lement une ode assez jolie, qui se trouve dans le huitiesme livre de ses poëmes, page 235, mais encore dans la plainte de la Nymphe de Bièvre, il luy fait tenir ce langage en faveur de nostre Belleau :

>Dorat des poëtes le père,
>Ronsard à qui j'ai sceu tant plaire,
>Desportes, Passerat, Belleau,
>Qui doibs de ma piteuse plainte
>D'autant plus avoir l'âme atteinte
>Que ton nom vient de la Belle Eau.

. . . .

Nicholas Richelet, dans ses commentaires sur Ronsard, ne peut exalter assez hautement son mérite. Claude Garnier, dans ses observations sur le poëme des misères de la France, de la composition du mesme Ronsard, le met au nombre de ces hommes de condition rellevée qui se sont appliquez au divin art de la poésie. Pierre de Marcassus, dans ses remarques sur les élégies, du mesme Ronsard, l'appelle excellent poëte de son temps. Ronsard qui, comme j'ay dit cy-dessus, a parlé de luy et de sa maîtresse, qu'il appelle Madelon dans un de ses sonnets pour Marie :

>Et toy si de ta jeune et belle Madelon
>Belleau, l'amour te poind, je te prie ne l'oublie,

(Bibl. du Louvre, *Hist. des poëtes françois*, t. I, f° 205.)

VIII
GUILLAUME DES AUTELS,
Né en 1529, à Moncenis en Bourgogne.

Dans un livre de vers amoureux qu'il composa intitulé : « la suitte du repos de plus grand travail, » imprimé à Lyon en 1551, il y a une ode ou espèce d'apologie pour Platon, sur le sujet de la réminiscence, et ceste ode est composée, dit-il, contre la septiesme du troisiesme livre des odes de Ronsard, mais je l'ai cherchée dans toutes les éditions des odes de ce grand poëte, et n'en ay trouvé pas une à cette indication où il fut parlé de la réminiscence de Platon. Enfin dans l'édition des quatre premiers livres des odes imprimées à Paris l'an 1550 (¹), j'ay rencontré celle dont il s'agit, c'est une ode que Ronsard addresse à Denis Lambin, docte professeur du roi, qui commence ainsi :

> Que les formes de toutes choses
> Soyent comme dit Platon encloses
> En nostre ame, etc.

Elle mérite bien d'estre leüe pour la profonde science qu'elle contient en peu de mots, aussy bien que celle de des Autels qui luy est opposée et où il n'est pas de l'advis de Ronsard, sur cet article qu'il traitte pourtant d'ailleurs avec de grands honneurs et de grandes différences.

(Bibl. du Louvre, *Hist. des poëtes françois*, t. I.)

---

1. On trouve cette Ode dans l'édition des Odes commentées par Richelet, Paris, Samuel Thibout et Rolin Baraigne, au Palais, 1530. 1 vol. in-12. Livre 3, ode IX, p. 473, — et dans l'édition de M. Blanchemain, t. II, p. 208.

IX

RONSARD ET FRANÇOIS RABELAIS.

Dans un ouvrage intitulé : « *Jugements et observations sur les œuvres grecques, latines et françoises de Ch. Fr. Rabelais, ou le véritable Rabelais réformé,* » avec une carte du Chinonais, publié en 1697 dans le format in-12 par le médecin blaisois Jean Bernier, sous le pseudonyme du sieur de Saint-Honoré, on lit ce qui suit aux pages 52 et 53 :

« Ronsard qui n'eût, dit-on, osé attaquer Rabelais
« vivant par écrit, quoiqu'ils se picotassent souvent à
« Meudon, chez les princes de la maison de Lorraine,
« ne l'a attaqué que dans une épitaphe où il le traite
« fort mal, parce que Rabelais ne le regardait que
« comme un poëte impécunieux et misérable, au point
« qu'il se tenait fort heureux de loger dans une échau-
« guette appelée encore à présent *la tour de Ronsard*
« à Meudon, d'où il allait faire sa cour au château et
« où il trouvait souvent en son chemin maître Fran-
« çois Rabelais qui ne l'épargnait guère, car après
« tout, s'il n'était pas si fameux poëte que lui, il ne
« laissait pas d'être né poëte comme médecin incom-
« parablement plus sçavant que ce prince des poëtes
« de son temps, et entendant bien mieux raillerie. »

Il ne faut pas oublier qu'entre Rabelais et Ronsard, il y avait quelque quarante ans de différence d'âge. A cette époque, le curé de Meudon était devenu morose et plus caustique que jamais; les déceptions amères qu'il a éprouvées dans le cours de sa vie politique et littéraire se traduisent par d'aigres sarcasmes à l'adresse de tout ce qui brille, de tout ce qui s'élève audessus du vulgaire. Il ne peut voir sans jalousie et sans mauvaise humeur ce poète que, jeune encore, la gloire traite en favori, parce qu'il flatte les grands dont lui, Rabelais, a vainement tenté de redresser les travers.

X

JOACHIM DU BELLAY,

Né en 1525 en Anjou.

Etant allé dans l'université de Poictiers pour estudier en droit afin de parvenir un jour dans les charges publiques, il devint, par la force de son esprit et par ses veilles assidues, un grand jurisconsulte, et tel que s'il eût suivy cette profession, je ne fay point de doute qu'il n'eût tenu un rang fort honorable parmy les plus grands jurisconsultes de son siècle. Mais le ciel, qui le reservoit à une estude plus agréable et moins épineuse, puisqu'il le destinoit à l'estude des belles lettres et aux doux exercices des Muses, luy donna de l'adversion pour ce qu'il sçavoit et de l'amour pour ce qu'il ne sçavoit pas encore si parfaittement, et ce qui favorisa puissamment ses inclinations, ce fut la rencontre heureuse et inopinée du plus grand et du plus fameux de nos poëtes; car comme environ l'an 1549 il retournoit de l'université de Poictiers, il se rencontra dans une même hostellerie avec Pierre de Ronsard qui, revenant de Poictou, s'en retournoit à Paris aussy bien que luy. De sorte que comme d'ordinaire les bons esprits ne se peuvent cacher, ils se firent conoistre l'un à l'autre, pour estre non-seullement alliez de parentage, mais encore pour avoir une mesme passion pour les muses. Ce qui fut cause qu'ils achevèrent le voyage ensemble, et depuis Ronsard fit tant qu'il l'obligea de demeurer avec luy, et Jean Antoine de Baïf, au collége de Coqueret, soubs la discipline de Jean Dorat, le père de tous nos plus excellents poëtes; ainsy ces trois excellents esprits faisaient tous les jours de nouveaux progrès par les enseignements d'un si sçavant maistre, s'excitoient l'un l'autre à réveiller l'ardent désir qu'ils avoient de donner une nouvelle force à la poésie françoise qui, devant eux, estoit si faible et si languissante, et ce fut dans cette étroite union d'esprits et dans cette communication d'estudes, que du Bellay changea beaucoup son style qui se sentoit fort encore de la barbarie du vieux tems; si bien qu'estant devenu amoureux d'une belle damoiselle parisienne de la noble famille des Violes, il prit plaisir d'exercer son esprit et sa plume à la loüer soubs le nom d'Olive, qui est effectivement l'anagramme du nom de Viole, ce que pas un autheur n'a remarqué, et que je sçay d'une bonne tradition; ce qu'il fit avec des vers masles et vigoureux véritablement, mais qui n'avoient pas encore toute la douceur ni toute la politesse de ceux qu'il composa depuis. Tels qu'ils sont, ils éclattèrent de telle sorte en France, que parmy les curieux de ces productions nouvelles et parmy les hommes sçavants, on ne parloit d'autres choses que des amours de du Bellay pour Olive et de Ronsard pour Cassandre; ainsy c'estoit à qui feroit le mieux, tantost sur le sujet de l'amour qui, dès lors, dit un autheur de ce tems-là, quitta l'Italie pour venir en France, et tantost sur quelque autre sujet que les diverses occasions du temps leur présentoient. Mais comme le bruit s'épandoit déjà partout de quatre livres d'odes que Ronsard promettoit à la façon de Pindare et d'Horace, comme il arrive souvent que les bons esprits sont jaloux les uns des autres, du Bellay voullut s'essayer à en composer quelques unes sur le modèle de celles de Ronsard et, trouvant moyen de les tirer de son cabinet à son insceu et de les voir, il en composa et les fit aussy tost courir pour prévenir la réputation de Ronsard, et y ajoutant quelques sonnets il les mit ensuitte en lumière l'an 1549, soubs le titre de Recueil de Poésies, ce qui fit naistre dans l'esprit de nostre Ronsard sinon une envie noire, à tout le moins une jalousie raisonnable contre du Bellay, jusques à intenter une action contre luy pour le recouvrement de ses papiers; et les ayant ainsy retirez par la voye de la justice, comme il estoit généreux au possible, et comme il avoit de tendres sentiments d'amitié pour du Bellay dont il exhaltoit hautement le mérite, il oublia toutes les choses passées et luy rendit son amitié. Ils vesquirent toujours depuis en parfaitte intelligence et en la compagnie l'un de l'autre, et mesme Ronsard voyant comme du Bellay avoit parfaittement réussy dans ses premières odes, il l'exhorta d'en faire d'autres et de continuer dans ce genre d'écrire; ce qu'il tenta si heureusement qu'il mérita un des premiers rangs parmy nos poètes lyriques.

. . . .

Il composa plusieurs sonnets que l'on peut voir dans ses œuvres, sans oublier celluy qu'il fit en l'honneur de Ronsard après leur réconciliation, et qui se trouve à l'entrée de la seconde édition de ses amours de Cassandre.

. . . .

Pierre de Ronsard, son intyme amy le loue en plusieurs endroicts de ses œuvres et spécialement dans ses amours de Cassandre où il l'appelle divin :

Divin Bellay, dont les nombreuses loix, etc.

Dans ses odes pindariques, il luy en addresse une dont le style est à mon gré aussy poétique et aussy fleury que pas une autre des siennes. Elle commence de la sorte :

Aujourd'huy je me vanteray
Que jamais je ne chanteray
Un homme plus aymé que toy
Des neuf pucelles et de moy, etc.

Et en suitte il luy dit confidemment qu'il n'y a qu'eux deux en France qui sachent dignement chanter les loüanges des roys et les hymnes des Dieux : dans un de ses plus beaux poëmes à la reyne Catherine de Médicis, il feint que l'ombre du grand du Bellay luy estoit apparue, et la dessus il prend sujet d'exalter son grand mérite et d'accuser la France d'avoir laissé vivre et mourir un si grand homme dans l'incommodité ; ce qu'il dit sans doute plutost par un eccez d'amour et de zèle que par un principe de vérité solide ; puisque s'il ne fut pas dans l'abondance, il ne fut pas au moins dans la misère ; il parle encore magnifiquement de luy dans son poëme des Misères de la France, en parlant de sa surdité fatale ; et dans son poëme du voyage des Isles fortunées, il le met au nombre de ses principaux amis qu'il sollicite de l'accompagner.

. . . .

Olivier de Magny qui faisoit avec du Bellay profession d'une estroite amitié, luy addresse un grand nombre de gayetez dans ses soupirs amoureux et dans ses autres œuvres diverses :

> Sus ô Ronsard, Bellay, Jodele,
> Accordez la lyre immortelle
> Qui rend vostre los immortel.

Dans un de ses sonnets :

> Ronsard, d'une Marie a naguère chanté
> Et naguère il chantoit sa Cassandre divine,
> Du Bellay sur les nerfs de sa lyre angevine
> A dit divinement d'Olive la beauté, etc.

. . . .

Louis le Caron dit Carondas, dans son poëme du ciel des grâces, le met au rang de ces divins poëtes qui florissaient de son temps :

> Qui vous a ravis aux cieux
> D'une divinité telle,
> Ronsard, Saint-Gelais, Jodele,

Sceve, Bellay gracieux,
Dorat, Muret immortels,
Péruse, etc.

. . . .
François ou Florent de la Baronie, dans sa seconde réponse à Ronsard, le préfère de bien loin, par envie ou autrement, à ce grand poëte en ces termes que je rapporte icy d'autant plus que l'original en est extrêmement rare :

Du Bellay touttefois, du Bellay plus sçavant,
Avoit jà estendu son los jusqu'au Levant,
Et encore qu'on vid que sa plume féconde
Qui n'a point de pareil surmontroit tout le monde,
Si est ce qu'en après ton esprit eshonté
Nous pensoit faire voir qu'il estoit surmonté,
Mais tu l'as fait en vain encore que ta gloire
Ne fut ostée encor du clos de la Mémoire.

. . . .
Jean le Masle, dans ses Récréations poétiques, loue agréablement le poëte Dorat pour avoir fait des disciples dont le savoir les a rendus maistres de tous les siècles :

Quand du double couppeau
Tu ramenas des Muses le trouppeau,
Ostant aux yeux de maints esprits de France
Le noir bandeau de l'aveugle ignorance,
Témoins Ronsard et du Bellay qui ont
Vivant porté le laurier sur le front, etc.

. . . .
La Fresnaye Vauquelin parle fort honorablement de du Bellay en neuf ou dix endroits de ses œuvres, et spécialement dans son art

poétique où il dit qu'après que Ponthus de Thiard et Maurice Sceve ont inventé plusieurs mots dans leur Pasithée et dans leur Delie, qu'il doit estre permis à ceux qui les vallent bien de faire la mesme chose; et que du Bellay, Ronsard et Baïf inventant mille propres bons mots, n'en pussent faire autant, etc. . . . . .
. . . .

Jacques Veillard, de Chartres, dans son oraison funèbre de Pierre de Ronsard, dit que du Bellay chérissoit de telle sorte ce grand poëte, qu'il taschoit de l'imiter en tout, jusque à voulloir passer pour sourdaut aussy bien que luy, quoiqu'il ne le fût pas en effet, et quoy qu'il soit mort dans l'opinion commune qu'il le fust. Ce qui d'abord semblera fort estrange, mais qui n'est pourtant pas sans exemple dans l'antiquité; puisque les meilleurs disciples du philosophe Platon, pour imiter jusques à ses deffauts propres, prenoient plaisir à marcher, voutez et courbez comme luy; et que ceux d'Aristote, taschoient en parlant de hésiter et de bégayer à son exemple. . . . .
. . . .

Claude Binet dans la vie de Ronsard témoigne l'estime extraordinaire qu'il faisoit de la poésie de du Bellay, Antoine Muret, Remy Belleau, Nicolas Richelet et Claude Garnier, aussy bien que Marcassus, dans leurs divers commentaires sur le mesme Ronsard, le traittent toujours d'excellent poëte et digne d'une infinité de louanges.

(Bibl. du Louvre, Colletet, *Hist. des poëtes françois*, t. I, f° 235.)

XI

RONSARD ET CHARLES IX.

Charles IX était très-généreux pour Ronsard qu'il affectionnoit beaucoup. Il disoit quelquefois en riant qu'il avoit peur de perdre son Ronsard en lui donnant trop de biens, que cela pourroit le rendre paresseux et lui enlever le feu sacré. Il ne faut pas plus, disait-il, engraisser un bon poëte qu'un bon cheval, il faut l'*entretenir* et non l'*assouvir*.

(Guillaume Colletet).

XII

JACQUES BEREAU.

Né en Poitou.

Le dernier de ses sonnets, dont il donnoit, dit-il, le premier livre, s'adresse à Pierre de Ronsard auquel il fait quelque reproche du peu de soin qu'il avoit de travailler à son grand poëme de la Franciade dont on parloit du moins autant en ce tems là, qu'au nôtre on parle de la Pucelle.

Voici le début de son sonnet :

> Ronsard seront toujours amoureux tes escrits ?
> Ne verrons-nous de toy qu'élégies pleureuses,
> Hymes, odes, sonnets, bucoliques joyeuses,
> Ne verrons-nous jamais ce Francus entrepris ?
>
> Laisse, laisse Ronsard, pour les moindres esprits
> Ces ouvrages communs. Sans plus user d'excuses
> Tu perds trop de temps là ; fay chanter à tes muses
> Ces Troyens nos autheurs, œuvre de plus grand prix.

La France t'en requiert qui par ta gentillesse
Espère s'esgaler à Rome et à la Grèce,
Par là tu t'acquerras seure immortalité.
Par là tu t'acquerras la faveur de la France
Qui de toy seul attend ceste félicité.
Veux-tu de tes labeurs plus digne récompense?

(Bibl. du Louvre, Colletet, *Hist. des poëtes françois*, t. I, f° 266).

XIII

CAUSTICITÉ DE RONSARD

A l'égard d'un hôte importun.

Ronsard, qui passoit pour le prince des poëtes françois de son temps, fut invité à dîner avec quelques-uns de ses amis, en la maison d'un trésorier qui l'avoit fait bâtir tout nouvellement auprès de Paris. Les invités ne manquèrent pas de se trouver à l'heure marquée, où ils furent très-bien traittez. Après le repas, M. le trésorier fit voir à ses hôtes tout ce qui étoit particulier et de plus rare en son nouveau bâtiment. Entre autres raretez il leur montra le grand portail de l'entrée de sa maison au-dessus duquel il y avoit une grande table de marbre noir très-bien poly, dans laquelle il n'y avoit point d'inscription. Ceux de la compagnie remarquant ce défaut supplièrent Ronsard, en reconnoissance du bon repas qu'ils avoient reçu de leur hôte, de faire quelques vers pour remplir le vuide de ce marbre. Ronsard s'en excusa, disant qu'il n'y étoit point disposé et que sa verve ne luy vouloit rien dicter. A la fin, à force d'importunité, tant du trésorier que de ses amis, et étant prest de monter à cheval, il demanda une plume et du papier et écrivit ce quatrain :

> Pour avoir en mon temps sceu prendre,
> J'ay faict bastir ceste maison;
> Mais que si l'on m'eust faict raison,
> Dès longtemps on m'auroit faict pendre.

Ces vers écrits, Ronsard les donne à M. le trésorier, le remercie, monte à cheval et lui dit adieu.

(*Recueil de bons mots des anciens et des modernes*, Paris, Médard Brunet, 1705, in-12, pages 44, 45 et 46).

XIV

FRANÇOIS DE BEROALDE,

Sieur de VERVILLE, né à Paris.

Les Amours de Minerve qu'il composa consistent en un grand nombre de sonnets qui ne sont pas, à mon advis, ce qu'il y a de meilleur dans le livre des amours divertissantes de sa belle, sage et vertueuse Floride; il y en a quelques uns où il a voullu mesme imiter Ronsard, mais ce me semble fort peu heureusement, temoin celluy qui commence :

> Je ne suis point, belle et docte guerrière,
> Ce forgeron impudemment hagard
> Qui furieux sans honte et sans égard
> Voullut tenter ta jeunesse première.
> Je ne suis point, douce, chaste, meurtrière,
> Ce fier géant transpercé de ton dart;
> Je suis hélas un amant qui trop tard
> Vient pour fleschir ton âme toute entière.

Ne me fuy point et ne me tuë aussy;
Mais de mon cœur, ma belle, aye mercy,
Te monstrant douce autant comme vaillante;
Fuyant les foux, vainquant les orgueilleux,
Tu fis beaucoup, tu feras encor mieux
Si tu fais vivre une âme obéissante.

Il paroist bien qu'il est moullé sur celluy de ce grand poëte, qui débute ainsy :

Je ne suis point, ma guerrière Cassandre....

(Bibl. du Louvre, Colletet, *Hist. des poëtes françois*, t. I, f° 277).

XV

JULES CŒSAR LE BESGUE,

Né à Vitry-le-François.

Son poème des Malheurs de la France, dans la rudesse de ses vers et quelquefois la barbarie de ses vocables ou termes nouveaux, n'est pas désagréable à lire à celui qui ne considère que les sentiments raisonnables, puisqu'il est un assez vif tableau des misères de son temps; mais comme ce sujet a été traité tant de fois et par tant de doctes esprits et particulièrement du grand Ronsard qui, dans ses Misères de la France, a non-seulement en cela surpassé tous les autres, mais peut-être s'est encore surmonté soi-même.

. . . .

Il voulut couronner ses œuvres de ce quatrain à peu près moulé sur celui dont Ronsard honora le noble frontispice de sa Franciade, mais qui n'approche pas pourtant de son original :

Un lira ce livret pour apres en bien dire,
L'autre le voudra voir affin d'en detracter;
De pouvoir plaire à tous c'est ce que je désire;
Mais il est difficile un chacun contenter.

(Bibl. du Louvre, *Hist. des poëtes françois*, t. I, f° 289).

XVI

L'HYMNE A LA MORT.

Brantôme raconte que Châtellard, gentilhomme français, fut décapité en Ecosse pour avoir aimé la reine et attenté à son honneur. Il demanda pour dernière grâce qu'on lui portât un exemplaire des Hymnes de Ronsard. Monté sur l'échafaud, il l'ouvrit et lut *l'hymne à la mort* sans vouloir accepter d'autre consolation que celle que lui procuraient ces vers.

XVII

CLAUDE BILLARD,

Seigneur de Courgenay, né en Bourbonnais.

Il faisoit tout ce qu'il pouvoit pour rendre sa poésie agréable aux oreilles. Et il avoit en cela, comme en toute autre chose, si bonne opinion de lui-même et faisoit un tel mépris des lâches rimeurs de son temps et des petits aristarques de la cour, que dans toutes ses préfaces il les drappe agréablement, les traitant toujours de haut en bas, et ne feint point de s'égaler quelquefois aux Lucain, aux Ronsard et aux du Bartas, c'est-à-dire aux plus grands hommes de tous les siècles.

(Bibl. du Louvre, *Hist. des poëtes françois*, t. I, f° 320.)

XVIII

PIERRE DE BRACH,

Né en 1548 à Bordeaux.

Comme le second livre des poëmes de Pierre de Brach contient des matières plus nobles et plus rellevées que celles du premier livre, c'est là aussy que son esprit s'ellève et montre beaucoup plus de force et de génie qu'auparavant. L'hymne de Bourdeaux, qu'il addresse par un beau sonnet à ce grand poète Pierre de Ronsard, est un ouvrage si considérable, non-seullement pour le nombre de douze cents vers au moins qu'il contient, mais encore pour l'air héroïque dont il traitte les matières, que je puis dire avec vérité que jamais ville ne fut si dignement ny si hautement louée.

. . . .

Son poëme de la monomachie de David et de Goliath l'emporte à mon avis de si loin sur celluy-là mesme du fameux Joachim du Bellay, que le mont Cenis l'emporte en hauteur sur nostre butte de Montmartre; et que l'orgueilleux meurier de nostre ancienne maison paternelle dont les doctes ont tant parlé soubs le titre de la maison de Ronsard l'emportoit

Sur les humbles jasmins de nostre jardinage.

. . . .

Son ode pyndarique de la Paix est telle que comme elle contient encore plus de vers que celle de Ronsard au grand chancelier de France,

Michel de l'Hospital, elle semble quasy luy disputer aussy le prix du mérite.

. . . .

Entre les autres poëmes de son troisième livre intitulé Meslanges, sa description d'un voyage qu'il fit en Gascogne avec ce grand et fameux poëte Guillaume du Bartas, ne cède guères à la vive peinture que Ronsard fit de son voyage de Touraine avec ce fameux poëte Jean-Antoine de Baïf, et certes je ne croy pas peu loüer ce poëme de Brach, de l'égaller en quelque sorte à celluy de Ronsard, puisque dans ma pensée c'est un des plus beaux et des plus fleuris qui soit party de l'esprit et de la plume de ce premier prince de tous les poëtes.

. . . .

La lecture de ses vers où je ne suis pas le seul qui y a pris du plaisir, m'apprend qu'il avoit d'illustres amis partout, puisqu'entre les autres, du Bartas et Ronsard, Jacques Pelletier du Mans et Martial Monier de Limoges, Florimond de Remond et le grand Michel de Montagne, ses compatriotes, estoient ses intimes amys. Et tous assez connus dans la république littéraire par leurs doctes et fameux ouvrages.

(Bibl. du Louvre, Colletet, *Hist. des poëtes françois*, t. I, f° 413.)

XIX

DE CHOLIÈRES,

1589.

On remarque dans les œuvres du poëte de Cholières une circonstance difficile à expliquer.

Après une série de vers de sa façon, on voit tout de suite et sans distinction quelconque sous le même titre des *Mélanges du seigneur de Cholières*, plusieurs poëmes comme élégies, odes, stances, madrigaux, sonnets et autres genres de vers qui sont effectivement des productions de Ronsard, d'Amadis Jamin, de la dame des Roches et de quelques autres beaux esprits, le tout en faveur de la maîtresse du roy Charles IX, de la famille d'Aquavive, sous le nom de Callyre. Seroit-ce que ce Cholières eût voulu passer pour plagiaire et s'attribuer ce qui ne lui appartenoit point? Cependant ses autres ouvrages en prose témoignent de sa fécondité.

(Bibl. du Louvre, Colletet, *Hist. des poëtes françois*, t. II, f° 113.)

XX

FLORENT CHRESTIEN,

1605.

L'an 1563, il fit imprimer à Orléans, in-4°, sous un nom supposé, des invectives contre Ronsard qu'il intitule : *Response première et seconde de F. de la Baronie à messire Pierre de Ronsard, prestre-gentilhomme vendomois, évêque futur*, qu'il accompagna encore d'un autre poëme de même nature intitulé : *Le temple de Ronsard*, où la légende de sa vie est brièvement décrite. Le tout avec des traits piquants et de doctes railleries à irriter la patience même et à divertir les lecteurs qui se plaisent à la liberté de la satire.

(Bibl. du Louvre, Colletet, *Hist. des poëtes françois*, t. II, f° 116.)

XXI

GUILLAUME CLAVIER,

1618.

Pierre de Ronsard témoigna bien autrefois au roy Charles IX son bon maître combien ses amours pour la belle Aquavive lui étoient chères par la production de ces beaux vers intitulés : *Les vers d'Eurymédon et de Callisée.* C'est ce qu'on lit dans la vie de G. Clavier.

(Bibl. du Louvre, Colletet, *Hist. des poëtes françois*, t. II, f° 124.)

XXII

MICHEL LE COMTE,

1579.

Pierre de Ronsard composa en faveur de Michel Le Comte une épigramme dont l'équivoque me persuaderoit volontiers qu'il la fit plutost pour se moquer de lui que pour le louer.

(Bibl. du Louvre, Colletet, *Hist. des poëtes françois*, t. II, f° 176).

XXIII

HÉLÈNE DE SUGÈRES ET RONSARD.

On sait que l'amour fut une des sources où Ronsard puisa le plus souvent ses inspirations poétiques. Cassandre, la charmante Blésienne, fut l'objet de ses premiers feux; elle fut supplantée au bout de dix ans par la belle Marie. Puis vinrent une autre Marie, Astrée, Jeanne, Sinope, et Geneviève Raut qu'il a chantée sous le nom de Genèvre. Hélène de Sugères, d'une ancienne famille de Saintonge, fut son dernier amour. Mais Ronsard fut plutôt son adorateur que son amant. Il consacra à sa mémoire une fontaine située à peu de distance du château de la Poissonnière et connue encore dans le pays sous le nom de fontaine de la Belle-Iris.

Cette Hélène de Sugères était fille d'honneur de la reine-mère Catherine de Médicis; elle était spirituelle, très-laide et tenait beaucoup à la pureté de sa réputation. Un jour qu'elle se trouvait chez le maréchal de Retz avec le cardinal du Perron, elle pria ce dernier de composer une préface pour les œuvres de Ronsard et d'y dire hautement que le poëte ne *l'aimait pas d'amour impudique*. Perron lui répondit qu'au lieu de préface elle n'avait qu'à y faire placer son portrait. C'est à Hélène de Sugères que Ronsard écrivait de ne pas oublier, le jour des Cendres, d'en venir prendre à son cœur que le feu d'amour avait brûlé.

(*Perroniana*, par le cardinal du Perron, au mot Gournay).

XXIV

CHARLES D'ESPINAY,

1591.

Outre les deux bibliothécaires françois A. Duverdier et Lacroix du Maine qui ont parlé de Charles d'Espinay, Pierre de Ronsard, Rémy Belleau et les plus fameux poëtes de leur siècle lui adressèrent plusieurs beaux sonnets qui se trouvent insérés au frontispice des siens. Entre tous, Ronsard l'aimoit tendrement à cause des bonnes qualités qu'il connaissoit en lui. Non content de lui avoir adressé deux beaux sonnets il lui dédia encore son *Cyclope amoureux*.

(Bibl. du Louvre, *Hist des poëtes françois*, t. III, f° 8, v°.)

XXV

JACQUES GREVIN,

1570.

Jacques Grevin fut longtemps le disciple et l'ami de Ronsard. Après avoir été poëte, il se fit médecin comme le dit Ronsard dans le discours qu'il lui a dédié et qui finit par ces vers :

> A fin qu'en nostre France un seul Grevin assemble
> La docte médecine et les vers tout ensemble.

Mais les opinions religieuses divisèrent bientôt les deux amis et Grevin écrivit contre son maître de violentes diatribes. On lui attribue *Le temple de Ronsard,* une des plus violentes réponses au *Discours des misères du temps.*

. . . .

On peut lire ce qu'ont dit, sur la tragédie de César par Grevin, ces trois grands ornements des belles-lettres, Ronsard, Florent Chrestien et Georges Buchanan, dont les témoignages glorieux honorent le frontispice de ce poëme.

(Bibl. du Louvre, *Hist. des poëtes fr.*, t. III, f°ˢ 238 et 242.)

XXVI

JACQUES GUILLOT,

1607.

Ce jeune poëte était sans cesse préoccupé de la réputation générale que le grand Ronsard s'était acquise par la publication des quatre premiers livres de la *Franciade.*

Il crut que de marcher sur les pas de Ronsard, c'était obliger la renommée de publier sa gloire autant que celle de Ronsard mesme.

. . . .

Ce n'est pas que comme Ronsard a ses défauts, son imitateur n'ait encore les siens, mais certes Ronsard est en ce point plus excusable que ses défauts n'étoient pas dans la juste sévérité de nos règles que l'on commençoit de connoître et de pratiquer en quelque sorte, lorsque celuy-cy nous régala de ses productions héroïques.

Il fit donc imprimer à Paris l'an 1606 un poëme intitulé la suite de la Franciade de Pierre de Ronsard, gentilhomme vendomois.

(Bibl. du Louvre, Colletet, *Hist. des poëtes françois*, t. III, f°˚ 272, v°, 273 et 273 v°.)

XXVII

JACQUES HURAULT,

Sieur de la PITARDIÈRE.

L'étroite amitié qu'il avoit contractée avec ce grand poëte Pierre de Ronsard, qui estoit son illustre voisin, fut cause qu'à son exemple il s'appliqua fort soigneusement à l'étude des bonnes lettres.....

.... Mais pour ce que Ronsard entre plusieurs vers qu'il luy adresse a fait dans une de ses élégies le naïf tableau de ses inclinations et de ses mœurs, je ne feindray pas de le représenter icy pour le contentement de mon lecteur :

> Tu prens je le sçay bien le conseil pour toy mesme
> Que tu m'as ordonné; tu n'as point. . . . . .
> . . . . (¹).

(Bibl. du Louvre, Colletet, *Hist. des poëtes françois*, t. III, f° 332, v°.)

XXVIII

AMADIS JAMIN,

1584.

Amadis Jamin fut dans sa jeunesse page de Pierre de Ronsard comme le témoigne Ronsard luy-mesme dans une de ses élégies et dans le poëme qu'il luy adresse, intitulé *la Salade*, et qui commence ainsy :

> Lave ta main, qu'elle soit belle et nette,
> Suy moy de près, apporte une serviette
> Pour la salade, Amadis, et faison
> Part à nos ans des fruits de la saison.

Et le reste, qui vaut mieux que ce commencement. Claude Binet témoigne la mesme chose dans la vie de Ronsard lorsqu'il dit que ce grand homme avoit nourry page Amadis Jamin et

---

1. Edition de M. Blanchemain, t. IV, p. 272, élégie XII.

avoit pris un soin tout particulier de le faire instruire.

. . . .

Le plus fameux ouvrage d'Amadis Jamin sont les treize derniers livres de l'Illiade etc..... Ce traicté fut hautement loué par Pimpont, par du Bourg, évesque de Rieux, et par Ronsard.

(Bibl. du Louvre, Colletet, *Hist. des poëtes françois*, t. III, f° 336.)

XXIX

GUY DE TOURS,

1600.

..... Ses vingt-neuf ou trente sonnets dont il compose en détail le portrait des beautés de son Ente, et qu'il dédie à Ronsard soubz ce titre : *A monsieur de Ronsard, roy des poëtes françois*....

.... Ainsy le grand Ronsard parle quelquefois à sa chère Cassandre comme si elle estoit ceste royalle fille de Priam qui portoit le mesme nom dans l'ancienne Troye, etc. :

Tu conseillois à la germaine Elise, etc.

(Bibl. du Louvre, Colletet, *Hist. des poëtes françois*, t. III, f° 279.)

XXX

ESTIENNE JODELLE,

1573.

Il est curieux de lire la chanson qu'il composa pour répondre à celle de Ronsard, qui commence ainsi :

Quand j'estois libre, etc. . . . .

et celle par laquelle il répond à une autre du même poëte, qui commence par ces mots :

Je suis Amour, le grand maistre des dieux,
Etc. . . . .

Jodelle a je ne sçay quoy de noble et de généreux dans ses pensées ; mais pour ce que Pasquier, dans ses Recherches de la France, en a porté son jugement, les opposans l'un à l'autre et disant que c'estoit à bien attaqué bien deffendu, je n'en diray rien davantage, sinon que je trouve dans celles de Ronsard des grâces que j'ay cherchées vainement dans celles de Jodelle. Ils sont curieux à comparer.

(Bibl. du Louvre, Colletet, *Hist. des poëtes françois*, t. III, f°s 377 et 378.)

XXXI

PIERRE DE LAUDUN,

Laigaliers, 1597.

Son cinquiesme et dernier ouvrage est celluy qu'il intitule *la Franciade*, divisée en neuf livres et dédiée au roy de France Henri IVe et imprimée à Paris l'an 1603. Il crut, tant il estoit jeune et présomptueux, avoir, par ce poëme héroïque, effacé toute la gloire des anciens et des modernes, et Robert de Laudun, son oncle, qui prist à tâche de dresser de vastes et doctes commentaires sur ses ouvrages, se flatte de la mesme créance, car il l'égala d'abord à Homère et à Virgile, et s'imagina que son

nepveu n'avoit pas moins rendu célèbre par ses
esprits la gloire de ce grand prince que ces
deux divins poëtes rendirent fameuse celle
d'Achille et d'Énée. L'autheur mesme, qui avoit
entrepris de traitter le mesme sujet que Ronsard
avoit si heureusement commencé dans sa belle
et docte Franciade ne peut s'empescher à l'entrée
de la sienne, de donner une atteinte couverte à
ce grand poëte en ces termes :

> Toy, Muse, entend ma voix, souffle d'un doux zéphire
> Le voile courageux de ma sainte navire.
> Que je ne laisse pas comme un Agrigentin
> Sur l'ardent Montgibel mon enferré patin;
> Ou que trop piaffeux marchand à royal gage,
> Je ne laisse imparfait ce pénible voyage.

Et là-dessus je m'estonne comme son interprète, qui a sainement expliqué et désigné le fameux Empédocle par ce mot d'Agrigentin, a passé soubs silence ce piaffeux et marchand à royal gage. Car de s'imaginer qu'il ait ignoré que son neveu n'eut en cest endroit voulu parler de Ronsard, c'est une erreur insupportable. Mais c'est qu'il a eu honte de découvrir l'orgueil extraordinaire de l'autheur qui se préféroit à tous les autres, et qui est bien au-dessous de tous ceux qui ont traitté en France des matières épiques. Son ouvrage n'est qu'un ramas et qu'un pot-pourri de tout ce que Ronsard et du Bartas ont dit de meilleur, jusques à leur dérober laschement par cy par là des vingt-cinq et trente vers de suitte, et les insérer dans son poëme; et ainsy condamnant ou mesprisant ses bienfaiteurs, ne se montre-t-il pas envers eux aussy ingrat que plagiaire ?

(Bibl. du Louvre, Colletet, *Hist. des poëtes françois*, t. IV, f° 12.)

XXXII

DAVID AUBIN DE MORELLES,

1620.

Quoique Aubin de Morelles aimât passionément les vers de Ronsard, en lisant ceux de Desportes et depuis ceux de Lingendes et de Bertaud, il commença de croire que le règne de Charles IX et de Henri III n'avoit point encore mis nostre poésie en son apogée, et que si elle n'avoit pas à l'avenir de plus nobles élévations, du moins qu'elle n'auroit pas tant de négligences ni tant d'impuretés. En effet, il faut que le génie de Ronsard, tout grand et tout sublime qu'il soit, cède en beaucoup d'occasions aux justesses de nostre siècle, soit dans les sentiments et les pensées, soit dans le choix des paroles et dans la beauté de l'élocution.

(Bibl. du Louvre, Colletet, *Hist. des poëtes françois*, t. IV, f° 279.)

XXXIII

CLAUDE DE MORENNE,

1606.

Ses deux églogues, l'une intitulée *les Sorciers*, et l'autre *Damon,* me semblent fort gentilles et fort pastorales et ne s'éloignent pas tant de la naïveté de celles de Belleau quoiqu'elles n'approchent pas de celles de Virgile et encore moins de celles de Théocrite et de Ronsard.

(Bibl. du Louvre, Colletet, *Hist. des poëtes françois*, t. IV, f° 285.)

XXXIV

MARC ANTOINE DE MURET,

1585.

Un certain Jolias fait dans son addition à la bibliothèque de Gesner un catalogue succinct des œuvres latines de Muret. Pierre de Ronsard lui dédia plusieurs de ses poëmes, témoin cette belle élégie des amours de Cassandre qui commence ainsy :

Non, muses, non, ce n'est pas d'aujourd'huy,
Etc.

Il lui adressa encore son poëme des *Isles fortunées*, et comme il étoit l'un de ces gaillards esprits qui accompagnèrent la pompe de Jodelle au fameux voyage d'Hercüeil, ce grand poëte ne l'oublia pas aussy dans les dithyrambes qu'il composa sur ce folâtre sujet.

(Bibl. du Louvre, Colletet, *Hist. des poëtes françois*, t. IV, f° 308).

XXXV

PIERRE LE LOYER.

Louis Martel de Rouen et plusieurs autres

poëtes connus l'ont célébré par leurs vers.
Marguerite Le Loyer, sa sœur, voullut estre
aussy au nombre de ceux de ses paranymphes
comme on le voit par l'épigramme qu'elle luy
addresse sur le sujet de ses *Amours de Flore*.
Enfin le grand Ronsard se rencontrant un jour
dans la ville d'Angers, dans la boutique d'un
libraire, avec René Bolet la Chapelle, son avocat et son amy, homme sçavant et célèbre et
qui avoit une fort belle bibliothèque à Angers,
après avoir ouy parler en ce lieu de la comédie
nouvelle de Le Loyer intitulée *la Nuée des cocus*
qui estoit preste de paroistre en public, il composa sur le champ quatre vers qu'il envoya dès
l'heure mesme à l'autheur de la pièce et qui
sont insérez de la sorte au frontispice de son livre :

> Loyer, ta docte muse n'erre
> De bastir une ville en l'air
> Où les cocus puissent voler,
> Pour eux trop petite est la terre.

(Bibl. du Louvre, *Hist. des poëtes fr.*, t. IV, f° 46, v°.)

XXXVI

CLÉMENT MAROT,

1544.

Pierre de Ronsard avoit ordinairement un
Marot entre les mains et le lisoit avec un jugement solide. Il l'appeloit (comme dit Claude
Binet en sa vie) son Ennius des baleiures duquel
il tiroit par une laveure industrieuse de riches
limailles d'or.

(Bibl. du Louvre, *Hist. des poëtes françois*, t. IV, f° 132.)

XXXVII

JEAN MARTIN,

1552.

Après avoir fait de doctes commentaires sur son Arcadie de Sannazar, il en fit encore quelques uns sur le premier livre des odes de Ronsard que l'on voit dans la première édition de l'an 1550 et qu'il intitula : *Briefve exposition de quelques passages du premier livre des odes de Pierre de Ronsard*, J. M. P. qui est sans doute à dire Jean Martin, parisien, travail agréable, certes, et qu'il avoit dès lors résolu si la mort envieuse de nostre contentement ne se fût point opposée à ses louables desseins.

(Bibl. du Louvre, Colletet, *Hist. des poëtes françois*, t. IV, f° 151.)

XXXVIII

JEAN EDOUARD DU MONIN,

1586.

C'était de du Monin que Ronsard voulloit parler lorsque, considérant les esprits de son siècle, il dit : Il y en a qui ont l'esprit plus turbulent que rassis, plus violent qu'aigre, et qui, comme les torrents de l'hyver, entraînent de dessus les montagnes plus de boue que d'eau claire, voullant éviter le langage commun. Ils s'embarrassent dans des mots et dans des manières de parler dures, fantastiques et insolentes qui représentent plustost des chymères et de venteuses impressions des nües qu'une véritable majesté virgillienne.

(Bibl. du Louvre, Colletet, *Hist. des poëtes françois*, t. IV, f° 231.)

XXXIX

JEAN DE LA PÉRUSE,

1554, Angoumois.

Pierre de Ronsard, qui aimoit tendrement La Péruse, lui consacra cette belle épitaphe dont voici le commencement :

Tu doibs bien à ce coup, chétive tragédie,
    Laisser là tes grands jeux,
Laisser ta scène vuide et, d'une main hardie,
    Te tordre les cheveux;
Et de la mesme voix dont tu aigris les princes
    Tombés en déconfort,
Tu doibs bien annoncer aux estranges provinces
    Que la Péruse est mort.
Cours donc eschevelée et dis que la Péruse
    Est mort et qu'aujourd'huy
Le second ornement de la tragique muse
    Est mort avec luy.

(Edition Blanchemain, t. VII, p. 240).

XL

MATHURIN REGNIER.

Un ancien orateur disoit autrefois que ce n'estoit pas une petite marque de la félicité du règne d'un bon prince lorsqu'il permettoit aux poëtes de faire des invectives contre les vices et les mœurs corrompues de son siècle, et d'apprendre aux hommes la vertu à la confusion du vice : tel fut autrefois l'empereur Trajan dont la bonté généreuse doit toujours servir d'exemple et de modèle à ceux qui sont appelés du ciel au gouvernement des peuples. Tel fut aussy, dans le dernier siècle, nostre roy Charles IX, lequel, au rapport d'un auteur particulier de son tems, sollicitait Pierre de Ronsard de faire des satires contre les vices de la cour et de ne l'épargner pas luy-même, si la muse trouvoit quelque chose à reprendre dans ses actions roiales. Et ce fut aussy après cette permission que Ronsard fit contre luy le poëme de la Dryade violée où, gardant le respect qu'il devoit à un si bon maître, il le blâma d'avoir fait couper la forêt de Gâtines, qui sembloit estre dédiée aux muses qui ont tant de passion pour les bois et pour les fontaines. Le roy Henry-le-Grand, dont l'heureuse mémoire doit être en éternelle vénération à toute la France, étoit dans ce même sentiment. Comme il étoit ennemi des flatteurs et des lâches, il luy importoit peu qu'ils fussent publiquement reconnus pour ce qu'ils estoient. Si bien que sous son règne la satire s'acquit un tel crédit qu'il n'y avoit point de poëte à la cour qui, pour acquérir du nom, ne se proposât de marcher sur les pas d'Horace et de Juvénal et de faire après eux des satires à leur exemple. Mais certes celui qui l'emporta bien loin dessus les autres dans ce genre d'écrire, qui offusqua les Motius, les Berthelot, les Sigognes, et qui devint mesme plus qu'Horace et plus que Juvénal en nostre langue, ce fut l'illustre Régnier. Esprit en cela d'autant plus admirable qu'entre les nostres il n'y en avoit encore eu pas un qu'il eut pu raisonnablement imiter, car encore que nos anciens Gaulois eussent composé des syrvantes, que François Villon et que François Habert, que Clément Marot et quelques autres eussent fait des satires, c'est, à dire vrai, plustost de simples et de froids coq-à-l'âne, comme ils les appelaient alors que de véritables poëmes satiriques.

Ainsi Ronsard l'avoue lui-même franchement lorsqu'il dit dans une élégie à Jean de la Péruse que jusqu'à son temps pas un des François n'avoit encore réussi ni dans la satire ni dans l'épigramme, ce qu'il espère de voir un jour arriver :

> L'un la satire et l'autre plus gaillard
> Nous sallera l'épigramme raillard.

(Bibl. du Louvre, Colletet, *Hist. des poëtes françois*, t. V, f° 246).

XLI

JACQUES PELLETIER.

La Fresnaye Vauquelin dans son Art poétique françois, parlant de ceux qui ont excellé dans la composition des hymnes, en discourt ainsy en faveur de Ronsard et de Pelletier :

> Note pareillement la généreuse audace
> De Ronsard qui les vieux en ce beau genre passe,
> Et le jugement grand et la facilité
> Du sçavant Pelletier en son antiquité,

Et si tu ne veux point user de noms estranges
Donne luy, comme luy, le beau nom de louanges.

(Bibl. du Louvre, Colletet, *Hist. des poëtes françois*, t. VI, f° 86).

XLII

JEAN DE SCHELANDRE,

Né au chasteau de Sommazenes, dans les pays Verdunois, vers l'an 1585.

Comme ce poëte n'aymoit que les choses masles et vigoureuses, ses pensées l'estoient aussy, et en cela, disoit-il, il imitoit Ronsard et du Bartas qui, après les plus excellents poëtes grecs et latins, estoient ses autheurs ordinaires, témoin ce sonnet de sa façon qu'il me donna un jour écrit de sa main propre et qui est une déclaration ingénue de la franchise de son âme vrayment gauloise.

> J'estime Bartas et Ronsard,
> Toute censure m'est suspecte,
> Quelque raison que l'on m'objecte
> De celluy qui fait bande à part (¹).
> C'est bien fait d'enrichir un art
> Pourvu que trop on ne l'affecte,
> Mais d'en dresser nouvelle secte,
> Nostre siècle est venu trop tard.
> O censeurs de mots et de rymes
> Souvent vos règles et vos limes

---

1. Par celui qui fait bande à part il entend parler de Malherbe dont la poésie lui semblait trop molle et trop efféminée et le goût trop bizarre et trop dépravé dans le jugement qu'il faisait des poëtes anciens et modernes.

Otent le bon pour le joly.
En soldat j'en parle et j'en use :
Le bon ressort, non le poly,
Fait le bon roüet d'arquebuse.

Ce n'est pas, après tout, que comme il estoit de mes amys intimes, et qu'il me faisoit l'honneur de déférer beaucoup à mes petits sentiments, il ne se fût résolu de corriger toutes ses œuvres et d'en adoucir la rudesse, ce qu'il commença de faire dans la dernière édition de sa tragicomédie de Tyr et de Sydon, car en plusieurs endroits je l'obligeay d'y passer la lime et, comme il disoit, ma pierre de ponce, ce qu'il ne faisoit au commencement qu'avec répugnance, mais enfin il me donna les mains, lorsque je luy monstroy que dans les vers de Virgile et dans Ronsard qu'il me citoit à toute heure et bien à propos, il y avoit autant de douceur que de majesté, si bien que je rendis enfin son oreille ennemye des duretez et des cacophonies.

. . . .

Comme dans ces deux premiers livres (Tyr et Sydon et la Stuartide), il avoit fait à l'exemple de Ronsard dans sa Franciade ses vers de dix à onze syllabes, il fit les deux autres en vers alexandrins ou de douze syllabes, les jugeant depuis comme ils le sont, en effet, plus propres pour l'héroïque.

(Bibl. du Louvre, Colletet, *Hist. des poëtes françois*, t. VI).

XLIII

SAINCTE MARTHE.

Pierre de Ronsard, le prince de nos poëtes françois, après le haut témoignage qu'il rendit de son poëme de la Pédotrophie ou de l'instruction des enfants, luy dédia encore un de ses plus excellents ouvrages de poësie en ces termes fort honorables :

. . . .

Scévole, amy des muses que je sers, etc.

Claude Binet, dans la vie de Ronsard, met Saincte-Marthe au rang de ceux que ce grand poëte aymoit et honoroit le plus.

La Fresnaye Vauquelin parle encore ainsy de luy et de ses muses latines et françoises :

Et comme Saincte Marthe écrit de mesme plume
Le latin et françois quand sa fureur l'allume,
De sorte qu'il égale un Dorat d'une part
Et de l'autre il seconde un illustre Ronsart.

. . . .

Nicolas Richelet, Claude Garnier et Pierre de Marcassus, dans leurs commentaires sur les poëmes de Ronsard, cittent de ses vers en quelques lieux.

(Bibl. du Louvre, Colletet, *Hist. des poëtes françois*, t. VI).

XLIV

JACQUES TAHUREAU,

Né au Mans vers 1527.

Sa poësie qui estoit assez jolie et assez mignarde pour le temps le fit aymer et connoître des plus signalés poëtes de son siècle, comme de Ronsard, de Baïf et des autres qui le louèrent hautement comme à l'envy.

Pierre de Ronsard le met au nombre de ces nobles poëtes qu'il invite d'entreprendre avec luy le voyage des îles fortunées et de quitter la France pendant ses divisions et ses guerres.

Il parle encore de luy dans un autre de ses sonnets, et de son Admirée comme du plus beau couple d'amants qui ait jamais esté. Dans le second livre de ses *Amours de Francine*, il se trouve encore un sonnet qu'il addresse à son amy Tahureau pour reconnoître en quelque sorte les bons traitements que lui faisoit ce jeune poëte dans l'une de ses maisons de campagne.

Pour éterniser d'autant plus au monde leur amitié mutuelle et le déplaisir sensible qu'il eut de la perte de ce poëte, il parle de luy dans un poëme qu'il addresse au duc d'Anjou, à l'entrée de ses *Amours de Méline*.

. . . .

Jean de la Péruse composa un sonnet où il compare Tahureau au chantre de Cassandre, à l'adorateur d'Olive et à l'amant de Meline, désignant par là du Bellay, Ronsard et Baïf.

. . . .

Claude Garnier, dans ses *Commentaires sur le poëme de Ronsard des misères de la France*, le met au nombre des célèbres poëtes qui ont tiré leur naissance d'une illustre maison.

(Bibl. du Louvre, Colletet, *Hist. des poëtes françois*, t. VI).

XLV

MARGUERITE DE VALOIS,

Née en 1491 à Angoulême.

Avec les versions italiennes d'un autheur anonyme et les versions françoises de ces trois illustres poëtes Pierre de Ronsard, Joachim du Bellay et Jean-Antoine de Baïf qui, par une agréable concurrence, traduisirent à l'envy l'un de l'autre cette excellente ode latine de Jean Dorat qui commence :

> Qualis quadrigis raptus ab igneis
> Sublime etc.

On en trouve une de Marguerite de Valois dans le fameux recueil de vers grecs, latins, espagnols, italiens et françois, que fit le comte d'Alsinois ou plutost Nicolas Denisot, et qu'il publia à Paris, in-8º, l'an 1551.

C'est là que l'on void encore l'ode pastorale et le bel hymne triomphal que le mesme Ronsard fit sur le trépas de cette généreuse princesse, poëme mémorable où, sur la fin, il se plaint sensiblement des atteintes envieuses de Melin de Saint-Gelais, ce qu'il réforma depuis dans toutes les autres éditions.

(Bibl. du Louvre, Colletet, *Hist. des poëtes françois*, t. VI).

XLVI

CHARLES UTENHOVE,

Né à Gand.

Charles Utenhove se rendit si agréable à nos illustres poëtes françois que Joachim du Bellay, Pierre de Ronsard, Olivier de Magny et plusieurs autres l'eurent en grande estime et en grande vénération.

. . . .

Pierre de Ronsard, dans un de ses plus beaux poëmes du Bocage roïal à monsieur de Foix, conseiller du roy, débute ainsy en l'honneur de ce Flamand :

> Ton bon conseil, ta prudence et ta vie
> Seront chantés du docte Utenhovie,
> A qui la Muse a mis dedans la main
> L'outil pour faire un vers grec et romain.

(Bibl. du Louvre, Colletet, *Hist. des poëtes françois*, t. VI.)

XLVII

PONTUS DE TYARD,

Né à Mâcon.

Si nous en croyons Pierre de Ronsard, qui parle toujours fort honorablement de luy en plusieurs endroits de ses œuvres, particulièrement dans une élégie qu'il addresse à Jean de la Péruse, Pontus de Tyard fut le premier en France qui apporta l'usage des sonnets.

. . . .

Remy Belleau, dans ses commentaires sur le deuxième livre des amours de Ronsard, expliquant le premier sonnet que cet excellent poëte addresse à son excellent amy Pontus de Tyard, l'appelle un des plus doctes hommes de son temps.

. . . .

Claude Binet, dans sa vie de Ronsard, dit que Tyard fut du nombre de ces doctes et rares esprits que le roy Henry III choisit pour composer cette célèbre académie qu'il fonda de son temps et que les désordres du royaume anéantirent après sa mort.

(Bibl. du Louvre, Colletet, *Hist. des poëtes françois*, t. VI.)

XLVIII

CLAUDE DE TRELON,

Né à Tholoze.

Quoiqu'il n'eut aucune connoissance de l'ancienne ni peut-être de la moderne poësie, il eut dès sa jeunesse tant d'inclination à faire des vers qu'à l'âge de 14 ou 15 ans, comme il dit lui-même, il composa une bonne partie de ceux que nous avons de lui; c'est pourquoy je ne perdray pas le temps à les examiner, puisque, étant en un âge plus avancé, il en connut lui-même les défauts et les taches, et qu'il supplie le lecteur d'en excuser les rimes licencieuses, se servant assez mal à propos de l'exemple de Ronsard, lorsqu'il dit qu'à l'imitation de ce grand poëte, qui a rompu la glace, il conjure ceux qui le liront de n'être point trop rigoureux à le reprendre. Mais ce que Ronsard faisoit par humilité, Trelon le faisoit par un principe d'orgueil et de présomption s'égalant tacitement à celuy duquel il ne valloit pas l'ombre.

. . . .

Je me souviens que le premier livre de poësie qui soit jamais tombé entre mes mains a été la *Muse guerrière* de Trelon. Je n'avois pas sept ans que je la savois presque entière par cœur. Mais comme à sept ans je l'avois fort estimé, je commençoy de le mépriser à douze, et ce d'autant plus justement que ce fut en ce tems-là que je commençoy de lire les doctes œuvres du grand Ronsard et les conférer avec les ouvrages de l'ancienne Grèce et de la vieille Rome.

(Bibl. du Louvre, Colletet, *Hist. des poëtes françois*, t. VI).

XLIX

PHILIPPES TOURNIOL,

Né à Guéret.

Bartol et Cujas étoient son étude, mais Horace et Ronsard étoient son plaisir, et il temperoit si bien l'un et l'autre qu'il n'étudioit ni ne se divertissoit pas toujours. Dans tous les hymnes de son invention qui sont conçus en stance de quatre et six vers selon le style de son temps, il y affecte de telle sorte les pointes et les contre-batteries de mots, que les amateurs de la véritable poësie, qui ne consiste point en ces vaines subtilités, mais en pensées solides, nobles et relevées, ne prendront pas beaucoup de goût en cette lecture. Ronsard prévoïoit bien sans doute de son temps cette décadence future de la poësie françoise, lorsque dans son excellente ode à ce grand chancelier de France, Michel de l'Hospital, il dit :

> Après ces poëtes saincts,
> Dans une foule plus grande,
> Arriva la jeune bande
> D'autres poëtes humains;
> Degenerans des premiers,
> Comme venus les derniers,
> Par un art mélancolique
> Trahirent avec grand soin
> Les vers esloignez bien loin
> De la sainte ardeur antique (¹).

. . . .

Il n'appartient qu'aux Horace, même qu'aux Ronsard et qu'aux Garnier, comme je montrerai quelque jour, de suivre les traces lumineuses de ce grand poëte (Pindare), qui est toujours dans les nues et qui voit presque tous ses imitateurs ramper sur la terre.

(Bibl. du Louvre, Colletet, *Hist. des poëtes françois*, t. VI.)

L

FRANÇOIS TILLIER,

Né en Touraine.

Ce n'est pas qu'il ait également réussi dans tout ce qu'il a fait puisque, après avoir com-

---

1. Edition de M. Blanchemain, t. II, p. 88.

posé des vers grecs et latins que les sçavants hommes de son siècle approuvèrent et qui peuvent être encore approuvés de la postérité, il se voulut mêler de composer des vers françois que Pierre de Ronsard, quoiqu'il fût alors son voisin et peut-être son ami, puisqu'il parle de lui partout si magnifiquement, ne jugea pas sans doute dignes de la lumière du jour. Aussi, comme il n'y a qu'un seul soleil au monde, il est bien difficile qu'une seule province soit capable de porter en même temps deux excellents poëtes. C'est un effort que la nature ne fait que rarement et un miracle de son tems adorable à tous les siècles.

. . . .

Parmy ses vers en langue étrangère, il y inséra quelques uns de ses vers en langue vulgaire comme ce poëme d'assez longue haleine qu'il dédie à François de Bourbon, prince dauphin, et qui commence de la sorte :

Esclave de malheur, plein de soucis divers. . . . .

Et le reste dont le style traînant et dur au possible témoigne assez que la poësie françoise était aussi peu son talent que la poësie latine était celui de Ronsard.

(Bibl. du Louvre, Colletet, *Hist. des poëtes françois*, t. VI.)

LI

JACQUES DE LA TAILLE,

Né à Boudaroy, au pays de Beauce, l'an 1542.

Jean de la Taille, en parlant de lui dans une

de ses épîtres préliminaires adressée à François d'Angennes, chevalier, seigneur de. . . . . . dit que ce jeune poëte, son frère, s'estoit acquis déjà la gravité de Ronsard, la facilité de du Bellay et la promptitude de Jodelle.

(Bibl. du Louvre, Colletet, *Hist. des poëtes françois*, t. VI.)

LII

ARNAUD SORBIN,

Né, vers l'an 1532, à Monthet en Quercy, province de Gascogne.

Plusieurs savants hommes du siècle précédent et du nôtre même ont parlé de luy avec éloge. Entre les autres, Pierre de Ronsard lui adressa un sonnet sur la vie du roi Charles IX, qui se trouve au frontispice de ce livre et parmi les épitaphes même de ce grand poëte qui étoit de ses amis.

(Bibl. du Louvre, Colletet, *Hist. des poëtes françois*, t. VI.)

LIII

MAURICE SCEVE,

Né à Lyon.

Pierre de Ronsard a parlé fort avantageusement de luy dans ses œuvres, jusques-là mesme que Claude Binet, dans la vie de ce prince de nos poëtes, dit qu'il luy donnoit un des premiers rangs entre ceux qui avoient en France commencé à bien escrire.

. . . .

Louis Le Caron, dit Charondas, dans son poëme intitulé *le Ciel des Grâces*, imprimé avec ses autres poésies, l'an 1554, luy donne un rang honorable parmy les poëtes sacrez de son siècle :

> Qui vous a ravis aux cieux,
> Ronsard, Saingelais, Jodele,
> Sceve, Bellay gracieux,
> Esprits de gloire immortelle, etc.

. . . .

La Croix du Maine, Antoine du Verdier, Georges Draude et l'auteur du promptuaire des livres françois, ont dans leur bibliothèque parlé de luy avec beaucoup de defférence, l'appelant homme docte, grand en sçavoir, excellent poëte et orateur de son tems, grand rechercheur de l'antiquité, esprit esmerveillé, doué d'un grand jugement et plein de singulières inventions ; que pourroit-on dire daventage d'Aristote ou d'Homère, de Virgile ou de Ronsard, de l'Arioste ou du Tasse ?

(Bibl. du Louvre, Colletet, *Hist. des poëtes françois*, t. VI).

LIV

ESTIENNE TABOUROT,

Né à Dijon.

Certes mon tesmoignage me semble de fort peu de poids auprès de celluy des grands hommes. Je mets en ce rang Estienne Pasquier que j'ay connu et qui m'a aymé dès ma plus tendre jeunesse. Voicy comme il parle *des Bi-*

garrures de Tabourot dans une de ses lettres meslées, liv. 8, let. 12, qu'il addresse à l'autheur :

« J'ay leu vos belles Bigarrures et les ai leues de
« bien bon cœur, non-seulement pour l'amitié que je
« vous porte, mais aussy pour une gentillesse et une
« naifveté d'esprit dont elles sont plaines, ou pour
« mieux dire pour estre bigarrées et diversiffiées d'une
« infinité de beaux traits, » et il ajoute à cela un souhait que j'ay faict quelquefois aussy bien que luy :
« j'eusse souhaitté, dit-il, qu'à la seconde impression
« on n'y eust rien augmenté. S'il m'est loisible de
« deviner il me semble que l'on y a augmenté plusieurs
« choses qui ne se ressentent en rien de vostre naïf et
« croirois fort aisément que c'eust esté quelque autre
« qui vous eust presté cette nouvelle charité. »

Je veux mal à ceux qui s'ingèrent de mesler leurs pensées à celles d'autruy. Certes il n'y a toujours eu que trop de ces regratteurs de livres, et je souhaitterois encore qu'il y eust un officier à gage qui prist le soin de voir si dans les éditions nouvelles des ouvrages des excellents hommes on n'y adjoute rien qui ne soit pas de leur creu et qui soit contraire à leur génie ou indigne de leur réputation. A ce propos, je diray icy la protestation solennelle que je fis un jour à la fameuse mademoiselle de Gournay que j'honore fort d'ailleurs : elle s'advisa de faire réimprimer quelques poëmes de Ronsard, et entre les autres celluy qui commence par ces mots :

Que Charles l'empereur, qui se donne en songeant
Tout l'empire du monde, etc.

avec une grande et flatteuse préface par laquelle elle donnoit advis au lecteur qu'elle avoit recouvré une nouvelle coppie des œuvres de Ronsard toute corrigée de sa main propre, et que suivant ces corrections elle communiquoit deux ou trois pièces au publicq en attendant toutes les autres aussy corrigées de l'autheur, ce qui estoit supposé, car il ne tomba jamais de coppie entre ses mains des œuvres de Ronsard avec ses corrections, comme elle m'advoua franchement elle-mesme, mais c'est qu'elle croyoit rendre un bon office à la mémoire de ce grand poëte d'accomoder son style au style de ce temps, de changer quelques mots et quelques phrases qu'elle croyoit un peu rudes, et de réduire quelques unes de ses rimes licentieuses à la superstition de notre siècle. Après tout, quelque soin qu'elle y apportast, les vers de Ronsard, dans leur naturel, ont je ne sçay quelle vigueur et je ne sçay quel esprit qui ne se rencontre pas dans les corrections qu'elle avoit faittes elle-mesme et qu'elle vouloit faire passer à la postérité pour estre de Ronsard.

(Bibl. du Louvre, Colletet, *Hist des poëtes françois*, t. VI.)

LV

SCALION DE VIRBLUMEAU,

Sieur de l'Ofayet, né dans le voisinage de Boufflers.

Voici le premier de ses sonnets pour Angélique :

> Cil qui voudra cognoistre le pouvoir
> D'un arc d'acier, d'une flesche pointüe,
> Quel feu cuisant dans mon cœur s'esvertüe,
> Ce que l'effort contre amour peut valoir,
>   Quelle vigueur il me fait recevoir,
> Comme il me fait vivre et comme il me tüe,
> De quels assauts mon âme est abattüe,
> Vienne vers moy affin de le sçavoir;
>   Il cognoistra par physionomie
> La cruauté, la tempeste et furie
> D'un traistre archer, et voiant ma couleur
>   Il trouvera qui la rend aussi blesme,
> En cognoissant qu'une beauté supresme
> Est le motif de ma peine et douleur.

Voilà certes une très-mauvaise copie d'un excellent original. Il n'y a personne, pour peu versée qu'elle soit dans notre poësie françoise, qui ne voie clairement qu'il a voulu imiter le premier sonnet des amours de Ronsard pour Cassandre, qui commence ainsi :

> Qui voudra voir comme amour me surmonte, etc.

Mais non-seulement il l'a imité dans ce sonnet, mais c'est encore à son exemple qu'il a composé le premier livre des amours d'Angélique en vers décasyllabes, comme les deux derniers livres en vers alexandrins, ordre que Ronsard avoit tenu dans ses trois livres des amours de Cassandre, de Marie et d'Hélène.

(Bibl. du Louvre, Colletet, *Hist. des poëtes françois*, t. VI.)

LVI

CLÉMENT DE SAURS,

Né à Gaillac, en Guienne.

Son recueil de poësies contient des sonnets, des odes, des élégies et plusieurs autres poëmes amoureux qu'il composa pour une dame qu'il aimoit et qu'il appelle Jeanne. Et en cela son intention étoit de l'éterniser à l'égal des Cassandre et des Diane de Ronsard et de Desportes. Mais certes il en fut bien éloigné puisque le nom de sa maîtresse et le sien même sont morts éternellement avec son livre, si ce n'est par hazard qu'ils ressuscitent dans le mien. Mais comme je suis en possession de rapporter toujours ici quelque chose de nos poëtes dont je parle, voici le premier des sonnets amoureux de celui-ci :

    Qui voudra voir, exempt de sa rigueur,
Quel est l'amour, quelles sont ses flamesches,
Quel est son arc et quelles sont ses flesches,
Qu'il vienne voir l'enfer de ma langueur.
    Qui voudra voir sous les pieds d'un vainqueur
Un flanc percé de mille et mille bresches,
Et comme encore un chaut désir desseche
D'un pauvre amant et le sang et le cœur ;
    Vienne vers moy, et contemplant la cendre
De la raison d'une jeunesse tendre,
Pleure mon sort et blâme ce pervers.
    Il verra lors son trophée et sa gloire
Pendus à l'œil qui causa sa victoire
Et la fureur des assauts dans mes vers.

C'est une chose étrange que le premier sonnet de Ronsard, qui commence ainsi :

> Qui voudra voir comme amour me surmonte, etc.

ait fait tant de mauvais singes! Vous diriez que la plupart de ceux de son temps, et après son temps même, n'eussent seû par où débuter leurs sonnets amoureux s'ils n'eussent eu celui-là pour règle et pour modèle. Mais, ô misérables copies, que vous êtes aussi éloignées du mérite de cet original qu'un simple grotesque commencé est éloigné des portraits achevés de Michel-Ange!

(Bibl. du Louvre, Colletet, *Hist. des poëtes françois*, t. VI.)

LVII

RONSARD ET PHILIBERT DE LORME.

Ronsard avait fait une satire intitulée *la Truelle crossée*, dans laquelle il se plaignait que les faveurs du roi, les bénéfices fussent pour les maçons, tels que Philibert de Lorme, architecte des Tuileries.

De Lorme, pour se venger de cette injure, fit un jour fermer l'entrée du palais à Ronsard, qui suivait la reine-mère. M. de Sarlan la lui fit immédiatement ouvrir, mais le poëte fit écrire en grosses lettres sur la porte les trois mots : *Fort. Reverent. Habe*, premier vers abrégé d'une épigramme d'Ausonne, commençant ainsi :

> Fortuna reverenter habe
> Cuicunque repente
> Dives..........

Quelque temps après la reine vint à sortir accompagnée de plusieurs gentilshommes, entre autres Ronsard et de Lorme. Elle demanda à Ronsard ce que pouvait signifier cette inscription, et le poëte l'interpréta finement à la grande confusion de l'architecte. Cette aventure est racontée par Binet dans sa vie de Ronsard.

LVIII

JEAN BERTAUD.

Jean Bertaud vivoit du temps de Ronsard et de Philippe Desportes ; mais il estoit plus jeune que le premier. Il disoit ordinairement qu'il devoit à Ronsard tout ce qu'il savoit de la poësie : qu'à l'âge de seize ans il estoit devenu amoureux de ses ouvrages ; mais qu'ayant trouvé beaucoup de difficulté à l'imiter, il avoit senti plus de facilité à imiter Desportes. Des personnes fort intelligentes en ces matières jugent que Bertaut s'est fait un chemin particulier entre Ronsard et Desportes ; qu'il a plus de clarté que le premier, plus de force que l'autre et plus d'esprit et de politesse que tous les deux ensemble. Bertaut a fait diverses poësies sur des sujets de piété. Il en a fait aussi quelques unes de galanterie en sa jeunesse, qu'il a publiées en sa vieillesse, dont on le blâme avec raison. Mais on remarque qu'il estoit fort retenu, en comparaison des poëtes de son tems. C'est un reproche que luy faisoit mesme Ronsard, si on en croit Regnier, neveu de Desportes, qui dit dans une satire adressée à Bertaut, qui estoit pour lors evesque :

Mon oncle m'a conté que montrant à Ronsard
Tes vers étincelans et de lumière et d'art,
Il ne sceut que reprendre en ton apprentissage,
Sinon qu'il te jugeoit pour un *Poete trop sage;*
Et toi au contraire, on m'objecte à péché
Les humeurs qu'en ta muse il eût bien recherché,
Aussi je m'émerveille au feu que tu recelles,
Qu'un esprit si rassis ait des fougues si belles.

Le cardinal du Perron disoit que Bertaut estoit un poëte fort poli et que ses vers estoient ingénieux; d'autres ont dit qu'il avoit la veine heureuse, facile et pure. Quelques uns ont écrit que Bertaut avoit rendu sa poësie surprenante par ses pointes; qu'il avoit puisé dans Sénèque l'art de toucher vivement les esprits. Enfin on a observé qu'il avoit profité de la disgrâce de Ronsard et que l'exemple de ce fameux poëte l'avoit rendu plus retenu que les autres poëtes de son temps.

Bertaut a fait quelques couplets de chanson très-beaux; celui-cy a esté remarqué particulièrement :

Félicité passée
Qui ne peux revenir,
Tourment de ma pensée,
Que n'ai-je en te perdant perdu le souvenir!
Hélas, il ne me reste
De mes contentements
Qu'un souvenir funeste,
Qui me les convertit à toute heure en tourment.
Le sort plein d'injustice
M'ayant enfin rendu
Ce reste un pur supplice,
Je serois plus heureux si j'avois tout perdu.

(Bibl. impériale, fonds français, 17005).

LIX

LES ARMES DES SANZAY.

En 1560, Jean Le Féron, roy d'armes de France, établissoit avec René de Sanzay la généalogie de la maison de Sanzay composée de près de cinquante degrés, avec les noms, prénoms et blasons des femmes qui y étaient alliées. Ce travail existe aux manuscrits de la bibliothèque de l'Arsenal sous le numéro 737. Ronsard avoit composé, pour paraître en tête de ce recueil, une élégie publiée par M. Prosper Blanchemain dans le *Bocage royal*, t. III des Œuvres complètes, p. 389. Au verso du premier feuillet du manuscrit in-folio sur parchemin, contenant l'histoire des Sanzay, au dessous d'un espace réservé pour des armoiries sont écrits ces neuf vers :

« René mon nom. — Sanzay c'est ma maison. — Mes [armes,
« Le chiquier que tu vois. — Aux martiaux alarmes,
« *Sans ayde!* c'est mon cry. Je porte en mes bannières
« Les armes de Poictou qui furent mes premières ;
« Et à ce que tout soit fatal et que je face
« Renaistre comme Ænée en moy René ma race,
« Le riche rameau d'or d'Hécate trois fois double.
« Pour devise j'ay pris : que rien donc ne me trouble.
« Ainsy, voire au travers de tout enfer, on passe.

Ils paraissent être de Ronsard comme l'élégie (1).

---

1. Voir notre brochure intitulée : *Quelques vers inédits de P. de Ronsard*, Paris, 1867, in-8°, chez A. Aubry, 15, rue Dauphine.

LX

LE CARDINAL DU PERRON.

Quand Ronsard mourut, on l'enterra sans pompe dans l'église de son prieuré de Saint-Cosme; mais, l'année suivante, ses amis et ses admirateurs célébrèrent sa mémoire dans une grande cérémonie qui eut lieu dans la chapelle du collége de Boncourt, toute tendue de noir et décorée des armes de la maison de Ronsard. Après une messe en musique chantée *par l'élite de tous les enfants des Muses*, Du Perron, depuis archevêque de Sens et cardinal, prononça son oraison funèbre.

Le roi Henri III, connoissant la vivacité de son esprit, avoit pris Du Perron à son service et luy donnoit, pour estre son lecteur, 1200 escus de pension. Il suivit le Roy à Tours et, après sa mort, le cardinal de Vendosme, faisant grand estat de sa doctrine, le mena avec luy à la cour de Henry le Grand, après la prise de Chartres. Il eut toujours avantage sur les ministres de la R. P. R. (¹), à Mante, ce qui luy procura un accès favorable auprès du roy et on luy attribue d'avoir persuadé peu à peu la connoissance de la vérité à ce prince qui luy fit abjurer l'hérésie. Il fut envoyé pour sa réconciliation avec Clément VIII et, à son retour, il remporta un grand avantage dans la conférence qu'il eut avec le sieur Du Plessis Mornay. Il fut fait cardinal et,

---

1. La R. P. R. La religion prétendue réformée.

après la mort de Renaud de Baune, nommé archevesque de Sens et grand aumosnier de France. Il mourut au commencement de septembre, l'an 1618.

Perrault a fait de lui un pompeux éloge dans son recueil des hommes illustres du XVIIe siècle.

(Bibl. impériale, Ordre du Saint-Esprit, 1604, n° 16, fo 8201, et Mercure françois, t. 5, p. 269).

LXI

RONSARD AUX JEUX FLORAUX.

L'académie des jeux floraux de Toulouse avait d'abord décerné à Ronsard l'églantine d'or. Mais elle ne crut pas la récompense à la hauteur du talent et lui envoya une Minerve d'argent massif de grand prix que Ronsard offrit à Henri II. Voici un extrait des procès-verbaux de l'académie des Jeux floraux qui l'atteste; il a déjà été publié par le Bulletin de la Société archéologique du Vendomois, à laquelle l'avait communiqué M. P. Arnoult.

VIe livre des Conseils de la Maison de ville de Tholose.

— F° 372. —

Du troisiesme jour du mois de may mil cinq cens quatre vingtz six, dans le consistoire des conseilz de la maison de ville ou estoient assistans Messieurs de Garaud, des Vignaulx, de Roux, Espie, de la Roque, d'Aiguesplas, Tournier et Marcelot, capitoulz,

Par ledict sieur de Garaud, capitoul, auroict esté remonstré qu'estans lesdictz sieurs de Vignaulx, de Roux, Marcelot et luy assemblés avec messieurs les mainteneurs et maistres ez jeux fleuraulx dans le consistoire des comptes pour délibérer sur le jugement et despartement des fleurs à ceulx qui ont récité leurs poëmes la presente année, auroict esté par aulcuns desdictz seigneurs représenté comme en l'année mil cinq cens cinquante quatre en pareille assemblée la fleur de l'Eglantine feut adjugée à Pierre de Ronsard pour son excelent et rare sçavoir pour l'ornement qu'il avoict appourté à la poésie françoise et que le prix d'icelle avoict esté converti en une Pallas d'argent quy luy feust envoyée de la part dudict collége et des capitoulz dont, estant estimé ledict Ronsard bien fort honnoré, il en auroict rendu action de grâces et par autres infinis tesmoignages qui se treuvent parmy ses œuvres faict connoistre combien ce présent luy auroict esté agréable; que tenant, aujourd'huy, Jehan Anthoine de Baïf, au jugement des plus sçavans de ce royaulme, le premier rang entre les poëtes par le décès dudict Ronsard, tant pour estre le plus antien de tous que pour estre celuy qui par la cognoissance des deux langues grecque et latine, a grandement enrichi nostre langue et poësie françoise, de sorte qu'ayant esté l'affaire mise en délibération, de l'advis de tout le collége auroict esté arresté que les troys fleurs, suyvant la coustume, seroient distribuées aux troys qui se trouveront avoir récité les poëmes les plus doctes pour ne les frustrer du loyer qu'ils attendent de leur labeur, et pour leur donner cueur de faire mieulx à l'advenir, et au surplus qui audict Baïf seroict faict ung honneste present de la valeur de cent livres, à quoy touttefois ils n'auroient voulu consentir que premièrement n'en eussent communiqué avec leurs compaignons, les a priés maintenant qu'ilz sont tous ensemble de y voulloir meurement délibérer et leur en dire leur advis affin d'en pouvoir resoudre l'assemblée.

A esté arresté que attendu le lieu et rang que tient au jourd'huy Mre Jehan Anthoine de Baïf entre les poëtes et hommes sçavans de ceste aige, et pour avoir esté le mesme faict auttrefois à Mre Pierre de Ronsard, sera audict de Baïf faict présent en argent jusques à la somme de cent livres, tel que ledict collége ordonnera.

LXII

RONSARD ET ESTIENNE DU TRONCHET.

Dorat parloit à Ronsard d'Estienne du Tronchet, qui avoit une fort belle écriture, et lui disoit : « C'est un excellent *auteur*. — Dites *écrivain*, » repliqua Ronsard.

(Lacroix du Maine, art. d'Estienne du Tronchet.)

CHAPITRE VI.

PIÈCES JUSTIFICATIVES.

N° 1.

Acte capitulaire du 8 août 1547, qui confirme une fondation pieuse de la famille de Ronsard, faite au profit de l'église des Augustins de Montoire.

Pierre Garente, vicaire général, Vincent Jourdain, provincial docteur en théologie de l'ordre de Monseigneur Saint-Augustin, et autres docteurs deffiniteurs, soubsignez, duement congregez et assemblez au chapitre provincial tenu et célébré au couvent Monseigneur Saint-Augustin de Montoire, pour traicter et déterminer les négoces et affaires du dict chapitre et mesmement du couvent du dict Montoire, à tous ceulx qui ces présentes verront, salut :

Comme, dès le vingt-sixiesme jour de janvier, l'an mil quatre cens soixante et trois, au chappitre du dict couvent de Montoire (¹), faict et tenu en présence

---

1. Cette maison d'Augustins avait été fondée, en 1427, par les libéralités de Louis de Bourbon, comte de Vendôme (De Pétigny, *Histoire archéologique du Vendomois*, p. 329).

des frères de tout le convent, pour ce congregez et assemblez, ait esté donné et légué aux dicts frères et convent du dit M^{re} par noble homme Olivier Ronssart, eschansson du Roy, nostre sire (¹), et seigneur de la Poissonnière, la somme de quarante escuz d'or du coing du Roy, nostre sire, oultre autre legs de augmentation faicte au dict convent par le dict Ronsart pour fondation et dotation d'une messe de Nostre-Dame, à icelle dire et célébrer, par chacun jour de sabmedy pour le salut et remède des âmes d'icelluy Olivier et de ses amys trespassez, ainsy que nous a faict apparoir noble et puissant messire Claude de Ronssart, chevalier, seigneur de la dicte seigneurie de la P^{re}, le Portais, la Rastelerie, et l'un des cent gentilzhommes de l'hostel du Roy, nostre sire (²), par acte et instrument expédié au chappitre tenu au dict convent de Montoire, le 26ᵉ jour de janvier l'an 1463. Lequel messire Claude de Ronssart, meu de dévotion et ne voulant aucunement *prétermectre* (³) l'intention du dict deffunct Olivier Ronssart, son aïeul paternel, ains à tout son pouvoir l'observer et tenir, nous a requis que voulussions auctoriser, louer, rattifier et approuver la dicte fondation de la dicte messe faicte par son aieul; et affin que plus certainement l'on en puisse avoir congnoissance que la dicte messe soit dicte le dict jour de sabmedy à l'heure de sept heures ou certaine autre, en la chappelle Saint-Saulveur où elle a de coustume estre dicte, et à icelle sonner la grosse cloche par sept *gobetz* (⁴), et que celluy qui célébrera la dicte messe dira, après l'Offertoire, le pseaulme de *De Profondis*, avecque l'oraison et collecte *Inclina* et *Fidelium* et exhortera le peuple assistant de

1. Louis XI.
2. François Iᵉʳ.
3. Oublier, négliger.
4. Coups, tintements.

dire *Pater* et *Ave* pour l'âme du dict Olivier de Ronssart, fondateur, et de ses parens et amys vivans et trespassez, et que, pour augmentation d'icelle fondation, et aux charges dessus dictes, *il* ([1]) donneroit et aulmonneroit voluntiers aux dicts religieux et convent du dict M[re] la somme de vingt escuz d'or soleil ([2]), de quarante-cinq solz tournois pièce; sçavoir faisons que, après meure délibération et après la matière avoir esté traictée en nostre dict chappitre provincial, considérant la pouvreté et indigence du dict couvent de Montoire, et inclinans à la requeste du dict messire Claude de Ronssart, chevalier, avons auctorisé, loué, gréé, ratiffié, etc.

En tesmoing de ce, avons signé ces presentes de nos seings manuels cy mis, le huictiesme jour d'Aoust, l'an mil cinq cens quarante et sept, et apposé le seel de nous, vicaire et provincial

(Copie faite au XVIe siècle sur parchemin. Cette pièce est adirée en plusieurs endroits, mais il est facile de suppléer à ce qui manque; elle se trouve aujourd'hui dans la liasse unique des Augustins de Montoire, aux archives de la préfecture de Loir-et-Cher).

N° 2.

Testament de Louis de Ronsart, neveu de l'illustre poëte, en 1578.

Du 13° jour du mois de mai, l'an 1578, par devant nous, si[r] Mory, n[re] r[al] dem[t] à Argentré, près Laval, fut présent en sa personne hault et puissant seigneur messire Louis de Ronssart, ch[er] de l'ordre du Roy nostre sire ([3]), seigneur de la P[re], gouverneur de

1. Claude de Ronssart.
2. Les écus de ce temps portaient un soleil pour effigie.
3. C'était l'ordre de Saint-Michel, institué par Louis XI en 1469. L'ordre du Saint-Esprit ne fut établi qu'en 1579 par Henri III.

Vendosmois, sain d'ent͡ et d'esprit, grâce à Dieu, touteffois détenu de malladie corporelle, précognoissant qu'il fault mourir, qu'il n'est rien plus certain que la mort, et que l'heure d'icelle est incertaine, ne voulant décedder impourveu de test͡ et derrenière vollonté, le faict et ordonne aujourd'huy, en la forme et manière qui ensuit. — Et premièr͡ : *In nomine P^{is} et F^{ii} et sp. s^{tu} amen.* Le dit seigneur de Ronsart recommande son âme à Dieu le pére, à Dieu le fils et au benoist Saint-Esprit, à la glorieuse vierge Marie, à Mr St Jehan, St Pierre, Mad^e saincte Barbe et à toute la compaignie des saincts, priant et requérant à Dieu, quand luy aura pleu faire séparation de son âme et corps, qu'il plaise à toute la compaignie de Paradis recepvoir sa dicte âme en la gloire perdurable de Paradis. Veult aussy et ordonne que son dict corps soit ensépulturé et inhumé en l'église paroichiale de Cousture, au lieu où sont ses pères et autres prédécesseurs, et son cœur soit porté et inhumé en l'abbaye de *Saincte-Larme* (1), à Vendosme, au lieu où plaira à Mgr l'abbé et religieux du dict lieu; et quant au luminaire et au service, le dict testateur du tout s'en remet et laisse en la bonne volonté et disposition de dame Anne de Bueil (2) son espouse. Item veult et ordonne le dict seigneur testateur a tousjours, mais à la dicte dame Anne de Bueil, son espouse aujourd'huy, tous et chascuns ses biens tant meubles que immeubles, suivant la coustume du pays où sont les dictes choses sizes et scituées, et au moyen qu'elle ne soit renonçante à communauté. — Item veult et ordonne le dict seigneur à Denis Guetret, son serviteur et homme de chambre, ung septier de bled seigle, mesure du dict

---

1. La Trinité de Vendôme où l'on gardait précieusement un reliquaire contenant, disait-on, une des larmes que Notre Seigneur Jésus-Christ versa sur le tombeau de Lazare, suivant le récit évangélique.

2. Famille de Touraine.

Cousture (¹), à continuer et bailler chascun an au jour de l'*Angevine* (²). Plus donne au dict Guetret un jeune cheval appellé le *jeune Courtaux*, lequel cheval il a achepté de Baptiste Du Bournays. Plus donne au dict Guetret la somme de vingt escus soleil, à une fois payée. Davantage, le dict seigneur donne au dict Guetret le plus beau et le meilleur de ses accoustremens, hault de chausse, pourpoinct et ung ristre, à choisir par le dict Guetret sur tous les accoustrements du dict seigneur testateur. — Item donne à Richard Picquart, son lacquest, six escus soleil à une fois payéz; à Jehan Blaiseau, son serviteur et palfrenyer, la somme de dix escus soleil, aussy à une fois payée. — Plus donne à Marin Chauvin, son vanneur, la somme de dix escus aussy à une fois baillée. — Item donne et veult qu'il soit baillé à l'abbaye et convent des Augustins de Montoire, à une fois payée, la somme de 33 escus ung tiers, pour prier Dieu pour le remède de son âme et des âmes de luy, de ses amis vivans et trespassez. — Item veult qu'il soit dict et cellébré en la dicte abbaye de la Trinité de Vendosme, tous les dimanches d'ung an (³), que son cœur y sera inhumé, une messe à haulte voix, de l'office des Trespassez, par les religieux de la dicte abbaye,

---

1. Couture mesurait les grains à la mesure de Montoire, c'est-à-dire, au setier et au boisseau. Le setier contenait douze boisseaux et le boisseau pesait 25 livres. Un setier de blé de Couture contenait, en mesures métriques, 2 hectolitres, 3 litres, 4 décilitres

2. Le 8 septembre, fête de la Nativité de la Sainte-Vierge, on disait aussi *Notre-Dame l'Angevine* : c'était à la fois une des grandes solennités religieuses du pays et un terme de paiement, stipulé dans les transactions civiles; ainsi s'affirmait la dévotion populaire envers Marie. (Bodin, *Recherches sur Angers*, t. I, p. 73, et *Notre-Dame de France*, par le curé de Saint-Sulpice, t. III, p. 188). On sait d'ailleurs qu'une partie du Vendômois suivait la coutume d'Angers.

3. La première année seulement.

et, pour ce faire, veult qu'il soit baillé et dellivré aux dicts religieux la somme de dix-sept escus (¹). — Item veult et ordonne que la somme de 33 escus 1/3 (²) soit donnée, baillée et délivrée aux religieux et convent de Mgr Saint Dominique de Laval, à une fois payée, à la charge que, en leur église, ils chanteront une messe à haulte voix, le long d'ung an et par chascun jour, pour le remède de l'âme du dict testateur et de tous ses amis trespassez, et que, des dicts 33 escus 1/3, en soit baillé et dellivré 10 escus à François Dominique, religieux du dict convent et confesseur du dict testateur, pour subvenir à ses affaires et nécessitez particullières. — Item veult et entend qu'il soit dict et cellébré en la dicte abbaye et convent des Augustins de Montoire à tousjourmais, toutes les semaines, une grant messe de l'office des trespassez pour son intention de luy, ses amis vivans et trespassez; et, pour la continuation et entretien d'icelluy service, veult et ordonne et donne à tousjoursmais à la dicte abbaye et religieux, presens et futurs le nombre de deux septiers de bled seigle, mesure du dict Cousture, par chascun an, à bailler au jour et terme d'*Angevine;* au semblable soit baillé et dellivré à la dicte abbaye des Augustins de Montoire la somme de 33 escus 1/3 d'escu, après son deceds. — Item ordonne qu'il soit baillé et dellivré à trois prestres qui de présent sont en la paroisse de Cousture, chascun une grande robe de prestre, à leur usage, et de drap noir. Plus veult et ordonne qu'il soit donné et dellivré au jour de son enterrement, à 1200 pauvres ung pain et ung sol, ou bien douze deniers en argent, et pareillement veult qu'il en soit donné et distribué le jour de son service, aultre pareille somme et nombre de pain, à pareil nombre de pauvres. — Item veult et ordonne qu'il

---

1. Une fois payée.
2. Revenant à 100 livres.

soit dict aussy en l'église parrochiale d'Argentré (¹), par le premier chapelain du dict lieu, tous les jours et le long d'un an, une messe à haulte voix, de l'office des Trespassez, à l'intention de lui, ses amis vivans et trespassez. — Item veult qu'il soit baillé à François Faisart la somme de 33 escus 1/3 à une fois payée, et pour ce faire, ordonne qu'il soit baillé et dellivré aux dicts prieur et chappellain du dict Argentré, la somme de 33 escus 1/3 d'escu. — Item veult et ordonne qu'il soit basty et faict au bout du parq de la maison seigneuriale de la Poissonnière une chapelle, dedans laquelle veult et ordonne qu'en icelle soit dict et cellébré à tousjourmais trois messes par sepmaine, et pour le paiement desquelles sera payé six blancs par chascune messe et à chascun prestre ; et, où (²) ne se trouveroit prestres pour les dire, l'argent des dictes messes sera donné aux pauvres pour prier Dieu pour luy, et auquel present son testament faire et parfaire ellist ses exécuteurs chascun de ses bien amez chevaliers, de très hault et puissans seigneurs messire Du Bellay (³), chevalier de l'ordre du Roy nostre sire, gentilhomme ordinaire de sa chambre, seigneur baron de la Flotte et d'Ambrudes, et très-noble Anthoine Chapiteau, seigneur de la Richardière, et Mᵉ Remy Fillastre, auxquels il prie affectueusement faire et parfaire le contenu de son présent, son testament. Et pour ce faire et accomplir les nantist et saisist de tous et chascuns ses biens meubles et immeubles presents et futurs et advenir, suivant la coustume de ce pays ; voulant qu'il sorte en son entier et force, dont la mort juge, et foy et condamnation. Et renonçant ; et faict et passé en la

1. Argentré, bourg dans le Maine, à peu de distance de Laval.
2. Dans le cas où...
3. Ami et compagnon d'armes du testateur et l'un des chefs de la ligue catholique dans le Vendômois.

maison seigneuriale d'Auterres (¹), présents maîtres François Marans, prestre vicquaire du chapitre, maître Michel Garreau, prestre; et René Brué, du dict Argentré à ce requis; signez en la minutte le dict testateur, Marans, Garreau et Brué, avecq nous Mory notaire.

(Expédition sur papier, signée du notaire instrumentaire Mory. — Autre copie sur papier du xvII^e siècle. Dans la liasse des Augustins de Montoire. Archives de la préfecture de Loir-et-Cher).

N° 3.

Arrêt condamnant Louis de Ronsard, sieur de Linoterie et Thurigny, comme roturier et usurpateur de noblesse, rendu à Orléans, le 19 août 1667.

De Ronsart.
Vendosme.
1500.

Copié sur la minute en papier.

Louis de Marchault, chevalier, conseiller du Roy en ses conseils, maistre des requestes ordinaire de son hostel et commissaire départi pour l'exécution des ordres de Sa Majesté en la généralité d'Orléans,

Veu l'arrest rendu au Conseil le xxij mars 1666 qui lève la surséance de la recherche des usurpateurs du titre de noblesse, nostre commission expédiée sur iceluy et autres lettres patentes et arrests données pour l'exécution des déclarations de Sa Majesté des viij février 1661, xxij juin 1664 et autres précédentes et encore l'arrest du 5 mai dernier, l'exploit de commandement fait par Brillard, huissier, le vingt-neuf octobre 1666, à la requeste de Me Mathurin de Lorme, chargé par le Roy de la ditte recherche, demandeur d'une part, à Louis de Ronsart, se disant

---

1. Auterres était près d'Argentré.

escuier, sieur de Linoterie et de Thurigny, demeurant es paroisse de Ponné (¹) et de Saint-Rimay, pays Bas-Vendosmois, eslection de Vendosme, deffendeur d'autre part, le dit commandement aux fins d'aporter et mettre dans huitaine au greffe de la ditte commission, les tiltres et actes en originaux en vertu desquels il prend la qualité d'escuier avec les arrests de maintenue si aucuns il a et les pièces sur les quelles ils ont été rendus.

Inventaire des pièces produites par ledit Ronsart par lequel il soutient qu'il est issu de noble race et qu'il est fils de Mʳᵉ Jean de Ronsart, vivant chevalier, seigneur de Glatigny et des dittes terres de la Linoterie et de Fleurigny et de damoiselle Helene de Percy son espouze, que le dict Jean étoit fils de Gilles de Ronsart, en son vivant escuier, sieur de Glatigny, escuier d'écurie du Roi, et de damoiselle Françoise de Taillevis, que le dict Gilles étoit fils de Claude Ronsart, vivant chevalier, seigneur de la Possonnière, que que le dit Claude étoit fils de messire Louis de Ronsart, chevalier, seigneur de la Possonnière, et de dame Jeanne Chaudrier, et que le dit Louis étoit fils d'Olivier de Ronsart, en son vivant escuier, et damoiselle Jeanne d'Illiers, et pour justifier des dits faits de généalogie raporte treize pièces y compris l'inventaire d'icelles; la première est un mandement et ordre du Roy Louis (²) du 2 mai 1477 adressé au bailly d'Amiens pour mettre en la main de Sa Majesté les lieux et seigneurie de Dandizières et de Betancour appartenans au sieur de Hannes réfugié en Flandre chez les ennemis du Roy et d'en donner le gouvernement à son cher et bien amé escuier d'escurie Olivier de Ronsart, signé : par le Roy, Vivier. La deuxième est une transaction passée entre Mʳᵉ Louis de Ronsart, chevalier, seigneur de la Possonnière et autres ses

1. Sans doute Poncé.
2. Louis XI.

frères et sœurs pour les raisons y contenues, passée par devant Le Mareux, notaire, le XX° janvier 1504. La troisième est le contract de mariage de M⁻ Louis de Ronsart, chevalier, seigneur des seigneuries de la Poussonnière (sic) et autres avec dame Jeanne Chaudrier, veuve de feu M⁻ Guy des Roches, chevalier, sieur de la Basne, passé par devant Martin et Mesnard, notaires en la cour de Saint-Aignan en Berry, le deux febvrier 1514. La quatrième est un contract d'aquisition faite par Claude de Ronsart, chevalier, seigneur de la Possonnière, de certains héritages que Louis de Ronsart, chevalier, seigneur du dit lieu de la Possonnière, son père, avoit donnés en mariage à François de Crévant et à dame Louise de Ronsart, passée pardevant Constantin, notaire en la châtellenie de Linge, le 3 avril 1545. La cinquiesme est un contrat de vente faite par noble et puissant seigneur Claude de Ronsart, chevalier, seigneur de la Poissonnière, à dame Catherine d'Alizon, veuve de feu noble homme Jean Viau, de quelques héritages y contenus, passé par devant Guérin, notaire au duché de Touraine, le 7 février 1548. La sixiesme est un contrat de vente faite par le dit Claude de Ronsart, chevalier, seigneur de la Poissonnière, l'un des cent gentilshommes du Roy, et de dame Catherine Thiercelin, son épouse, passé par devant Taffu, notaire, le premier juin 1550. La sixiesme est un autre contrat de vente faite par le dit Claude de Ronsart passé par devant Foussard, notaire, le vij juin 1553. La septiesme, certificat donné par le sieur de Beaumanoir, baron de Lavardin, au sieur Ronsart, qu'il a servi Sa Majesté en l'estat de Maréchal de camp, le dit certificat datté du xvj may 1594, signé : De Lavardin, et plus bas : par monseigneur, Guillermin. La huitiesme est un mandement envoié au sieur trésorier-général de l'extraordinaire des guerres de délivrer comptant au sieur Ronssart la somme de soixante-six escus deux tiers pour son estat et appointement d'ayde de maréchal de camp, le dit mandement datté du premier décembre 1592. La neufviesme est le rôle d'une compagnie de 30 lances fournies des ordonnances du Roy, sous la charge de monsieur de Fontaine, chevalier de l'ordre, conseiller au Conseil d'Estat privé de Sa Majesté, aresté en la ville de Vasne le xxviij novembre de l'année 1580, signé : Gilles de Ronsart, qui estoit Guidon. La dixiesme est le contract de mariage de noble homme Gilles de Ronsart, escuier, sieur de Glatigny, escuier d'escurie du Roy avec demoiselle Françoise de Taillevis, le dit Gilles de Ronsart assisté de noble et puissant messire Louis de Ronsart, chevalier de l'ordre, sieur de la Poissonnière, frère aisné du dit sieur de Glatigny, le dict contrat passé par devant Vié, notaire en Vendosmois le xvi may 1576. La unziesme est le contrat de mariage de Pierre de Tascher, escuier, sieur de la Pagerie, fils de défunt Isaacq de Tascher, vivant escuier, sieur du dit lieu de la Pagerie, avec demoiselle Jeanne de Ronsart, fille puisnée et héritière en partie de deffunt messire Gilles de Ronsart, vivant chevalier, seigneur de Glatigny, et dame Françoise de Taillevis, sa femme, la ditte Ronsart, assistée de la dite Taillevis veuve, du dit deffunt Gilles de Ronsart, sa mère, et de Jean de Ronsart, escuier, sieur de Glatigny, son frère aisné, le dit contract passé par devant Vié, notaire, le iij may 1619. La douziesme est l'extrait baptistaire du dit Louis de Ronsart, fait en l'église Saint-Laurent de la ville de Monthoire, Pays-bas-Vendosmois, le xxviij aoust 1641, et delivré par Girard, prêtre, vicaire de la ditte paroisse de Saint-Laurent, le dernier octobre 1666. La treiziesme et dernière est l'inventaire des dittes pièces signé Lasne, procureur du dit Louis Ronsart, sieur de la Linoterie, contredits fournis contre la production du dit de Ronsart par le dit de Lorme, et signiffiés par Magne, huissier, le xix juillet dernier, à maître Lasne, procureur au chastellet d'Orléans et du dit Louis Ronsard, sieur de la Linoterie. Conclusions du Procureur du Roy de la ditte commission auquel le tout a esté communiqué et tout considéré.

Nous, commissaire susdit, avons déclaré le dit Louis de Ronsart, sieur de la Linoterie, roturier et usurpateur du tiltre de noblesse; lui faisons deffences de prendre à l'avenir la qualité d'escuier ni aultres titres de noblesse. Ordonnons qu'elle sera rayée et biffée dans tous les actes où elle se trouvera qu'il l'aura prise, le timbre de ses armes rompu et brisé. Enjoignons aux assezeurs et collecteurs des tailles de l'imposer en leurs rôles et aux officiers et procureur du Roy de l'eslection d'y tenir la main à peine d'en répondre en leurs propres et privés noms, et pour avoir par le dict Ronsart induement pris la qualité d'escuier le condamnons en quinze cens livres d'amande et aux deux sols pour livre de la ditte somme à laquelle nous avons sous le bon plaisir du Roy modéré la dicte amande, condamnons en outre le dict Ronsart aux dépens modérés à seize livres parisis. Fait à Orléans le dix-neufviesme aoust seize cens soixante-sept (signé :) De Marchault (et plus bas :) Par mon dict sieur Chenudeau.

(Grosse sur papier, extraite des archives de M. A. de Rochambeau. Le papier et l'écriture sont du XVIIe siècle).

N° 4.

Foi et hommage rendu par Macé de Ternay, seigneur de Poulines et mari de Jeanne Ronsart, à noble homme Macé de Vimeur, seigneur d'Ambloy, 3 juin 1479.

Aujourd'huy en jugement noble homme, *Macé de Terné, écuyer seigneur de Pouline* et du lieu et appartenance de Montiron à cause de damoiselle *Jeanne Ronssart, son épouse*, a fait foy et hommage à noble homme, Mâcé de Vimeur, écuyer, seigneur de la seigneurie de Céans, telle qu'il luy doit et est tenu faire à cause de sa dite épouse pour raison du lieu et appartenance de Montiron tenu de mon dict seigneur à cause de la seigneurie de Céans à foy et hommage telle qu'elle est düe et que les prédécesseurs de la dite *damoiselle Jeanne Ronssart* ont accoutumé faire au dit seigneur d'Amblay. Le dit lieu et appartenance de Montireau, baillé et délaissé en partage au dit seigneur de Pouline, à cause de sa dite femme, par noble homme, *Louis Ronssart, écuyer, seigneur de la Poissonnière*, son frère aîné, et comme dessus le dict seigneur de Pouline a fait le serment de féaulté en tel cas requis et accoutumé à quoy mon dit seigneur l'a reçu sauf son droit et l'autruy, ce fait le dit seigneur de Pouline a finy et composé à mon dit seigneur de la seigneurie de Céans, pour le profit de fief et rachat à luy du ..... à cause du dit lieu et appartenance de Montiron, pour raison du mariage consommé *entre le dit seigneur de Pouline et la dite damoiselle Jeanne Ronssart*, son épouse, de la somme de dix-sept livres dix sols tournois et une pipe de vin payées à mon dit seigneur le jour de Noël prochain venant, condamnons le dit seigneur de Pouline de son consentement et en la dite maison. Sur ce sont compromis les chevaux de service dus et échus par cy-devant à mon dit seigneur pour raison du dit lieu et appartenances de Montiron et la demande desquels chevaux de service faite par le procureur de la terre au dit seigneur de Pouline s'est demande en guerre et n'y viendra répondre, pour tout enquis aux prochains plaids de Céans auxquels il est condamné bailler par aveu. Donné ès *Plaids d'Ambloy* tenus par nous Jean Gilles, Bailly du dit lieu, le tiers jour de juin l'an mil quatre cens soixante-dix-neuf. Signé : Gilles, avec paraphe sur l'original.

Collationné la présente copie sur l'original à nous représenté et rendu par les notaires royaux à Vendôme soussignés au sieur Philippe Lesourd, procureur fiscal de la seigneurie d'Ambloy appartenante à M. le président de Verthamon, demeurant au château et paroisse du dit Ambloy. Cy présent, après que la présente copie a été trouvée conforme à l'original et que le dit sieur Lesourd a signé pour notre entière décharge.

A Vendôme, ce dix-neuf août mil sept cent soixante-neuf, du matin.

  Courtin, Marganne, Lesourd.
       Notaire.

En marge est écrit :

Controllé à Vendome le 19 aoust 1769, reçu six sols six deniers.

        Buffereau.

(Parchemin extrait des archives de M. A. de Rochambeau.)

N° 5.

Extrait du contrat de vente de Fleurigny et Vauboion par Mre Louis de Ronsart à Mre André Neilz ([1]).

Le premier décembre seize cent quatre-vingt-trois, par devant Jean Mauclerc, notaire à Lavardin, et Robert Picheray, notaire à Prunay, en la ville de Lavardin.

Fut présent messire Louis de Ronsart, chevalier, seigneur de la Linotterie et Flurigny (*sic*), demeurant au dit lieu seigneurial de la Linotterie, paroisse de Prunay, en bas Vendomois, fils aîné et principal héritier de défunt messire Jean de Ronsart, chevalier, seigneur des dits lieux, et de damoiselle Hélène ([2]) de

---

1. Nous devons la communication de cette pièce importante à notre savant ami M. Ch. Bouchet, conservateur de la Bibliothèque de Vendôme.
2. Hélène est écrit deux fois Elaine dans l'acte.

Persy, sa femme, — et encore étant aux droits de damoiselle Claude de Ronsard sa sœur, à laquelle il a promis faire ratifier....... Lequel sieur du Ronsart (*sic*) baille à titre de rente foncière annuelle et perpétuelle....... et généralement par héritage, au profit de maistre André Neilz, lieutenant au Bas-Vendomois, demeurant à Montoire, le lieu, fief et seigneurie de Flurigny et aussi le fief de Vauboion, le tout situé en la paroisse de Saint-Rimay, et ailleurs, lesdits fiefs à haute, moyenne et basse justice... consistant le domaine de Flurigny en une masure servant autrefois de logement.

Item la garenne à coulis et refuis.

Item 3 septrées de terre en l'Aubrais,... etc. etc. Tenues lesdites choses de la châtellenie des Roches à foi et hommage simple. Cette baillée faite pour en payer par le preneur la somme de 225 livres de rente annuelle et perpétuelle à Mre Claude Brossier, curé de Villavard, ayant le droit de M. de Boissy, conseiller du roi, qui était aux droits des créanciers desdits défunts sieur et dame de Ronsard.

A la suite de l'acte est la ratification de la demoiselle Claude de Ronsard, fille majeure, demeurant paroisse de Saint-Arnoul, laquelle a déclaré ne pouvoir signer, de ce interpellée suivant la déclaration qu'elle en a cy devant faite et qu'elle a présentement faite devant nous et devant tesmoins..... attendu la défense qui lui a été faite de signer par un confesseur.

Cette ratification est du 9 décembre 1683. — A. Neilz y est qualifié sieur de Breviande, lieutenant au siége particulier du Bas-Vendomois.

Dans un appendice, la demoiselle de Ronsard déclare que la saisie qui fut faite en 1657, à la requête de Gilles Taureau, de la seigneurie de Flurigny et autres biens de ses père et mère, sur maître Louis de Ronsart, son frère, et Germain Tillier, son curateur, fut d'intelligence entre le dit sieur de Ronsard et le dit Thoreau, jadis son domestique, pour chose non due et pour empêcher les poursuites rigoureuses du sieur Ribier, créancier des successions de ses dits père et mère... a déclaré comme ci-dessus ne pouvoir signer et pour mêmes raisons.

(Original sur parchemin de 4 feuillets. Archives du domaine de Fleurigny, appartenant aujourd'hui à M. d'Harcourt de Tucé).

Extrait de l'aveu rendu à Louis-Joseph, duc de Vendôme, par André Neilz, pour raison de sa seigneurie de Fleurigny.

« De vous, très-haut, très-puissant et très-illustre prince, etc. Je, André Neilz, sieur de Fleurigny, Vaubouion, la Roche, les Tourelles et fiefs de Saint-Calais et d'Asnières, lieutenant de votre bailly de Vendomois et de votre maître des eaux et forêts, au siége particulier du Bas-Vendomois, à Montoire. Tiens et avoue tenir de vous, de votre baronnie de Lavardin, l'un des membres de votre duché, à foi et hommage simple, les choses ci-après.

Premièrement mon hôtel de présent en ruines.

. . . .

Item une pièce de terre située au lieu des Bourgaudières... qui était jadis toute en labour et ainsi exprimée par l'aveu qui fut rendu le 8 mars 1602 par Gilles de Ronsart à feu S. A. Mgr César de Vendôme et laquelle aujourd'hui est partie en vignes.

M* Louis Rouget, sieur de Monrieux, conseiller aux Grands-Jours de Vendomois, est mon homme de foi et hommage simple, pour raison de son fief, terre et seigneurie de Monrieux, appartenances et dépendances, situé en la paroisse de Naveil et ès-environs, sur les sujets duquel fief et sur ce qui lui appartient en plein fief et domaine, il a moyenne et basse justice avec les droits qui en dépendent, même droit de reliefs sur partie des choses qui appartiennent à ses sujets, tenues de son dit fief. Outre laquelle foi et hommage m'est dû pour raison desdites choses, cheval de service, rachapts, droit de quint et requint et autres droits et devoirs seigneuriaux, tels et quand ils échent par la coutume de Paris (*sic pro* : du pays).

Item, j'ai toute haute justice, moyenne et basse et tout ce qui en dépend... à cause de mondit hôtel, fief et seigneurie, en et sur toutes les appartenances d'icelui,... droit d'épaves tant mobilières qu'immobilières, aubenages et tous droits appartenant à haute justice, moyenne et basse, droit de contrainte sur mes sujets étagers tenants de moi nûment ou par moyen, de tourner, moudre à mon moulin.

Item, droit de reliefs, amendes et autres profits de fief... sur et pour raison des héritages et choses immobilières tenues de moi... Pour raison desquelles choses je vous dois et suis tenu faire ladite foi et hommage simple, avec cheval de service, rachapts et autres droits et devoirs seigneuriaux... Pour ce vous en rends et baille le présent mon aveu... En témoin de vérité j'ai signé le présent aveu de mon seing... le 4° jour de septembre 1686.

Signé : A. NEILZ. »

Suit la déclaration de Claude Lemaistre, ancien avocat au siège de Montoire, du 9 septembre 1686, attestant que A. Neilz est comparu et, en présence du procureur du roi et de Son Altesse, a présenté l'aveu ci-dessus. On ne dit pas si c'est à Montoire ou à Vendôme, mais c'est plus probablement à Vendôme. Ainsi Louis-Joseph était à cette époque dans cette ville.

N° 6.

Contrat d'une vente de terre faite par Charles de Ronsart à Pierre Thibaut, chapelain à l'église Saint-Gatien de Tours (1545).

Le vingtiesme jour de septembre l'an mil cinq cent quarante cinq, en la cour du Roy nostre syre, à

Tours envers..... No^res personnellement esté cy devant soubmiz. Noble homme Charles de Ronssart, escuyer, seigneur de Beaumont Brechenoy... lequel confesse avoir cejourd'huy vendu, cédé, quitté par ces présentes... vend déf... paternellement par heritaige à venerable et discrète personne maître Pierre Thibaut, prestre chapellain en l'église monseigneur Saint-Gatien de Tours à ce présent et acceptant pour lui c'est à savoir une pièce de noue appelée la noue de Vallaranne plus ung arpent au dit lieu telles qu'elles se poursuit et comporte, sans l'accroître ni rapetisser, plus vend le dit escuyer au dit achapteur comme dessus une pièce de terre labourable contenant trois quartiers ou joignant lesquelles choses d'un bout à Gontier Rebbe, d'autre bout au dit achapteur et au sieur Trollunt, d'un bout au chemyn lieudit de Beaumont à Verm... d'autre bout à la veuve feu Pierre Glet... lesquelles choses tenues audit Beaumont à quatre deniers tournois de cens payables par chaque an par ledit achapteur aujourd'huy à sa recepte dudit Beaumont..... La vendition faicte pour la somme de cent dix livres... pour le principal... etc.

(Expédition sur papier extraite des archives de M. A. de Rochambeau, le papier et l'écriture sont du XVIe siècle).

N° 7.

Contrat de mariage de Mre Philippe de Ronsart avec demoiselle Guionne de la Bonninière.

Le vingt neufvieme jour de juillet mil cinq cens cinquante cinq en la court du Roy nostre sire à Tours personnellement establiz et deuement soubmiz noble homme Phelippes Ronssart, escuyer, seigneur de Beaumont de la Ronce, d'une part, et damoiselle Olive Louault, curatrice de noble homme Jacques de la Bonnynière, seigneur des Chastelliers, et autorisée par justice, et damoiselle Guyonne de la Bonnynière, fille dudict Jacques et de ladicte Louault, d'autre part; lesqueulz ont congneu et confessé, congnoissent et confessent avoir faict et accordé les traictez, pactions, accords et convenances de mariage telz que sensuyt, sçavoir est que ledict Ronssart et Guyonne de la Bonnynière de l'auctorité, voulloir et consentement de ladicte damoiselle Olive Louault et de noble homme Michel Louault, escuyer, seigneur de la Court, oncle maternel de ladicte Guyonne, et de noble damoiselle Françoise Dargy, veufve de feu noble homme Jehan Thibault, en son vivant escuyer, seigneur de Bresseau, cousine germaine de ladicte Guyonne, à ce présens, se sont promis et promettent prendre par mariage sitost que l'un en sera par l'autre requis et que notre mère saincte église se y accordera. En faveur et contemplation duquel mariage, ladicte damoiselle Olive Louault, mère de ladicte Guyonne, tant en son nom que comme curatrice dudict Jacques, son mary, et autorisée par justice, a baillé, délaissé et transporté, baille, cède, délaisse et transporte ausdicts Ronssart et à ladicte Guyonne, sa fille, pour et en avencement du droict successif que icelle Guyonne pourra avoyr et prétendre ès successions desdictz Jacques et damoiselle Olive Louault, ses père et mère, les choses qui s'ensuyvent qui seront et demoureront le propre dot et patrimoigne de ladicte Guyonne. Sçavoir est :

Le fief, terre et seigneurye appellé la Grange de Bréhémont, ses appartenances et deppendances, et sans aucune chose en réserver ne retenir, sithuée en la parroisse Saincte Geneviefve de Maillé, plus troys mestairies ainsi qu'elles se poursuyvent et comportent, l'une appellée Vauchonay, l'autre le Pont, et la troisième Tout-lui-fault, ensemble la tierce partie des bois de Challonge, la Barre, la Gervaisye et la Pantière, et tout ainsi que ladicte damoiselle Louault les a cy-davant acquises et achaptées dudict Ronssart;

plus une maison et appartenances d’icelles appellée la maison de Beaumont, scituée en ceste ville de Tours, parroisse Sainct-Estienne, vis-à-vis de la porte neufve, plus les deux tierces parties par indivis dudict lieu de Challonge, que ladicte Louault a déclairé avoyr cy davant acquis de deffuncte noble dame Jehanne de Fromentières, en son vivant mère dudict Ronssart, pour la somme de seize cens livres tournoys. Et moyennant ce que ledict Ronssart a renoncé et renonce aux grâces et facultez qui pourroict avoir receues de redimer et ravoir lesdictes choses par luy vendues et aliénées à ladicte damoiselle Olive Louault pour et au prouffit de ladicte damoiselle Guyonne, sa future espouse, et en faveur et contemplacion dudict mariage touteffois dict et accordé par exprès entre lesdictes parties, que ladicte damoiselle Olive Louault aura sa vie durant, seullement l’usufruict de ladicte maison cy-dessus, située en ceste ville de Tours, et pareillement l’usufruict desdictes deux tierces parties par indivis dudict lieu de Chalonge avecques puissance et faculté, sa dicte vie durant seullement, de faire coupper et abattre des boys de hautte futaye dudict lieu de Chalonge, pour bastir (et) pour son chauffage ; plus ladicte damoiselle Louault delaisse audict Ronssart et à ladicte damoiselle Guyonne, la somme de trois mille livres tournoys, en laquelle ledict Ronssart est tenu et redevable envers ladicte damoiselle Louault, tant pour argent par elle payé pour et en l’acquict dudic Ronssart, que argent à luy fourny et baillé pour ses affaires, du vivant de deffuncte noble damoiselle Agathe Dumesnil, en son vivant femme dudict Ronssart, ainsy que ledict Ronssart a présentement recongneu et confessé ; moyennant laquelle somme ladicte damoiselle Louault a présentement quicté, deschargé et libéré ledict Ronssart de toutes et chacunes les choses qu’ilz ont eu affaire ensemble par avant ce jour, pour laquelle somme de troys mille livres tournoys, ledict Ronssart a dès à présent assigné et assis, assiet et assigne à ladicte damoiselle Guyonne, sa future espouse, la somme de cent cinquante livres tournoys de rente sur la terre et seigneurie de Beaumont de la Ronce qui demeure pareillement le propre dot et patrimoigne d'icelle Guyonne. Est aussi dict et accordé par exprès en faveur et contemplacion dudict mariage, et lequel aultrement n'eust esté faict, que là et au cas que ladicte damoiselle Guyonne décedde premier que ledict Ronssart, soyt qu'il y ayt enffans yssuz de leur dict mariage ou non, que en ce cas ledict Ronssart aura sa vye durant la jouissance et usuffruit desdictes choses cy-dessus délaissées par ladicte damoiselle Olive Louault ausdicts futeurs espoux mesmement de ladicte rente et que toutesfois ou cas que ladicte damoiselle Guyonne décedde sans enffans dudict mariage ou ledict Ronssart, en chacun de ses cas ledict Ronssart et ses héritiers demeureront deschargez, quictes et liberez de la moictyé de ladicte rente de cent cinquante livres tournoys, et quant à l'autre moictyé, sera admortissable en paiant a ung seul et entier paiement par ledict Ronssart ou sesdictz héritiers la somme de quinze cens livres tournoys à ladicte damoiselle Guyonne ou à sesdictz héritiers, troys ans après les décès de l'un ou de l'autre desdictz Ronssart et damoiselle Guyonne, et pareillement oudict cas des décès desdictz Ronssart et Guyonne sans enffans de leur dict mariage, pourront lesdictz Ronssart et ses dictz héritiers et leur est permis eulx aproprier des susdictes choses delaissées par ladicte damoiselle Louault et icelles retenir en payant et remboursant à ladicte Guyonne ou à sesdicts héritiers la somme de huit mille livres tournoys aussi dedans deux ans après le décès dudict Ronssart. Et pareillement en faveur dudict mariage, et lequel autrement n'eust esté faict, ledict Ronssart a donné, ceddé, délaissé et transporté, donne, cedde, délaisse et transporte à ladicte Guyonne la moictyé par indivis que audict Ronssart peult aperter et appartenir en plaine seigneurye et propriette en ladicte terre et seigneurye de Beaumont, ou cas et non autrement qu'il y ayt enffans yssuz de leur mariage et que lesdictz enffans survivent ledict Ronssart et la dicte damoiselle Guyonne; et ou cas que ledict Ronssart decedde sans enffans dudict mariage, ledict Ronssart en faveur que dessus, donne, cedde et transporte à ladicte Guyonne l'usuffruict entier, sa vye durant seullement, de ladicte moictyé que luy compecte et appartient en ladicte seigneurye de Beaumont, et oultre la somme de quinze cens livres tournoys jusques à la concurance de laquelle somme ledict Ronssart audict cas a dès à présent pour lors delaissé et transporté à ladicte Guyonne partye desdictes choses qui luy appartiennent en ladicte seigneurye de Beaumont pour en joyr par elle en plaine propriété, à la charge touteffois que les héritiers dudict Ronssart pourront et leur est permis oudict cas de rembourser ladicte Guyonne de ladicte somme de quinze cens livres pour la recousse de ce que ledict Ronssart delaisse de sa dicte terre et seigneurye à ladicte Guyonne pour ladicte somme de quinze cens livres tournoys; et ou cas que ladicte Guyonne decedde premier que ledict Ronssart et y ayt enffans yssuz de leur dict mariage, ledict Ronssart néantmoings aura la jouissance plaine et entierre, sa dicte vye durant, de ladicte moictyé à luy appartenant en ladicte seigneurye de Beaumont; et ou (cas que) lesdictz enffans qui seroient yssuz dudict mariage decedderoient premier que ledict Ronssart : et après ledict décès de ladicte Guyonne, ladicte portion de Beaumont retourneroit aux héritiers dudict Ronssart après son décès. Oultre est dict et accordé comme dessus que tous et chacuns les acquetz qui se feront par lesdictz Ronssart et damoiselle Guyonne durant leur mariage seront et appartiendront pour le tout ausdits enffans qui ystront à leur dict mariage et qui seront vivans après le décès desdictz Ronssart et Guyonne, et pareillement les meubles. Et quant à tout ce que dessus est dict et advisé tenir et accomplir sans jamais aller faire ne venir encontre, lesdictes parties cy-dessus respectivement chacun en droit soy ont obligé et obligent eulx, leurs hoirs, biens meubles et immeubles présents et advenyr, et ont renoncé et renoncent à toutes choses à ceste faict contraires mesme ladicte damoiselle Louault au beneffice de Velleyon et autres droictz faictz et introduictz en faveur des femmes dans certaines justices.

Faict en la maison dudict Beaumont à Tours, en ladicte paroisse de Saint-Estienne, vis-à-vis la porte Neufve, ès-présence dudict Michel Louault, escuyer, sieur de la Court, de ladicte damoiselle Françoise Dargy, oncle et cousine de ladicte Guyonne, vénérable et discret maistre Jacques Pretesenge, bachelier ès-droictz, curé de Beaumont de la Ronce, vénérable messire M. Dureau, prestre, honorable homme maistre Jehan de Rochebouet, licencier ès-loix, advocat au siége présidial de Tours, sire Jehan Victor, maistre ouvrier en soye, Daniele Renée Dargy, cousine de ladicte Guyonne, et Anthoine Duvot, clerc, tesmoings. Ainsi signé :

O. Louault, P. Ronssart, Guyonne de la Bonnynière, M. Louault, Rochebouet, pour présent; Dargy, Peronet, Ogier, Renée Dargy, Pretesenge, Dureau, Victor Duvot pour présent et J. Bonneau.

(Extrait des archives de M. le Mis Léopold de Beaumont.)

N° 8.

Copie non signée de l'amortissement de 18 boisseaux de blé sur la Riandère par Philippe de Ronsart (1553).

Du vingt deuxiesme janvier myl cinq cens cinquante trois expédié par de Rochebouet chastellain.

La cause audiencée s'est compareu noble Phelipes

Ronssart, escuier, seigneur de la court de Crann (?) (¹) lequel a dict et confessé avoir accordé pour raison de la rente dont est question qui est de dix-huit boisseaux froment, mesure de la cour de Crann; de rente deue par lesdictz deffendeurs audict sieur sur le lieu de la Riandière tant pour le principal de ladicte rente que pour raison des fraictz, coustz et mises à la somme de trente deux livres cinq solz tournois, dont ledict sieur a confessé en avoir receu par cy-davent dudict Chemyneau douze livres cinq solz tourn. et du reste montant vingt livres tournois en a esté paié comptant par ledict Cosnart la somme de dix-sept livres tournois, et le reste qui est soixante sous lesdictz deffendeurs sont condempnez les paier audict sieur dedans ung mois prochain venant avecques la somme de quinze solz pour les escriptures qu'il a convenu audict sieur faire, et partant veu ledict paiement et consentement de mondict sieur avons déclaré ladicte rente neulle et donnons admortye au profficit desdictz deffendeurs, sçavoir est dudict Cosnard de dix boisseaux comprins ce que ledict Regnier et Mathurin Millon et les héritiers feu Gervaize Beaugondrai (?) en doibvent, et au profficit dudict Chemyneau tant pour luy que pour ses cohéritiers, héritière, feu Ollyvier Regnier de huict boisseaulx froment, à l'encontre desquelz Jehan Regnier, Millon et autres debtenteurs dudict lieu de la Riandière avons réservé leur action de leur faire rembourser de leur cottité de ladite rente ou de leur faire paier d'icelle, lequel sieur demandeur a ceddé ausdictz deffendeurs ses droictz et actions de poursuyr contre les aultres détenteurs leur droict qu'ils debvoient d'icelle rente, et avons deschiré et

---

1. Il y avait le *fief de Crannes* dont était possesseur en 1480 Christophe de Vendomois, « seigneur de Bessé, Cranne et Champmarin, » fils de Jehan Ier, seigneur de Bessé, et de demoiselle Jehanne de Vendomois, sa cousine. C'est sans doute de ce fief qu'il est question ici.

deslivrons ledict contract de la vendition d'icelle rente nul et icelle rente deument admortye et retirée comme dessus et ce non comprins deux années d'arréraiges de ladicte rente escheues au terme sainct Michel dernyer passé que lesdictz deffendeurs sont condennés paier dedans huict jours prochain venent, leur action réservée comme dessus contre qui il appartiendra.

Noel Cosnart, Jehan Regnyer et Pierre Chemyneau, deffendeurs.

Ainsi signé : P. RONSART.

(La minutte a esté rayée comme non accordée attendu la lezion et tromperye.)

Le dix-huictiesme jour de Febvrier (mil) V cent cinquante trois lesditz Chemyneau et Cosnart ont paié ladicte somme de soixante solz tournois restant cy-dessus audict sieur qui les a prins et receus en personne de moy greffier soubz signé, dont je quicte et laisse. Signé : P. RONSART.

(Partant le tout néant comme non faict.)

(Expédition sur papier extraite des archives de M. A. de Rochambeau, le papier et l'écriture sont du XVIe siècle.)

N° 9.

Contrat de vente faite à damoiselle Olive Louaut des prés de la Ganachère et de la rente de la Bossée pour 400 livres (1556).

Le vingt uniesme jour de juin mil cinq cens cinquante six, en la cour de Beaumont la Ronce en droict par devant nous personnellement estably et deuement soubmiz noble homme Phelippes Ronsart, escuier, seigneur dudit Beaumont, lequel a congneu et confessé avoir vendu et par les présentes vend d'huy à tousjours marier à damoiselle Ollive Louault, dame des Chasteliers à ce presente et acceptant à gré pour elle et tous autres deux pièces de terre, l'une appellée les prez de la Ganachère, contenant deux arpens ou environ, joignant d'une part aux terres de la petite Ganachère et d'autre part aux taillis de la Ganachère, d'autre à l'estang de la Barre appartenant audit escuyer vendeur, et d'autre part au chemin tendant de Beaumont à la Ferrière ; l'autre pièce appellée le pré Illon, (?) contenant un arpent et demy ou environ, ainsy que lesdites deux pièces se poursuivent et comportent en long et large, joignant ladite dernière pièce aux terres des hoirs feu Mathurin Tournebœuf, d'autre à la queue du dict estang, d'autre part aux terres des hoirs feu Pierre Gletraye et buttant par un endroict audict chemin, le tout estant des appartenances et deppendances de la Chastellenye dudict Beaumont, lesquelles choses cy vendues, ledit escuyer vendeur et defuncte damoiselle Agathe du Mesnil, son espouse, vendirent à deffunct Simon Le Nostre, ([1]) ainsy qu'il appert par le contract passé pardevant le notaire soubsigné, le premier jour de febvrier mil cinq cens quarante neuf, lequel escuier a retiré les dites choses ainsy qu'il dict des deniers provenans de la présente vendiction ; oultre par les présentes ledict vendeur vend à ladite damoiselle acquéresse comme dessus la somme de cent solz tournois de rente seigneurialle et inféodée que le susdit escuier vendeur auroict droict d'avoir et prendre par chacun an au jour Sainct Martin d'Yvert sur Mre Christoffle de Cone, chevallier, seigneur de Fontenailles, ([2]) à

1. Peut-être l'aïeul d'André Le Nôtre, le célèbre architecte, créateur de l'art des jardins sous Louis XIV.

2. La famille de Fontenailles était alliée, dès le xvie siècle, à la maison de Vendomois. Dans l'église de Nourray (canton de Saint-Amand, arrondissement de Vendôme) on voit la dalle tumulaire de *Hugues Irsolius*, chevalier, *seigneur de Fontenailles*, mort au xive siècle.

Nous avons rencontré encore *Anne de Fontenailles*, qui

cause du lieu, fief et seigneurie de la Bossée aultrefois baillé par deffunct Guy de Fromentières (¹) à noble homme Mᵣᵉ Charles Le François et ladicte rente située audit lieu, en la paroisse du dit Beaumont, tenue dudit sieur vendeur à foy et hommage, et à ladite rente de cent solz à retention de six deniers de devoir annuel que ladite damoiselle sera tenue paier audit sieur vendeur le jour Sainct Bry pour recongnoissance de fief; premier terme du paiement commensant audit jour Sainct Bry prochain venant, rendue à la recepte dudit sieur vendeur et a esté et est faicte ladicte vendition pour le pris et somme de quatre cens livres de laquelle somme ledit vendeur a confessé avoir receu six vingtz livres tourn. et le reste a esté payé comptent en présence du notaire soubzsigné....... viįj de Marche. — A condition de grâce retenue par ledit vendeur, consentye et accordée par ladite damoiselle, telle que rendant par ledit vendeur à ladite damoiselle ladite somme de quatre cens livres et les coustz et mises raisonnables dedans trois ans prochains venans, en ce faisant ladite vendition et les présentes seront et demeureront nulles et par les présentes ledit escuier vendeur a quitté et quitte ladite damoiselle des lotz et ventes qui pouroient estre deubs pour raison de ces présentes, promettant garrantie, obligeant etc.... présens honorable homme Jehan Victor Marchant, ouvrier en soye, et Jehan Maillot, demeurans à Tours, tesmoings, ainsy signez : P. Ronsard, J. Victor pour présent, P. Ladoireau.

Les présentes ont esté receues et passées par deffunct Matène Ladoireau vivant notaire en la chas-

épousait, vers 1510, François Guérin, chevalier, seigneur de Poisieux; *Françoise de Fontenailles*, mariée, vers 1530, à Jean de Servande, 2° du nom, seigneur de Villeorée; et *Marie de Fontenailles*, femme de Guy de la Dufferie, seigneur de la Dufferie et du Moulinet.

1. Voy. pour la famille de Fromentières, p. 60, note 3.

tellenye de Beaumont-la-Ronce, coppiées et collationnées sur la minutte par moy Anthoine Bougeraye, praticien, demeurant à Beaumont-la-Ronce, commis à ce faire et gardien des nottes et minuttes dudict deffunct; et deslivré laditte coppie à M⁺ᵉ Louis Le Vasseur, chevallier, seigneur de Conques et dudit Beaumont pour lui servir ce que de raison, le dix-huictiesme jour de May, l'an mil six cens trente cinq.

Signé : Bougeraye.

(Copie sur papier, remontant à la fin du XVIᵉ siècle, extraite des archives de M. A. de Rochambeau.)

N° 10.

Partage général de la châtellenie de Beaumont-la-Ronce.

Le 3 juillet 1596. Partage général de la châtellenie, terre et seigneurie de Beaumont-la-Ronce, soit entre Mʳᵉ Jean de Ronsard, pour les deux tiers, et Mʳᵉ François de Daillon, chevalier, seigneur du Saultray, pour l'autre tiers. Dans cet acte, Jean de Ronsard prend la qualité d'escuyer, sieur des deux tierces parties de la terre et châtellenie de Beaumont-de-la-Ronce, et Mʳᵉ François du Daillon, chevalier, seigneur du Saultray. De la maison de Fromentières, cette terre passa en celle des Ronsard par le mariage d'une damoiselle de Fromentières, Anne de Fromentières, fille de Gui de Fromentières. Ce Gui de Fromentières avait trois filles, Anne, Louise et Jehanne. Philippe Ronsard était fils de Jehanne de Fromentières.

(Archives de la châtellenie de Beaumont-la-Ronce, n° 5008, Anj. et Tour. t. 12, D. houss. Ext. d'arch. seig.)

N° II.

Contrat de rente de blé, pris sur la métairie du Pont, vendu à la dame de Gennes par Philippe de Ronsart (1563).

Le vingtz-sixièsme jour de septembre, l'an mil V^c soixante et troys, en la court de Beaumont-la-Ronce, en droict pardevant nous personnellement estably et deuement soubmiz noble homme Philippes Ronssart, escuyer, seigneur dudict Beaumont l'ung des centz gentilz hommes de la maison du roy nostre sire, promettant faire ratiffier ceste presante vendition à damoyselle Guyonne de la Bonnynière, son espouse, dedans six mois prochainement venans, laquelle il a pour ce faire auctorisée, lequel a congneu et confessé avoir vendu et octroyé et par ces présentes vend et octroye dès à présent à tousjours maner par heritage à honorable femme Marguerites de Gennes, vefve de feu honorable homme sire Jehan Rouer, en son vivant seigneur d'Authon et La Courterye, demeurant au bourgt de Laverdin, pays de Vendosmois, absente, honorable homme Me André Lhoste, greffier dudict Beaumont, son procureur présent stipullant et acceptant pour elle ses hoirs treize sextiers de bled froment de rente annuelle et perpétuelle à la mesure dudict Beaumont, bon bled, sect, nect et nouvel deux solz tourn. moings que..... par chacun boisseau que ledict escuyer vendeur a constituée assise et assignée par ces présantes de nouvel par espécial sur le lieu et mestairie et appartenances du Pont scitué en la parroisse fief dudit Beaumont, contenant cinquante arpens de terre ou environ, tant en terres labourables, prez, noues, boys, buissons, les maisons et autres séant à déduire, joignant d'une part aux terres de la seigneurie de la Courterye, aultre part à ladicte acheteresse, d'aultre part aux terres de Chappellet et aux terres de la Chumynière, d'aultre part aux terres de la mestairie neufve appartenant à Guillaume Habert et par aultre part aux terres de la Fillonnyère, et génerallement sur tous et chacuns ses biens meubles et immeubles présens et advenir; ladicte vendition faicte pour le pris et somme de quatre centz livres tournois, que ledict escuyer vendeur a confessé avoir receuz de ladicte achepteresse dont il s'est tenu pour contant et en a quicté et quicte ladicte achepteresse ses hoirs et ayans cause; laquelle rente de treize sextiers de bled froment ledict escuyer vendeur a promis et se a tenu payer et continuer par chacun an à tousjours maner, à ladicte achepteresse es jours suivants par les demyes années, savoir, premièrement au jour de l'Anonciation Nostre Dame, et Sainct Michel par moictié, premier terme de payement commançant ledict jour de l'Annonciation Nostre Dame prochainement venant rendable ledict jour audict lieu de la Courterye, à condition de grâce retenue par ledit Aschard (sic) vendeur, consentye par ledit M° André Louste, procureur de ladicte achepteresse, telle que en randant par ledict vendeur ladicte somme de quatre cens livres tournoys dedans troys ans prochainement venant avec tous loyaulx coustz et mises, en ce faisant ladicte vendition sera et demourera nulle et quand à garentie obligeant etc., renonçant etc......

Présens Pierre Le Mestre et Philippes Ladoyreau tesmoings, etc. Ainsy signé en la minutte de ces présentes : Philippes Ronssard, et à cousté ainsy signé : P. Ladoyreau, et ont esté ces présentes receues et passées par ledict deffunct Ladoyreau et délivrées ces présentes par moy Martin Ladoyreau, notaire, ayant la garde des nottes dudict deffunct pour et ad ce commis par auctorité de justice. Ainsy signé, Ladoyreau.

(Expédition du xvi° siècle, sur papier, extraite des archives de M. A. de Rochambeau).

N° 12.

Accord pour les terrages et dixmes de la Barairie entre Jehan de Ronsard et la veuve Mercier (1571).

Du cinquiesme jour de Mars mil cinq cents soixante unze, comme procès feust meu ou es put mouvoir entre noble homme Jehan de Ronssart l'aisné, escuyer, seigneur de Beaumont de la Ronce, filz aisné et principal héritier de deffuncte Agathe Dumesnil, sa mère, vivant femme et espouze de feu Philippes de Ronssart, escuier, seigneur dudict Beaumont, en son nom et comme soy faisant fort de ses frères et sœurs, enfans puisnez de ladicte deffuncte Agathe Dumesnil, et comme curateur de Charlotte de Ronssart sa sœur, herityère dudict deffunct Philippes de Ronssart, demandeur d'une part, et Marye Sedille, vefve de deffunct Roger Mercier, defenderesse, sur ce que ledit demandeur disoit qu'il estoit héritier de ladite deffuncte Dumesnil et que de la succession de ladicte deffuncte luy estoient venuz et escheuz plusieurs biens dommaines et héritaiges estans et dépendens de la chastellenye dudit Beaumont, entr'autres les dixmes et terraiges de la mestairye et appartenances de la Barrairye que la susdite avoit faict faulte de païer et acquiter par plusieurs années lesditz droictz..... de quoy le procureur de court de ladite chastellenye dès le vingt-quatriesme jour de janvier dernier avoit faict convenir par devant le chastellain dudit Beaumont la susdite défenderesse et demande qu'elle eust à déclairer quel nombre de bledz elle avoit recueilliz audit lieu de Barrairye duquel elle est en partye détentrice ensamblement ad ce qu'elle fust contrainte exiber les contractz de ses acquestz par elle et ledit deffunct fetz en ladite chastellenie pour ladite déclaration et exibition fête requerir par ledit procureur ce il verroit..........

ledit procureur de court et a despens dommaiges et intéretz en cas de procès, de la part de ladite defenderesse avoit esté dict qu'elle estoit dame à bon et juste tiltre desditz terraiges et dixmes partant elle n'estoit tenue en faire aulcune declairation, ne autmoings auroit esté contrainte par ledit chastellain ou sez lieutenans faire ladite déclairation et exibition desdits contractz en obéissance audit jugement elle avoit exhibé certain contract, et quant à ladite déclairation elle auroit appellé dudit p........... lesdites parties es nons et quallitez que dessus en voye de tumber en grand invollution de procès. Pour lequel esviter et pour le bien de paix ont lesdites parties arresté qu'ils se sont soubmis liez et obligez au pouvoir et jurisdiction de la cour dudit Beaumont de la Ronce, transiger, passifier et appoincter, et par ces présentes transigent, passifient et appoinctent..... du procès susdit en la forme et manière que sensuit : C'est assavoir que ledit..... demandeur es noms et quallitez que dessus..... avoir veu et entendu ledit contract de vendition faite par ledit deffunt Philippes de Ronssart audit deffunt Rogier Mercier dudit droict et debvoir de terraige..... a rattifié, consenty et approuvé de poinct en poinct sellon sa forme et teneur et d'abondant a ceddé, quicté, délaissé et transporté à perpétuité à ladite et ses hoirs tout le droict de dixme qui luy estoit deu sur et à cause dudit lieu de la Barrayrie et ses appartenances sans que pour cela elle ne ses dits hoirs soient tenus païer aulcun droict de dixme à ladite dame de Beaumont pour raison dudit lieu de la Barrairye et ses appartenances, ains aura icelle et ses dits hoirs le droict d'icelles dixmes et terraiges... ainsi que ledit... avoit et pouvoit avoir sur lesdictz heritages dudict lieu de la Barrayrie, pour et moyennant ladicte... sera tenue païer par chacun an a..... audit..... es nons, ses hoirs et ayant cause le jour de Saint Michel deux chappons de rente seigneurialle bons et raisonnables, premier terme de paiement

commençant audit terme prochain venant pour tous
lesdictz droictz de dixme et terraige, et par ces meismes
présentes ladicte... a délaissé audit... et es nons cinq
boisseaulx froment de rente portez par ledict contract
exibé, et que ledit deffunct avoit venduz audict deffunct Roger Mercier sur le lieu de Laistre-Gaultier...
moiennant ce ledict accord et transaction qui est
faicte moiennant la somme de vingt escus sol dont a
esté paié contant par ladite... audit... la somme de...
livres tournoys dont... et le reste ladicte... promect
et sera tenue païer audit escuier dedans quinze jours
prochain venans, et moïennant ce lesdicz procès
demeureront nulz, et quicte ladite... des arrérages des
ditz terraiges et dixmes de tout le temps passé aussi
moiennant ung septier de bled mestail paiable d'icy
ledit terme prochain venant pour tous coustz, et ont
lesdictes parties..... pour les lauds et ventes tant du
contract de vendition faicte par ledit deffunct Philippes
de Ronssart, que les lauds et ventes du présent contract et accord à la somme de deux escuz sol que
ladicte..... promect paier dicy a ung moys prochain
venant ung de Marche ung escu sol paié contant, et
quant à tout ce que dessus est dict et à garentir.....
lesdictes parties ont obligé..... présens Pierre Blan-
chette et Pierre..... tesmoings. Ainsi signez en la
minutte de ces présentes : De Ronsart, Planchette et
R. Ladoyreau, notaire. — Est délivrée la présente
coppie par moy François Ladoyreau, commis à la
garde des nottes et minuttes de deffunct maistre
R. Ladoyreau vivant notaire audict Beaumont, sauf
collation. — Signé Ladoyreau.

(Expédition du XVIe siècle sur papier, extraite des
archives de M. A. de Rochambeau.)

N° 13.

Vente faite par Jehan de Ronsart de plusieurs rentes à la veuve René Gardette (1594).

Amortissement des rentes fait par Jean de Ronsart à la damoiselle de Varannes Janne Barguin pour 464 livres.

Le dixième jour d'octobre l'an mil cinq cent quatre vingt quatorze en la cour du Roy nostre syre à Tours a esté presant personnellement établi pour son Preur Jehan de Ronssard, escuyer, seigneur des deux tierses et parties de la terre et seigneurye de Beaumont de la Ronce et du fief et rante de l'Espinière estant de presant au bourg du dict Beaumont de la Ronce. Lequel dubment son Procureur en ladicte cour a cogneu et confessé avoir cejourd'hui vendu, cédé, quitté, délaissé et transporté et par ces présentes vend et promet garantir à tousjours par héritage à damoiselle Jehanne Barguin veufve de deffunct noble homme maistre René Gardette, vivant conseiller juge magistract au siége presidial de Tours estant aussi au bourg dudict Beaumont ad ce présant et acceptant tant pour elle que pour ses hoirs, c'est assavoir quinze sols six deniers dix boisseaux avoyne et quatre poulles de rante que le dict escuyer avait droict d'avoir et prandre par chacun an au jour des morts sur ladicte damoiselle à cause et comme tenant six arpents de terre qui ont aultrefois appartenu à feu Guillaume Bodin et depuis à messire Toussaint Mangart et Michel Poussin, desquelz ladicte damoiselle a les droictz, plus vend deux tierses parties de six livres dix sept sols, six deniers et vingt quatre boisseaulx avoyne et de vingt poulles aussi de rente que le dict escuyer avait droict d'avoir, prendre et recepvoir par chacun an audict jour des morts sur ladicte damoiselle et Geoffroy Robert, ledict Robert subrogé aux lieux et droicts de feu Mathurin Le Nostre à cause et comme tenans les tierres et hypothéques subjects à la dicte rente appellés les cinquante arpens de Boisguéry, sans préjudice de l'autre tiers pour le payement duquel ledict escuyer se pourvoira contre Martin Journellin ou autre qui auront ses droicts sans s'en pouvoir adressier ne vengier contre ladicte damoiselle ses hoirs, etc. Plus vend dix neuf sols neuf deniers six boisseaulx un quart de boisseau, six poulles un quart de poulle que le dict escuyer avait aussi droict d'avoir et prendre par chascun an audict jour sur la dicte damoiselle à cause et comme tenans six arpens un quart de tierre qui ont appartenu à deffunct maistre René Gleterraye, plus soixante dix sept sols six deniers et deux poulles que ledict escuyer avait droict d'avoir et prendre par chascun an au jour des morts sur la veufve Jehan Roumeau à cause et comme tenans trente arpans de terre qui aultrefois ont apartenu à maistre Antoine Vaucher le tout de censes et rentes seigneurialles et féodalles estant toutes lesdictes choses dudict fief de l'Espiniére au dict jour au dict escuyer. La vendition d'icelles rentes faicte pour et moyennant la somme de quatre cent soixante et quatre livres tournois de laquelle somme ladicte damoiselle a promis et en sera tenue de payer pour et en l'acquit du dict sieur vendeur savoir : trois cent livres à la veufve maistre Martin Ladoireau, cent cinquante livres tournois qui demeurent confiés sur la dicte damoiselle sur et en déduction de ce que lui doibt maître René Guillois et que le dict escuyer a dict estre tenu payer en son acquit sans préjudice au dict escuyer d'avoir son recours contre le dict Guillois et aussi à la dicte damoiselle contre les Guillois et l'outre plus qui lui doict estre pour le reste montant quatorze livres que ladicte damoiselle a payé comptant au dict escuyer dont quittance et par ces mêmes présanctes ladicte damoiselle demeure quitte des rentes du présent acquit et autres rentes et arrérages des susdites rentes pour icelles rentes poursuivre recepvoir et demander à eulx ci-dessus nommez et aultres qui auroient les droicts, luy escuyer lui a cédé et cède tous et chacun, ses droicts et actions avec l'exercice d'iceux et a constitué et constitue la dicte damoyselle sa procuratrice en ce pouvoir spécial quand ad ce promettant garantir et oblige etc. En outre ledict escuyer a baillé et affecte par hypothèque spéciale à ladicte damoyselle ce acceptant les aultres rentes deppendans du dict fief de l'Espinière en généralement et ce sans que la généralité puisse nuire à l'espéciallité ni l'espéciallité à la généralité, renvoyant ès-juge.

Fait et passé au dict Beaumont en la maison de la dicte damoiselle aprés midy en présence de Jacques Vallée et Pierre Guespin tesmoings ainsi sibgnez en la minute de ces présentes avec nous, notaire soubsigné. J. de Ronsart, J. Barguin, sans préjudice des droicts à nous notaire soubsigné. — Délivré la présente copie par moi François Gleterraye notaire royal comme ayant la garde des notes et minuttes de deffunct maistre François Gleterraye, vivant notaire royal, ce seizième jour d'octobre l'an mil six cent vingt et un.

Pour coppie, signé : Gleterraye.

(Expédition sur papier, écriture du xviie siècle, extraite des archives de M. A. de Rochambeau.)

N° 14.

Extrait tiré du partage fait entre dame Jacqueline de Montigny, dame de Soultray, Jean de Ronssart en son nom et comme ayant les droicts de Charles de Thoury (?), escuyer, sieur de Beaumont.

Au feuillet 447. — Pour le premier lot de censes et rentes, droicts et debvoirs de dommaynes de la terre et seigneurie de Beaumont-la-Ronce, escheue à la dame de Saultray.

Au feuillet 465 verso et 466 etc. — Le lieu de la Rocherie appartenant à la v° M° Martin Ladoyreau et autres selon qu'il est mentionné au 132° article, dernier paragraphe, vingt solz au.....

(Copie du XVI° siècle sur papier, extraite des archives de M. A. de Rochambeau.)

N° 15.

Jugement notable donné à Orléans sur certain assassinat commis au païs de Vandosmois.

A monseigneur de Roissy, conseiller du roy en son conseil privé, et chancelier de Navarre.

Monseigneur, ne pouvant si tost vous donner des fruicts de mon creu, pour n'estre encores à mon gré assez mœurs : je vous envoye cependant les grues d'Ibicus, c'est à sçavoir, le jugement notable des Aréopagites du siége présidial d'Orléans, sur un cas advenu à minuit, mais aussi dextrement découvert, que s'il eust été commis en plein midi. Tant a de force la vérité quand elle est recherchée et maniée par des gens de piété et d'entendement et prévenus. Comme au cas qui s'offre, auquel est aisé de finir le degré du mérite d'un chacun : se sont les frères et sœur courageusement acquités..... ne poursuyte de la vengeance de leur sœur..... vétus de la conduite et instruction..... nos conseillers, au sévére jugement et punition d'un si malheureux assassinat. Ce qui m'a semblé, monseigneur, digne de vous estre présenté, qui aimez sur tout et honorez la justice, voire soubs l'adrece de vostre nom pour luy servir d'exemple et advertissement, que rien ne demeure impuny et qu'il n'y a crime tant desguisé et masqué soit-il, qu'enfin ne sorte en lumière pour estre chastié.

Vostre obéissant serviteur.
G. F.

Or pour plus clairement vous donner à entendre l'occasion première de ce massacre, et sur quoy le jugement intervenu contre les auteurs d'iceluy a esté fondé : ne sera mal à propos commencer par l'histoire, et reprendre d'un peu plus loin le tout en la manière qu'il s'est passé comme vous le verrez cy après.

L'an mil cinq cens cinquante neuf, le sixième jour de Fébrier est contracté mariage entre Guillaume de Ronsard, écuyer, seigneur de Roches, et damoyselle Magdaleine de Monceaux, et par iceluy sont..... ladicte damoyselle pour d..... tournois de rentes..... prendre sur la ville de Rouen, la terre de la Boissière onze mil livres en argent, trois mil escus en bagues, doreures et joyaux et faicts autres advantages portez par le contract qui pour lors en fut faict et passé par Lois Dodard, et Sebastien Soupplet, notaires royaux, au coté de Clermont les susdicts an et jour. Ce mariage célébré en face de sainte église, tant au grand contentement des deux parties, de leurs parens affins que amis, elles vivent cordialement ensemble dans l'espace de six à sept ans, durant lesquels une seule chose auroit manqué à tous leurs honnestes désirs, sçavoir : lignée. Et quelque peu après ce temps le dict de Ronsard va de vie à trépas. Au moyen de quoy Nicolas de Ronsard, frère et principal héritier du dit feu Guillaume (car de sa vertu non) au lieu de continuer l'amitié de sondict frère avec sa belle sœur...... à l'encontre d'elle luy suscitant..... ité de procez, desquels toutefois..... damoyselle (amye de la maison .....ds qu'elle disoit ne pou..... avec une grande perte et abandonnement de ses biens, par le moyen de certaine transaction avec lui faicte le vingt septiesme

Aoust mil cinq cens soixante huict. A ceste transaction ledict Nicolas contrevint aussitost, que la damoyselle sa sœur lui demande ce qui lui a esté promis et pour payment est empeschée en la jouissance des choses à elle délaissées, est menacée et injuriée tant par luy que par gens à ceste fin envoyez en sa maison, pour raison de quoy est informé. Depuis adverty ledict Nicolas que ladicte damoyselle auroit obtenu lettres pour estre relevée de ladicte transaction, il se résoult d'avoir sa vie. Et pour mieux exécuter celui sien desseing se r'alie à l'exemple de Hérode et Pilate avec Jehan de Ronsard dict l'aisné de Beaumont son cousin, et voisin de ladicte damoyselle, avec lequel toutesfois il aurait auparavant exercé inimitiés héréditaires. S'acoste pareillement iceluy Nicolas de Renée Tillier, veufve de Jehan Doré, et René Doré son fils, voisins et fermiers de ladicte damoyselle pour entendre au vray, quand elle seroit en sa maison. Ce que le dit Doré le mardy douziesme de may dernier cinq cens septente trois, dernier ferie de la Penthecote, dont adverty ledict Nicolas despeche aussitost Gabriel de Ronsard son frère et Marin Amisseau dit le borgne de Ceaux son jardinier et prennent (ces gens de bien) Julian Beaucler dit mitron, pour compagnon, lesquels arrivèrent le mercredy treziesme desdicts mois et an, en la maison dudict Doré, où ils advisent de leurs affaires et la nuit survenue ledit Gabriel de Ronsard autrement surnommé le moyne ou le prieur de Roches, ayant ordonné auxdits René Doré et Marin le borgne le chemin qu'ils prendroient et leur rendez-vous près de la Denisière (qui étoit la demeure de ladite damoiselle) se sépara d'eux, et accompagné dudit mitron s'en alla au chasteau de Beaumont la ronsse. Arrivez qu'ils y furent le lendemain jeudy sur les six heures du matin, Jehan de Ronsard ne les trouvant assez forts pour l'exécution préméditée leur donne du surplus Jehan Baptiste de Ronsard son frère..... Guyet, et Guion Penillau, tous lesquels il retient pour ce jour en son chasteau auquel les ponts furent haussez par son commandement affin que l'entreprise feust plus secrette et comme ces choses se passent ledit Nicolas aucteur du massacre duquel cy après sera parlé, s'en va au Mans tenir l'enfant d'un des conseillers pour à l'exemple de Pilate laver ses mains du sang innocent. Sur les six heures du soir les ponts du dict chasteau de Beaumont sont abaissez, partent deux desdicts assassineurs estans à pied lesquels sont suiviz tantost après de trois leurs compagnons, armez et montez à l'advantage, ainsi que s'il eut esté question de combattre en camp cloz, et heure dite, un roide et fort ennemy. Et s'estant tous les exécuteurs rencontrez, et renduz près la dicte Denisiere ou environ sur la minuict dudict jour de Jeudy, venant au vendredy, baillent leurs chevaux en garde audict mitron, s'habillent de sesquenies et guestres et se masquent des taffetas de leurs chapeaux. Ledit prieur de Roches estant entré par une fenestre qui regarde la salle du logis, ouvre l'huis à ses compagnons, et tous furieusement heurtèrent à la porte de la chambre basse où estoit couchée ladicte damoyselle, laquelle plus curieuse de son honneur que de sa vie, estoit seullement accompagnée de trois servantes sçavoir est, d'une femme de chambre et de deux petites chambrières, et pour gens de défense, avoit un vieil homme nommé Brisset, pour soliciter ses affaires, et un autre nommé Marin Cosson son cocher. Quoy voyant la pauvre damoyselle, se pense sauver en une chambre haute de sa maison, en la quelle elle est suivie de près par ces barbares, et prise qu'ils l'ont, la font descendre en ladicte salle, où allumé force feu de paille pour veoir plus clair, demandans d'entrée à cette damoyselle où est son argent, laquelle après avoir reconnus lesdits assassinateurs, ne se souciant de sa vie, au lieu de repondre à leurs..... les prie qu'à tout le moins ils prennent..... à rançon, pour les quels elle leur..... bailler sept cens écus, estans pres..... Toutes fois ne se contentans pas les Ronsards de telle offre, luy disent qu'elle en a bien davantage. L'interroguent où est sa grande bouëte, et de ce qu'elle a fait de trois mil livres nouvellement receuz. Et comme ces deux malpiteux beaufrère et cousin tenaient ces propos, les cinq autres tuent, et massacrent Brisset, et le cocher en la présence de leur désolée maistresse. Dusquel spectacle esjouiz lesdicts Ronsards, pour commencer de leur part, tuent à coups de pistoles ladite Marchant, servante de chambre, et réservent la maistresse pour entier accomplissement de leur cruauté, duquel ils jouissent aussi tost. Car après que ladite damoyselle eust veu massacrer ses servants et servantes et d'iceux ouy les gémissements, veu ensemble piller et ravir son or et argent, bagues, joyaux, doreures et pierreries. Enfin tous les dessusdits se ruent sur elle, comme sur la beste la plus farouche du monde, la massacrent d'infinis coups de pistoles, dagues, espées et long bois, en toutes les parties de son corps, comme s'ils l'eussent voulu, et peu faire mourir cent fois en une seule heure, laissant le corps sur le carreau de ladicte salle. Et quant aux deux petites servantes, elles trouvèrent moyen d'éviter la main cruelle de ces tigres, s'estant cachées dedans un secret de muraille estant en l'une des chambres hautes. Voilà le salaire que Magdeleine de Monceaux, femme de feu Guillaume de Ronsard, escuyer, seigneur de Roches, a receu en l'alliance de la maison de Roches : voila la monnaye de la qu'elle en l'aage de trente quatre à trente cinq ans, elle a esté rembourcée par ces beaux frères les Ronsards de ses deniers dotaux, et payée de son douaire, massacre, à la vérité surpassant les canniballes, qui encores espargnent le sang domestic, et n'estandent leurs mains sanglantes si non que contre les estrangers, et ennemis. Ce massacre fait comme dessus, cinq des meurtriers se retirèrent audict chasteau de Beaumont duquel ilz estaient partis et arrivèrent sur les six heures du matin jour de vendredy, et entrez font lever les ponts après eux, là partissent leur butin et y séjournent jusques au lundy ensuivant. Ce temps pendant sont envoyées lettres à Nicolas de Ronsard, qui estoit au Mans (comme dessus a esté dit) contenant le massacre advenu à la Denisière, et commis par gens incogneuz, dont ils feignent tous de porter un grand deuil. Nicolas vient à ce message, et pour faire du bon varlet, prend un prévost des Maréchaux, pour faire perquisition des meurtriers. Pareillement les de Monceaux frére et sœur de l'occise, entendent les titres nouvelles de cette cruauté. Au moyen de quoy aucuns d'eux tous esplorés se transportent sur les lieux pour en sçavoir la vérité, lesquels passans par la ville de Vendôsme en sont plus certierez, Qui cause qu'ils s'accompagnèrent du prévost du lieu pour informer, ce qui fut fait tellement quellement : Enfin après que les corps furent visitez par chirurgiens et recogneuz par gens à ceste fin appellez, dont ledit prevost feit procès verbal, ilz sont inhumez, et au convoy de ladicte damoyselle assistent aucuns desdits meurtriers faisant de pleureurs. Toutes fois advient quelque temps après que la vérité du faict se manifeste de ceste façon. René Doré estant surpris de grosse maladie se tourmente excessivement, et, comme malmené de furie, ainsi que jadis Caïn, se desplaist d'un péché par luy commis duquel il n'espère misericorde. Desquels propos les assistans esmeuz, luy demandent ce qu'il veut dire, auxquels il narre amplement le contenu cy-dessus. Ce que ne tombe par terre, ains en font tant les dits Ronsards que Monceaux advertis, advient que ledit Doré guarist, au moyen de quoy est aussitôt envoyé quérir par Nicolas de Ronsard, seigneur de Roches. Lequel après luy avoir faict changer de nom, l'envoye au Maine en une mestairie d'un sien amy, en laquelle ayant esté pris, fut mené et conduis ès-prisons du chastelet de Paris, où il est interrogué par le lieutenant criminel. Sur ce, lesdits de Monceaux ayans cogneu que la justice ordinaire des lieux estait intimidée, sont en cour, présentement rèqueste à la majesté du Roy, afin d'avoir quelque maistre des requestes qui procède à l'instruction du procès contre les coupables des meurtres susdits, et lequel juge souverainement appelé avec luy le nombre porté par ses ordonnances, des conseillers des siéges présidiaux d'Orléans, Tours ou Blois, sur la quelle requeste leur est pourveu de la personne de monsieur Vétus, homme grand justicier, et de singulière érudition, lequel ayant repris toutes les procédures, et interrogé de nouveau ledit Doré, et le tout communiqué aux gens du Roy, enfin decerne une prise de corps contre tous les coupables. Toutes fois au moyen de leur fuyte, ne peuvent ils estre apprehendez horsmis ledit Beauclerc gardien de chevaux, qui fut pris et mis es prisons de Montoire, et ledit Jehan de Ronsard sieur de Beaumont qui se vint rendre au second deffaut. Cependant lesdicts de Ronsard cherchent tous les moyens à eux possibles de faire empoisonner, ou évader les dicts prisonniers, affin que la vérité du faict ne soit sçeue, et partant se retirer de la fange en la quelle ilz s'estaient plongés volontairement, ce qu'ils n'auraient peu toutes fois exécuter pour le bon ordre qui y auroit esté donné. Tellement qu'estant le procès instruit par le dict sieur Vetus, il est porté à Orléans, où lesdicts prisonniers sont menez et conduits sûrement, et finalement jugez avec mesieurs les juges et conseillers magistrats du siege presidial de ce lieu, en la forme et manière que verrez cy en suyvant.

Jugement à l'encontre des dicts assassinateurs.

A tous ceux qui ces présentes lettres verront salut, Jehan Vetus, seigneur de Villefallières, conseiller du roy nostre sire, et maistre des requestes ordinaire de son hostel commissaire député de sa majesté en ceste partie, salut.

Sçavoir faisons, que en la cause meue et pendant pardevant nous, entre messire Anthoine de Monceaux, seigneur dudit lieu de Monceaux, Hanbeilles, Martincourt et Blacourt, Guy de Monceaux, seigneur de Houdan, chevalier de l'ordre du Roy, conseiller, et maistre d'hostel ordinaire de sa majesté. François de Monceaux aussi chevalier, seigneur de Saint-Sanxon. Jehan de Monceaux, seigneur de Villacoublay, Vaujour et la Houssaye. Anne de Monceaux, femme de messire Guillaume de Perray, chevalier, seigneur de Say, tous frères et sœur de feue damoyselle Magdaleine de Monceaux, lors de son trépas veufve feu Guillaume de Ronsard, escuyer seigneur de Roches, le Vivier, et bois Guignan, demandeurs, et accusateurs, le procureur du roy joint d'une part : et Jehan de Ronsard dit l'aisné de Beaumont, escuyer; René Doré et Julian Beauclerc, dit Mitron, prisonniers èsprisons de l'officialité d'Orléans, deffendeurs et accusez. Et encore lesdits de Monceaux, demandeurs et requerans le profit de plusieurs défaus par eus obtenus. Ledit procureur du Roy joint contre Nicolas de Ronsard seigneur des Roches, Gabriel de Ronsard son frère, dit le prieur des Roches, Jehan Ronsard autrement dit le jeune de Beaumont, Marin Aniseau dit le borgne de Ceaux, jardinier du dit seigneur de Roches, Jehan Guyet, cordonnier, Guyon Pénillau, serviteur dudit Jehan de Ronsard dit l'aisné de Beaumont, et René Tillier, veufve de feu Jehan Doré, deffendeurs defaillans et aussi accusez d'autre.

Veu par nous le procès criminel fait à la requeste desdits de Monceaux, à l'encontre de tous les dessusdits, pour raison des meurtres, volleries, et assassinats commis et perpétrés aux personnes de ladicte damoyselle de Monceaux, et un nommé Brisset, sollicíteur de ladicte damoyselle, Marin Cosson, son cocher, et Claudine Marchant sa chambrière.

Les interrogatoires, responses, confessions, dénégations et variations desdits prisonniers respectivement recollemens, et, confrontations de témoings : les faits de reproches alléguez par ledit Jehan de Ronsard dit l'aisné de Beaumont. L'extraict desdicts faicts a luy signifiez et faicts entendre : Et la réponse et déclaration faicte par iceluy de Jehan Ronsard à ladicte lecture et signification. Recollemens des tesmoings examinez contre les dits defaillans absens. Les adjournemens à trois briefs jours baillés à iceux deffaillans en vertu des decrets à l'encontre eux par nous décernez. Et exploits d'adjournement faicts en vertu d'iceux sentences, et jugemens interlocutoires donnez en la matière. Les deffaux obtenuz à l'encontre des dits defaillans. Les conclusions prises, tant par le procureur du roy au baillage d'Orléans, que par l'advocat fiscal général du roy de Navarre au pais et duché de Vendosmois. Les conclusions baillées par les dits demandeurs parties civiles et réponses à icelles desdits prisonniers. Les interrogatoires par nous faicts aux dits prisonniers, pour cet effet mandez en la chambre du conseil du siege présidial d'Orléans, contenans les confessions par eux faites et réitérées. Et les dénégations dudit Jehan de Ronsard, dit l'aisné de Beaumont, avec la confrontation qui faite luy a esté de la personne du dit Beauclerc. Et tout ce qui a esté faict en la matière, le tout veue.

Avons par l'advis et délibération des juges et conseillers magistrats du dit siege presidial d'Orléans : iceux defendeurs et accusez respectivement declarez deument, et convaincus des cas à eux imposez. Pour réparation desquels, et déclarans lesdits defaux et contumaces bien, et deuement pris, obtenuz, et verifiez contre les dits accusez absens. Iceux deffendeurs condamnez et condamnons. Assavoir les dicts Nicolas de Ronsard, seigneur de Roches, Gabriel de Ronsard son frère, dit le prieur des Roches, Jehan Baptiste de Ronsard, dit le jeune de Beaumont, Marin Anisseau, dit le borgne de Ceaux, Jehan Guyet et Guyon Penillau à estre ce jourd'huy rompuz et brisez, si appre-

hendez peuvent estre, sur un échaffault, qui sera pour
cest effect dressé au Martroy de ceste ville d'Orléans.
Et la dite veufve Jehan Doré a estre pendue et estranglée. Sinon par figure, et tableau qui seront attachéz
à la roue, qui sera dressée près le dit eschaffaut. Et
pareillement ainsi executez par figure en la ville de
Vendosme. Et au regard du dit Jehan de Ronsard
dit l'ainé de Beaumont, l'avons condamné a souffrir
mort, et pour ce faire avoir ce jourd'huy la teste
tranchée sur le dit eschaffault, et brisé sur iceluy
eschaffault, puis son corps mis et posé sur ladite
roue, et ledit Beauclerc dit Mitron à estre pendu, et
estranglé à ladite roue, le tout tant que mort s'en
suyve. Et leurs testes portées en ladite ville de Vendosme et mises sur les trois principales portes de ladite ville, au bout de perches ou lances. Et si avons
ordonné et ordonnons, que en signe de perpetuelle
memoire, la maison et chasteau de Roches où a esté
faite la conspiration dont est question appartenant
au dit Nicolas de Ronsard, sera demolie, rasée et
abbatue. Et au lieu et place d'icelle sera bastie, et
construicte une chapelle, en laquelle sera dressée une
colonne, et un tableau de cuyre y attaché, auquel
seront engravées les effigies de corps morts de la dicte
Magdaleine de Monceaux, et de ses servantes et serviteurs meurtris et occis avec elle. Et au dessous sera
escrit l'extraict du présent jugement. Et pour construire et bâtir ladite chapelle qui sera appellée la
Magdaleine, seront pris sur les biens desdits accusez
un seul, et pour le tout assavoir, la somme de deux
mil livres parisis. Et outre, la somme de deux autres
mil livres parisis, qui sera employée en achapt, et
acquisition d'héritages, ou rentes foncières perpétuelles,
jusques à la concurrence de six vingts livres parisis
par an, pour l'entretenement et nourriture d'un chapelain, qui sera tenu dire, et celebrer une messe basse,
tous les jeudy, vendredy et dimanche de chacune
semaine, et à toutes les festes solemnelles. Et outre au

jour pareil du décèz de ladicte deffuncte Magdaleine de Monceaux, la nuict d'entre le jeudy et vendredy des feriez de la Penthecoste à l'heure de minuict, seront par ledit chappellain assisté de trois autres hommes d'église dites, et chantées vigiles, et le lendemain une messe haute et vespres. Le tout à l'intention des âmes de ladicte damoyselle et de sesdits serviteurs et servante. Le patronage et nomination de laquelle chapelle, appartiendra aux aisnez enfans masles de la maison de Monceaux successivement l'un après l'autre. La collation, et toute autre disposition de ladicte chapelle, a l'évesque diocésain. Et outre avons le surplus de tous et chacuns les biens desdits deffendeurs et accusez déclarés acquis, et confisquez à qui il appartiendra au lieu où confiscation aura lieu. Sur iceux préalablement, pris les sommes qui ensuyvent. Assavoir aux dits de Monceaux la somme de vingt quatre mil livres parisis, la quelle leur avons adjugée, tant pour leurs dommages, et interests, suppression de douaire, assigné à ladicte Magdaleine de Monceaux leur sœur : que pour les meubles, bagues et joyaux, pris et vollez à ladicte damoyselle. En ce nom compris les lieux et seigneuries de la Denisière et des Landes, qui demeureront aux dits demandeurs suyvant les lettres de transaction faites entre ladicte defuncte de Monceaux et le dit Nicolas de Ronsard. Trois mil livres parisis aux héritiers desdicts serviteurs et servante de la dicte deffuncte. Et au cas que ne se trouvent héritiers, seront lesdits deniers baillez et delivrez aux pauvres des lieux, où les meurtres, et homicides ont esté commis et perpetrez, deux mil livres parisis au Roy. Et douze cent livres parisis au roy de Navarre, à prendre sur les terres et héritages desdicts condannez qui se trouverront en ses terres et ségneuries de Vendosmois. Et lesquels defendeurs nous avons condannez et condannons es dépens de la présente cause. Lesquels despens, attendu la qualité, et attrocité du faict, se prendront sur les biens et héritages desdits de Ronsards et veufve Doré solidairement. Les dits despens tels que de raison, réservez à nostre taxation. Et sera ce présent jugement exécuté souverainement, nonobstant opposition ou appellation quelconques, suivant la teneur de nostre commission.

Donné à Orléans par nous commissaire susdit, le quinziesme jour de Fevrier l'an mil cinq cens soixante quatorze. Ainsi signé en la minute des présentes : Vetus, commissaire susdit; de la Vacherie, lieutenant criminel; Gervaise, lieutenant particulier; Hue; Le Maire; Egrot; Bindé; de Fay; de Gyves; Mainferme; Robert et Triphault, conseillers magistrats dudit siége présidial d'Orléans. Et ledit jour a esté le présent jugement par le greffier dudit baillage d'Orléans prononcé auxdits Jehan de Ronsard, dit l'aisné de Beaumont, escuyer, René Doré et Jehan Beauclerc prisonnier à leurs personnes, et le même jour sur eux exécuté audit Martroy, et place publique de ceste ville d'Orléans par l'exécuteur de la haute justice. Et le mercredy ensuyvant dix septiesme jour desdits mois et an, a aussi esté le présent jugement exécuté en figure audit lieu et place par ledit exécuteur sur lesdits Nicollas de Ronsard, Gabriel de Ronsard, Jehan Baptiste de Ronsard, Anisseau, Guyet Penillau, et veufve Jehan Doré. Faict donné comme dessus.

Signé Foullon.

Extraict du privilège.

Par grâce et privilège du roy, il est permis à Noel Le Coq, marchant lybraire de ceste ville de Paris d'imprimer le iugement donné à Orléans, le quinziesme iour de Feburier mil cinq cens soixante et quatorze sur certain assassinat commis au pays de Vendosmois. Et deffences faictes à tous lybraires et imprimeurs de n'imprimer ledit iugement jusques au temps et terme d'un an, sous le vouloir et consentement dudit supliant sur peine de confiscation et de tous despens, dommages et interests dudit supliant ainsi qu'il est à plain contenu aux lettres du privilège.

Car tel est nostre plaisir.

Donné à Paris le dernier iour de iuing l'an de grace mil cinq cens soixante et quatorze et de nostre règne le premier.

Par le conseil :

Guemer.

A Paris. — Pour Noel Le Coq tenant sa boutique en la galerie Saint-Michel, près la court du Palais, 1574, avec privilège. — (Pièce imprimée de 25 pages in-12, de la bibliothèque de M. Paulin Pâris, membre de l'Institut).

N° 16.

Procès verbal de visitation de Beaumont.
Devis des travaux à exécuter pour la réparation du château.

Aujourd'huy mercredy unziesme jour de novembre l'an mil cinq cens soixante treze pardevant moy Martin Ladoyreau, notaire juré en la chastellenie de Beaumont de la Ronce, et des témoings soubzcritz, se sont transportez en leurs personnes : Pierre Beczard, marzon ; Mathieu Croize, cherpentier ; Jehan Maillé et Anthoine Maillé, couvreurs ; Jehan Widde, menuzier ; Mathieu Carmelot, serruzier. — Tous parroissiens de Neufriez, et Jehan Guillon, serreuzier, parroissien dudit Beaumont, qui m'ont requis mettre par escript la visitation par eulx ce jourd'huy faicte des reparations qu'il convient faire au dedans et dessus des tours du chastel dudit Beaumont et des mestairies dudit lieu, suivant l'ordonnance et commandement de monsieur Mre Germain Brulart, conseiller du roy nostre sire en sa court de parlement de Paris et commissaire députté par ladite court pour exécutter entre messire *Jehan de Champaigne*, chevalier de l'ordre du roy, seigneur dudit lieu de Champaigne, et noble homme *Jehan de Ronssart*, escuier, et damoyselle Charlotte de Ronssart, ès quallitez qu'ils proceddent. Lesquelles visitations ils m'ont dict et rapporté avoir faict, comme s'ensuyt :

Premièrement, ont dict avoir veu et visité le pont du dit castel ; et dict que pour réparer le dict pont et pour le boys qu'il fault à faire la dicte reparation il fault la somme de dix livres.

10 l.

Et pour les serreuzes dudit pont qu'il fault rellever et pour les clefz qu'il fault reffaire et pour remettre la bouche de fer de dessoubz le pont, leur rapport qu'il fault la somme de quinze sols.

15 s.

Aux estables dudit chasteau près ladicte porte ont dict et rapporte avoir esté osté de nouvel quatre coullonnes et la mangeoire à baptre qui est de trois toises de long. Estimé pour les réparer la somme de 1 livre 10 sols.

1 l. 10 s.

Et pour la couverture qu'il faut réparer, la somme de vingt livres.

20 l.

Au fruz et boullangerie dudit chasteau pour la massonnerie qu'il convient faire au dit logis la somme de cent sols.

5 l.

Et pour la couverture dudit logis qu'il convient réparer, la somme de vingt livres.

20 l.

A l'huisserie du cellier estant soubz la tour y fault ung huis qui a esté de nouvel osté, pour lequel réparer et reffaire ont estimé la somme de quarante sols.

2 l.

Pour la serreuze du dit huis et deux gons et deux bandes la somme de trente cinq sols.

1 l. 15 s.

A l'huis de la tour dudit chasteau a esté trouvé les deux couroiz de la dicte porte avoir esté de nouvel arrachez. —

PIÈCES JUSTIFICATIVES. 315

1 l.	Pour iceulx reffaire, estimé à la somme de vingt solz.
1 l.	A la chambre près la salle basse dudit chasteau ont rapporté avoir esté arraché la serreuze et serreuze dudit huis. De laquelle salle pour les dicts reffaire ilz estiment la somme de vingt solz.
4 l.	En une autre chambre du dit chasteau a esté osté deux fenestres de deux piedz en carré chacune ou environ, ont estimé et rapporté pour les reffaire à la somme de quatre livres.
12 s.	Pour les serreuzes pour quatre pattes et deux couroiz la somme de douze sols.
2 l.	Et pour les vittres de la dicte chambre qu'il convient reffaire, la somme de quarante solz.
1 l. 10 s.	Pour ung huis estant entre les deux chambres, qu'ilz ont rapporté avoir esté arraché de nouvel, pour le reffaire. Estimé le boys et fasson la somme de trente solz.
10 s.	Pour deux pattes et ung locquet la somme de dix solz tournois.
1 l.	L'huis de la salle dudit chasteau qui a esté de nouvel osté, pour le reffaire la somme de vingt solz.
7 l. 10 s.	Pour ung ostevant qui servoist à bouscher l'entrée dudict sellier estant soubz la dicte salle, pour le reffaire la somme de sept livres dix solz; et pour la serreuze
1 l. 5 s.	dudit estevant la somme de vingt-cinq solz.
6 s.	Pour une serreuze de nouvel ostée de l'huis du cabinet de la dicte salle. Estimée la somme de six solz.
20 l.	Pour reffaire les vittres de nouvel carrées et pour les armoires qu'il convient reffaire la somme de vingt livres.

CHAPITRE VI.

3 s.	Pour une turcquette (targette?) et un locquet qu'il fault mettre aux dictes fenestres la somme de trois solz.
3 l.	En l'huis estant prés de la chambre estant sur la dicte salle il fault une serreuze aussy ostée de nouvel. Plus, pour une autre serreuze aussy ostée de nouvel à l'huis de la dicte chambre et pour la ferreuze de deux fenestres aussi de nouvel ostées. Le tout estimé à la somme de soixante solz.
3 l.	Pour le boys et fasson des dictes grandes fenestres la somme de soixante solz.
15 l.	En une autre chambre sur la cuisine dudit chasteau on rapporte avoir esté osté deux croizées de boys qui ont esté arrachées avec une des fenestres qui a esté trouvée; pour resseller, reffaire ont rapporté qu'il fault la somme de quinze livres.
9 l.	Et pour la serreuze qu'il convient reffaire la somme de neuf livres.
1 l.	A ung autre huis de la dicte chambre fault une serreuze pour laquelle reffaire appartient la somme de vingt solz.
7 l.	Pour deux huis d'un ostevant de nouvel arraché, pour iceulx refaire appartient la somme de sept livres.
1 l. 10 s.	Pour la ferreuze desdits huis trente solz tournois.
1 l. 5 s.	Et pour recarreller la dicte chambre pour ce que a esté descarrellée la somme de vingt-cinq solz.
3 l. 8 s.	Pour les vittres de la dicte chambre qu'il fault réparer, la somme de soixante-huict solz.

En une chambre sur la grand salle a

PIÈCES JUSTIFICATIVES. 317

3 l.	esté osté de nouvel trois serreuzes estimées par les serreuziers la somme de soixante solz.
20 l.	Pour les vittres de la dicte chambre et armoires qui sont toutes rompues la somme de vingt livres.
28 l. 10 s.	A l'entour dudit chasteau a esté osté de nouvel neuf toises et demie de gouttières de plomb pour toise soixante solz, pour ce vingt-huict livres dix solz.
6 l. 10 s.	En deux estaiges dudit chasteau a esté osté de nouvel cinq crens de barreaux; pour lesquels remettre et pour reffaire le bouzillaige estimé la somme de six livres dix solz.
7 l. 10 s.	En une petite chambre au hault dudit chasteau a esté osté six marches de boys et trois coullotes pour lesquelles reffaire ont rapporté appartenir la somme de sept livres dix solz.
2 l. 10 s.	En la petite chambre estant sur la grand tour dudit chasteau a este osté ung huis et fenestre; pour les reffaire appartient la somme de cinquante solz.
1 l. 15 s.	Pour la serreuze qu'il y convient au dict huis et fenestre la somme de trente-cinq solz.
100 l.	Pour la couverture de la dicte tour et vis d'icelle pour l'ardoise, clou et latte la la somme de cent livres.
1 l.	Pour les crampons de dessoubz les gouttyères la somme de vingt solz.
6 l.	Sur la couverture du puit du dit chasteau a esté osté du pavé pour la somme de six livres.
3 l.	Au sellyer soubz la cuisine dudit chasteau deux huis ont esté ostez pour les reffaire apartient la somme de soixante solz.

CHAPITRE VI.

4 l.	Pour la ferreuze desdicts huis, quatre livres.
5 l.	En la chambre près la dicte cuisine deux solliveaux; pour les remettre appartient au charpentier cent solz.
4 l.	Pour la massonnerye qu'il y convient faire la somme de quatre livres.
10 l.	Pour le barrelaige et barreaulx la somme de dix livres.
2 l.	En la chambre haulte du corps de logis près le petit portal, pour l'huis de nouvel rompu quarante solz.
2 l.	Pour les vittres de la dicte chambre dix pieds de vittres quarante solz.
1 l.	Pour la serreuze dudict huis vingt solz.
20 l.	A l'huis du petit pont levis vers la basse court, pour la serreuze, pour les chennes et boucles dudit pont-levis vingt livres.
4 l.	Pour deux toises de carreaux pour le dit pont, estimé à la somme de quatre livres.
80 l.	Pour la couverture du logis de la cuisine et pour tous les logis bas, la somme de quatre-vingt livres.
3 l.	A la grand estable estant en la basse court ung huis de nouvel osté, estimé soixante solz.
3 l.	Pour une cheville de fer, tenant au tourneviz dudit pressouer soixante solz.
1 l.	Pour le cimyer dudit pressouer vingt solz.
20 l.	Pour la couverture des dictes estables et pressouer la somme de vingt livres.
2 l. 5 s.	A la porte de la grange une grande barre de fer à fermer la dicte porte, estimée à quarante-cinq solz.

A la fuye du dit chasteau fault une serreuze à la porte d'icelle, pour icelle 6 s. six solz.

Pour la réparation de la dicte couverture de la grange du dict chastel et de la fuye du dict lieu la somme de quarante livres. — 40 l.

Aussy les susdictz ont dict avoir visité les loges de la mestairie du Thueil et rapporté que la maison a besoing d'estre ressellée tout à l'entour, et pour ce faire et fournyr de boys ont estimé la somme de trente livres. — 30 l.

Pour la massonnerye et seullaige de la dicte maison la somme de vingt-cinq livres. — 25 l.

La réparation de couverture qu'il convient faire à la dicte maison et pour fournir de bois à ce faire la somme de trente livres. — 30 l.

La grange dudict lieu est presque ruisnée, et pour la réparer et y fournir le boys qu'il y conviendra, le charpentyer rapporte qu'il y fault employer la somme de quatre-vingtz-dix livres. — 90 l.

Pour la massonnerye qu'il convient faire et pour fournir de tout, la somme de quarante livres. — 40 l.

Pour la repparation de la couverture la somme de cinquante-six livres. — 56 l.

Pour les reparations des toictz à bestes pour la réparation qu'il y convient faire et pour fournir le boys la somme de quarante-cinq livres.

Pour la réparation de la massonnerye la somme de dix livres. — 10 l.

Pour la réparation de la couverture desdictz toictz et fournir de barretaut (?)

et autres choses, la somme de vingt-huit
28 l. livres.

Aussy rapportent avoir veu et visitté les logis de la mestairie de *Bournais* et rapporté qu'il fault reseuller la dicte estable et la redresser, et qu'il fault pour
5 l. ce la somme de cent solz.

Pour les murailles qu'il y conviendra
1 l. 10 s. faire soubz les dictes seulles trente solz.

Pour la réparation de la couverture tant de la dicte estable que de la maison du dict lieu, rapporte que pour les reparations il apartient la somme de soixante
70 l. dix livres.

Lesquelles choses les dessusdictz dient et rapportent avoir veues et visitées à leur loisir, et m'ont requis leur dresser ce présent rapport et icelluy signer à leur requeste de mon seing manuel, ce que j'ay faict es présence de Jehan Rousseau, l'esné, et Jehan Rousseau le jeune, les jours et an dessusdictz. Tous lesquelz ouvriers m'ont dict et rapporté ne savoir escripre ne signer. Signé : M. Ladoyreau, notaire. Et collationné la présente coppie par moy François Ladoyreau, filz du dessus dit Martin Ladoyreau, commis à la garde des nottes et maistre greffier dudit lieu, dont collation.

Pour collation,
Ladoyreau.

On lit au dos : *Démollitions*.

....
...................pour justiffier..................
..............appositions de créance. Lettres......
.........Pour les démolitions du chasteau.........
et cet..

ERRATA ET APPENDICES.

Page 34. — Nous avons avancé aux pages 34 et 135 de cet ouvrage que Pierre de Ronsard n'avait jamais été *curé*. Un titre important, tout récemment découvert, nous donne la preuve du contraire, et nous nous empressons de rectifier notre opinion. Pierre de Ronsard, *quoique non-prêtre*, a été véritablement *curé-baron d'Evaillé*, près Saint-Calais, et a succédé à son frère *Charles*, lequel prenait possession de la cure le 26 février 1555. Le poëte devenait son successeur le 28 mars 1557, deux ans après, comme il résulte d'un titre sur parchemin, muni du sceau royal, et qui commence ainsi :

« Saichent tous p^{ns} et advenir que en la court du Roy, n^{re} sire, du Mans, ont par devant nous Charles Lamoignon, licencié ès lois, notaire d'icelle, présent à Sainct Kalès, dyocèse du Mans, personn^t establi, comparu le Reverend Père en Dieu Monsr Mre Nicolas Thibaut, p^{re} abbé commendataire de l'abbaye du d. Sainct Kalès, dyocèse du Mans, d'une part, et noble homme Mre *Pierre de Ronsart, curé baron de la Cure et Eg^{se} parochialle de Sainct-Martin d'Availlé*, du d. dyocèse, etc. »

C'est une transaction ou accord entre le curé et l'abbé de Saint-Calais sur la nature de la dîme et des fruits que le premier s'engageait à payer au révérend père abbé pendant tout le temps qu'il serait bénéficier de la dite cure.

P. 38, l. 24. — Lisez : *châtellenie de Lingé*, au lieu de : *châtellenie de Linge*.

P. 53, l. 6. — Lisez : *9ᵉ degré*, au lieu de : *19ᵉ degré*.

P. 71. — Il est probable que ce Nicolas de Ronsart est le même que Nicolas Horace, 6ᵉ fils de Claude de Ronsart (9ᵉ degré), dont nous avons parlé page 45, ligne 30. La Croix du Maine (II, 182, éd. in-4° des Biblioth. de La Croix du Maine et Du Verdier) parle d'un Nicolas de Ronsart qui semble aussi être le même.

P. 94, l. 19. — Lisez : *un étroit vallon de la commune*, au lieu de : *un étroit vallon de commune*.

P. 112, après la ligne 23. — Nous devons mentionner ici une opinion que la lecture de ce passage a inspirée à M. Prosper Blanchemain et qui nous paraît très-vraisemblable. Il serait fort possible que les huit premiers vers qui se trouvent sur la plaque de marbre noir fussent l'épitaphe originale composée par Héroart, depuis médecin de Louis XIII, épitaphe qui se trouve pour la première fois dans le *Tombeau* de Ronsard (éd. de Paris, 1598).

La fin aurait été ajoutée par J. de La Chétardie lorsqu'il reconstruisit le tombeau du poète.

P. 119, après la ligne 26. — Le portrait des

Amours de 1552 et de 1553, ainsi que des *Odes* de 1555 et de l'édition in-4° de 1567, sont toujours le même bois qu'on attribue à Jean Cousin.

P. 122, l. 22. — Ce portrait est attribué à L. Gaultier.

P. 125, l. 8. — Lisez : *entrant par celle Dauphine*, au lieu de : *entrant par celle d'Aup*, aujourd'hui la rue Dauphine, à Paris.

P. 143, l. 6 et 7. — Au lieu de :

Ainsi Ronsard, des bons esprits le *prince*,
Au temps jadis on *l'*eust en grande estime...

lisez :

Ainsi Ronsard, des bons esprits le *prime*,
Au temps jadis on *t'*eust en grande estime...

P. 143, l. 19. — Au lieu de :

Hé! disois-je à part moy...

lisez :

Hé! *me* disois-je à part moy...

P. 143, l. 24. — Au lieu de :

Quelque caphard *masqué*...

lisez :

Quelque caphard *masque*...

P. 143, l. 26, à la fin. — Lisez : *encloses,* avec une virgule, au lieu de : *encloses.* avec un point.

P. 143, l. 32. — Au lieu de :

Qui hors des gonds a *tire* l'âme sienne?

lisez :

Qui hors des gonds a *tiré* l'âme sienne?

P. 144, l. 6. — Au lieu de :

A tous hazards *ce* qui plus luy baille...

lisez :

A tous hazards *celuy* qui plus luy baille...

P. 144, l. 29. — Au lieu de :

Que vont *en tant* de Jupiter les filles...

lisez :

Que vont *entant* de Jupiter les filles...

P. 184, l. 28. — Ajoutez : Elle pourrait bien être de Florent Chrestien, qui avait été brouillé avec Ronsard, mais qui s'était reconcilié avec lui en 1584.

TABLE ANALYTIQUE

DES

NOMS DE PERSONNES

CONTENUS DANS CE VOLUME.

Alcide Louis, fils de François-Michel de Ronsart, chef du génie à Bonifacio, p. 50.
Alençon (famille d'). p. 80.
Alexandri, auteur des chants populaires de la Roumanie, p. 11.
Alix de Bessé, mère de Jeanne de Vendomois, p. 16.
Alizon, (Catherine), V^e de feu Jean Viau, achète des biens à Claude de Ronsart en 1548, p. 39.
Alsinois (comte d'), pseudonyme de Nicolas Denisot, poète et chansonnier du xvie siècle, p. 179, 244.
Amaury de Ronsart, p. 69.
Amellon de Saint-Cher, femme noble alliée aux Le Bourdais, p. 48.
Amiot (Jacques), abbé de Bellozanne, p. 106.
André de Ronsart, fils de Jean de Ronsart (xve siècle), p. 17.
Anjou (famille des comtes d'), alliée aux Ronsart, p. 14.
Anne de Ronsart, fille de Loys, épouse Jacques de Boussaud, p. 44.
Anne-Michelle-Marguerite-Renée, fille de Michel III de Ronsart, p. 49.
Anselme de Ronsart (xviie siècle), p. 70.
Anselme de Ronsart, le ligueur, fils de Claude, p. 14 et 46.
Anselme (le père), p. 17, 18 et *passim*.

Anthoine de Ronsart, fils de Michel II, p. 48.
Aubin de Morelles (David), poète du xvii° siècle, p. 233.
Aubigné (d'), historien du xvi° siècle, p. 39.
Aucher (Anne), p. 36.
Augustins (église des) de Montoire, p. 39.
Autels (Guillaume des), poète du xvi° siècle, p. 208.
Avost (Hiérosme d'), poète du xvi° siècle, p. 192.

Babou de la Bourdaisière (Philibert), homme de confiance envoyé auprès des princes, fils de François Ier, captifs en Espagne, p. 26.
Baïf (Lazare de), littérateur français du xvi° siècle, p. 192.
Baïf (Jean-Antoine de), fils de Lazare, littérateur français du xvi° siècle, p. 193.
Barbreau (Marie), femme de Samuel de Ronsart, seigneur de Glatigny, p. 53.
Bargedé (Nicolas), poète français, p. 197.
Baronnie (François de la), nom supposé de Florent Chrétien, p. 135 et suiv.
Barraison (famille), alliée aux Rousselet de Chateau-Regnaud, p. 86.
Bartas (Guillaume de Saluste du Bart, seigneur du), poète du xvi° siècle, p. 198.
Baudin, huissier envoyé auprès des princes, fils de François Ier, captifs en Espagne, p. 26.
Beaudoin de Ronsart, le premier du nom qui vint en France, 12, 14 et 15.
Baudouin (Jean), littérateur du xvi° siècle, p. 201.
Beaujeu (Christofle de), poète du xvi° siècle, p. 202.
Beaumanoir (de), baron de Lavardin, donne un certificat de service à Gilles de Ronsart, p. 45.
Beaumont (le marquis Léopold de), ses bienveillantes communications, p. 104.
Beaumont-la-Ronce, nom d'une des branches de la maison de Ronsard, p. 15 et *passim*.
Beaumont-au-Maine (famille de), p. 80.
Beczard (Pierre, maçon à Neufriez (Touraine), en 1573, p. 313.
Belet de la Chapelle (René), avocat d'Angers au xvii° siècle, p. 235.
Bellay (du), seigneur de Glatigny, ancienne famille du Bas-Vendomois, qui bâtit le château de la Flotte. Elle était alliée aux Ronsart, p. 14 et suiv.

Bellay (Martin du), ses mémoires cités, p. 30.
Bellay (René du), seigneur de la Flotte, ligueur, p. 41.
Bellay (Joachim du), littérateur du XVIᵉ siècle, 210.
Belleau (Remy), poète français du XVIᵉ siècle, ami de Ronsard; il lui adresse une élégie, p. 12, 33, 203.
Belliard, dessinateur d'un portrait de Ronsard, p. 127.
Belloud (famille de), alliée aux Rousselet de Château-Regnaud, p. 84.
Berault (Pierre), avocat au Mans, 46.
Bereau, poète français du XVIᵉ siècle, 217.
Bernardet, meurtrier du sieur de la Curée, 42.
Bernier (Jean), historien et médecin blaisois, 209.
Beroalde (François de), sieur de Verville, poète du XVIᵉ siècle, p. 219.
Bertaud (Jean), poète du XVIIᵉ siècle, p. 257.
Berthelot, écrivain du XVIIᵉ siècle, p. 238.
Besnier (M.) de Montoire, démolit la Ribochère, 74.
Béthune, magnifique fonds de manuscrits offert au Roi par Hippolyte, comte de Béthune en 1658, p. 183.
Beuzelin (Nicolle), femme d'Anselme de Ronsart, p. 70.
Beze (Th. de), historien calviniste cité, p. 35 et *passim*.
Billard (Claude), poète français du XVIᵉ siècle, p. 221.
Bindé, conseiller au siége présidial d'Orléans en 1560, p. 312.
Binet (Claude), biographe de Ronsard, p. 12 et *passim*.
Blanc de Ronsart, seigneur de Monchenou, XVᵉ siècle, p. 67.
Blanchemain (Prosper), éditeur des œuvres complètes de Ronsard, p. 7 et *passim*.
Bodin, auteur des *Recherches sur Angers*, ouvrage cité, p. 269.
Bodreau (Jacques), parrain de Françoise de Ronsart, p. 46.
Bois-Dauphin, maréchal qui défendait Le Mans assiégé par Henri IV en 1589, p. 46.
Boissy (M. de), conseiller du roi en 1683, p. 59, 279.
Bondonnet de Sarence (Antoine), avocat au siége présidial du Mans au XVIIᵉ et XVIIIᵉ siècle, p. 47.
Bonninière (Guionne de la), épouse de Philippe de Ronsart de Beaumont-la-Ronce, p. 60, 101, 282.
Bordes (branche des) de la famille de Ronsart, p. 15 et 68.
Bordier (Jean), chanoine de la cathédrale du Mans, représente le clergé du Mans aux États généraux de Tours en 1483, p. 18.

Bouchaige (armes de Jeanne Chaudrier du), p. 23.
Bouchet (Charles), bibliothécaire de la ville de Vendôme, p. 214.
Bouchet (Louis), poète vendomois, frère du précédent, p. 113.
Bouchet (Jean), poète et historien de l'Acquitaine, p. 32.
Bouchage (du), famille alliée aux Ronsart, p. 14.
Boulonnois (Esme de), auteur d'un portr. de Ronsart, p. 128.
Bourbon (famille de), p. 80.
Bourbon (Jean de), seigneur de Savigny et de Carency, troisième fils de Jean de Bourbon, premier du nom, comte de Vendôme, p. 16.
Bourbon (Antoine de), duc de Vendôme, meurt en 1562, p. 40.
Bourbon (César de), duc de Vendôme. Le fief de Fleurigny relevait de lui, p. 97.
Bourg (du), évêque de Rieux, littérateur du xvi⁰ siècle, p. 230.
Bozerian (M.), auteur d'un travail sur Ronsart, p. 125.
Brach (Pierre de), poète français, né en 1548, p. 222.
Brachet (Catherine), femme de Jean de Crevant, p. 37.
Brantôme, écrivain français du xvi⁰ siècle, p. 221.
Bretagne (famille de), p. 80.
Breviande (André Neilz, sieur de), p. 58, 92.
Brisson (le président), protecteur des lettres au xvi⁰ siècle, p. 203.
Broc (Catherine de), femme de Jacques des Loges, p. 90.
Brossard (famille de), p. 80.
Brossier (Claude), curé de Villavard en 1683, p. 58, 279.
Bry (Th. de), auteur d'un portrait de Ronsart, p. 130.
Buchanan (Georges), littérateur du xvi⁰ siècle, p. 227.
Budé ou mieux Buddée, savant théologien luthérien, p. 193.
Bueil (Anne de), femme de Loys de Ronsart, seigneur de la Poissonnière, p. 44.
Buisson (Richarde du), femme de Julien de Phélines, p. 55.

Cabaret (Ambroise), docteur en médecine au Mans, en 1675, p. 49.
Cabaret (Jean), sieur de la Sigonnière, avocat au parlement, p. 49.
Carbonnel (Jeanne), épouse de Jehan de Fromentières, 99.
Cardin (Catherine), femme de Blanc de Ronsard (xv⁰ siècle), p. 67.

Carmelot (Mathieu), serrurier à Neufriez en 1573, p. 313.
Carondas, surnom de Louis Le Caron, poëte du xvie siècle, p. 214.
Carrey de Bellemare, détails sur cette famille, p. 50, 51, 52.
Carrey de Bellemarre (Félix-Louis), directeur divisionnaire des lignes télégraphiques, épouse Mlle de Ronsart, p. 51.
Cassandre, maîtresse de Ronsard, p. 212, 225 et *passim*.
Castille (connétable de), chargé de garder les fils de François Ier, prisonniers en Espagne, p. 25.
Catherine de Médicis, régente pendant la minorité de Charles IX, p. 41.
Cécile Europe de Ronsart, religieuse, fille de Gilles de Ronsart, p. 45.
Chabot (Paul de), seigneur du Fresne, ligueur, 41.
Chabot (Marguerite de), femme de Joachim de Ronsart, 69.
Chalay (de), famille alliée aux Ronsart, p. 14.
Chalmel, auteur des tablettes chronologiques de Touraine, ouvrage cité, p. 112.
Champaigne (Jehan de), ses prétentions sur Beaumont-la-Ronce, 97, 313.
Chandieu, ministre protestant, ennemi de Ronsard, p. 135.
Chapiteau (Antoine), sieur de la Richardière, p. 271.
Chappes (Pierre de), évêque d'Arras et de Chartres, p. 80.
Charles Ier de Boisquinard, p. 69.
Charles de Ronsart, pronotaire apostolique au xvie siècle, p. 13 et 34.
Charles de Ronsart, curé d'Evaillé, 34 et 35.
Charles de Ronsart, chevalier de Malte au xviie siècle, p. 55.
Charles de Ronsart, seigneur de Beaumont-la-Ronce, en 1545, p. 160.
Charles, duc d'Orléans, mort en 1545, p. 25.
Charles IX, déclaré majeur à treize ans, p. 41. — Ses rapports avec Ronsard, p. 217. — Il est censé avoir donné à Ronsard les armes que lui attribue Palliot, p. 10.
Charles-Quint, fait François Ier prisonnier, p. 25.
Charlotte, fille de Philippe de Ronsart de Beaumont-la-Ronce, p. 61.
Chatellier (du), famille alliée aux Ronsart, p. 14.
Chaudrier (Jeanne), veuve de Guy des Roches, écuyer, seigneur de Basne, puis femme de Louis de Ronsart et mère de Pierre de Ronsart, p. 23 et 80.

Chauvigné (Mgr. Christophe de), évêque de Saint-Pol de
Léon, en Bretagne, consacre l'église de Bessé, p. 21.
Chavigny (M. et Mlle de), attachés aux jeunes princes, fils
de François Ier, en Espagne, p. 27.
Chetardie (Joachim de la), prieur de Saint-Côme, p. 110.
Cholières (de), poète du XVIe siècle, p. 223.
Chrétien (Florent), littérateur protestant et précepteur
d'Henri IV, ennemi de Ronsard, p. 135 et *passim*.
Chrestien (Guillaume), savant médecin et chancelier du
duc de Vendôme, p. 184.
Clairambault, généalogiste, p. 18.
Claude de Ronsart, frère de Pierre, le poète, p. 34, 38.
Claude de Ronsart, fils de Michel II, p. 48.
Claude, fille de Jean de Ronsard (XVIIe siècle) p. 56.
Clavier (Guillaume), littérateur du XVIe siècle, p. 225.
Cochet (l'abbé), notice sur l'abbaye de Bellozanne, ouvrage
cité, p. 107.
Colletet (Guillaume), auteur de l'*Histoire des poètes français*, (manuscrit de la Bibl. du Louvre), 12, 34 et
passim.
Conti (prince de), François de Bourbon, fils de Louis de
Bourbon, premier prince de Condé, p. 70.
Cotten (Geneviève), fille du sieur de Martigny et femme de
Louis de Ronsart (fin du XVIIe siècle), p. 15 et 59.
Cotten (Marie), femme de René-Martin de Geoffre, 59.
Courcillon (Anne de), épouse Amaury de Fromentières, p. 99.
Cousin (J.), curé de Mazangé en Vendômois, en 1651, p. 53.
Cousin (Jean), auteur présumé d'un portrait de Ronsard,
p. 119.
Craon (famille de), vicomtes de Châteaudun, alliée aux
Ronsart, p. 14 et 79.
Crévant (Antoine de), abbé de Saint-Calais au XVIe siècle,
p. 19.
Crévant (François de), mari de Louise de Ronsart, seigneur
de Cingé, de Jumilhac, de Chaulmes, de Villaret, p. 36.
Crevant (Jean de), seigneur de Bauché, mari de Catherine
Brachet, 18.
Crevant (Louis de), trente-deuxième abbé de la Trinité,
p. 37.
Croize (Mathieu), charpentier à Neufriez en 1573, p. 313.
Crozon (comte de), qualification d'Emmanuel Rousselet,
marquis de Château-Regnaud, né en 1695, p. 83.
Curée (famille de Filhet de la), p. 40.

Damville de Rochepot, c'était Henri Ier, duc de Montmorency, 2e fils du connétable Anne de Montmorency, p. 70.
Dargy (Françoise), veuve de Jehan Thibault, p. 283.
Daumont, marchand de gravures du xvie siècle, demeurant à Paris, rue Saint-Martin, p. 129.
Deficte, conseiller du roi et trésorier de son épargne, p. 141.
Delahaye, (famille), propriétaire actuelle du château de la Poissonnière, p. 87 et 88.
Delaplace (Christophe-Joseph), propriétaire de la Poissonnière, p. 85.
Delpech lithographie un portrait de Ronsard, p. 127.
Dergny, *les Cloches du pays de Bray*, ouvrage cité, p. 107.
Desportes, son portrait gravé, p. 128.
Desrochers, auteur d'un portrait de Ronsard, p. 130.
Des Rues, lieutenant de Leroy de Chavigny, gouverneur du Mans, p. 42.
Dodard (Louis), notaire royal à Clermond-Ferrand en 1559, p. 302.
Dorat ou Daurat (Jean), savant du xviie siècle et professeur de Ronsard, p. 180, 196 et *passim*.
Dortans (de), famille de Bresse, p. 79.
Ducoudray (M.), prouve que c'est Charles et non Pierre de Ronsart qui a été curé d'Evaillé, p. 35.
Dupré (M.), bibliothécaire de Blois, ses communications obligeantes, p. 7, 24, 39, et *passim*.
Dureau, prêtre à Beaumont-la-Ronce, en 1555, p. 287.
Duverdier (A.), bibliothécaire français, p. 226.
Duvot (Antoine), clerc à Tours, en 1555, p. 287.

Edin de Ronsart, fils d'Anselme, p. 46.
Edouart III, roi d'Angleterre, était aux prises avec Philippe VI, roi de France, lorsque Beaudouin de Ronsart vint en France, p. 12.
Egrot, conseiller au siége présidial d'Orléans en 1560, p. 312.
Elbeuf (René de Lorraine, duc d'), p. 203.
Elbeuf (Charles, marquis d'), a pour gouverneur Remy Belleau, p. 203.
Eléonore, sœur de Charles-Quint, douairière de Portugal, 2e femme de François Ier, p. 26.
Elisabeth-Françoise, fille de François-Michel de Ronsart, p. 51.

Ernestine-Marie-Françoise, fille de François-Michel de Ronsart, épouse Félix-Louis Carrey de Bellemare, p. 51.
Esnault d'Asselines, famille noble alliée aux Le Bourdais, p. 48.
Estaing (famille d'), alliée aux Rousselet de Château-Regnaud, p. 83.
Espinay (Charles d'), littérateur du xvi⁰ siècle, p. 226.
Estienne (Olivier), curé d'Evaillé, p. 35.
Estienne (Henry), fils de Robert Estienne, habile et savant imprimeur du xvi⁰ siècle, p. 205.
Etienne (Charles), célèbre médecin du xvi⁰ siècle, p. 193.

Favin, auteur d'une histoire de Navarre, p. 30.
Fay (de), conseiller au siége présidial d'Orléans, en 1560, p. 312.
Feron (Jean le), roi d'armes de France, p. 259.
Filhet de la Curée, seigneur de la Roche-Turpin, huguenot, p. 40.
Fillastre (M⁰ Remy), p. 271.
Fontaine (M. de), conseiller au conseil d'Etat privé du roi, en 1580, p. 45.
Fontaine-Solar (M⁰ de la), propriétaire de la Chapelle-Gaugain, p. 91.
Fontenailles (famille de), p. 290.
Foussard, notaire en 1553, p. 39.
Foussard (Jean), fait un échange avec Claude de Ronsart en 1544, p. 38.
France (famille de), p. 80.
Francine, maîtresse de Baïf, p. 195.
François Iᵉʳ avait pour chroniqueur René Macé, poëte vendomois, p. 22.
François, dauphin de Viennois, fils de François Iᵉʳ, p. 23.
François de Laval, seigneur de Marcillé et de Saumoussay, épouse Marie de Ronsart, p. 22.
François-Michel de Ronsart, fils de Michel-Claude, officier supérieur du génie maritime, p. 50.
Françoise de Ronsart, fille de Loys de Ronsart, épouse Louis Le Gay (xvi⁰ siècle), p. 44.
Françoise, fille d'Edin de Ronsart, p. 46.
Françoise, fille de Michel II de Ronsart, p. 49.
Françoise, fille de Gilles de Ronsart de Glatigny, p. 55.
Fresneau (Marie), marraine de Marie de Ronsart en 1618, p. 47.

Fromentières (Jehan de), seigneur de Meslay, p. 100.
Fromentières (Nicolas-Hillarion de), p. 100.
Fromentières (Guy de), seigneur de Beaumont-la-Ronce, p. 60.
Fromentières (Jehanne de), femme de Jacques de Ronsart de Beaumont-la-Ronce, p. 60.
Fromentières (Louise de), épouse Jean de Maillé, p. 100.
Fromentières (Jehanne de), épouse Jacques de Ronsart, p. 100.
Fromentières (Jehan de), fils d'Amaury, seigneur de Beaumont-la-Ronce, p. 99.
Fromentières (Guy de), seigneur de Beaumont-la-Ronce, p. 100, 291.
Fromentières (Amaury de), seign. de Beaumont-la-Ronce, p. 99.
Fromentières (Anne de), épouse Charles de Ronsart, p. 100.
Fumée (Martin), chevalier, seigneur de Genillé et de la Roche d'Alais, p. 61, 104.
Fuye (Antoine-Martin de la), parrain d'Anthoine de Ronsart, p. 48.

Gabriel de Ronsart, dit le Prieur des Roches (xvi° siècle), p. 62.
Gacon (François), poète satirique de la fin du xvii° siècle, p. 129.
Gaignières, fonds de la Bibliothèque impériale offert par Roger de Gaignières en 1711, p. 147, 172, 180.
Gaignon de Villaines (François de), épouse la fille de Mâcé de Ternay, p. 22.
Gailhac (famille de), p. 79.
Gaillard, historien de François I°', p. 25.
Garasse (le père), jésuite, zélé défenseur de la catholicité, p. 87, 88.
Garante (Pierre), vicaire général de Saint-Augustin-de-Montoire, en 1547, p. 135, 265.
Garnier (Claude), commentateur de Ronsart, p. 207, 242.
Garreau (Michel), prêtre à Argentré, près Laval, en 1578, p. 272.
Gaucher (C. S.), graveur d'un portrait de Ronsard, p. 127.
Gaudart (Agnès), marraine de Pierre de Ronsard, en 1611, p. 46.
Gaultier (Léonard), éditeur d'un portrait de Ronsard, p. 124.

Gauvain (René), lieutenant particulier et procureur du roi à Beaumont-le-Vicomte, puis bailli de la ville du Mans, p. 49.

Genin (M.), éditeur de l'appendice des lettres de Marguerite d'Angoulême, p. 29.

Gennes (Marguerite de), veuve de Jean Rouher, seigneur d'Authon, p. 103, 293.

Geoffre (René de Martin de), époux de Marie Cotten, p. 59.

Geoffroy le Bel Plantagenet, comte d'Anjou, épouse Mathilde, fille d'Henri Ier, roi d'Angleterre, et veuve d'Henri V, dit le Jeune, empereur d'Allemagne. Ronsard était parent des comtes d'Anjou par les Craon, il était ainsi allié à la reine Élisabeth d'Angleterre, p. 14.

Gerbault (Jeanne), femme de Michel de Ronsart, p. 47.

Gervaise, lieutenant particulier à Orléans, en 1560, p. 312.

Gervais de Ronsart, écuyer, p. 16.

Gibier (Éloy), imprimeur calviniste à Orléans, en 1563, p. 136.

Gilles de Ronsart, prêtre, religieux de Saint-Georges-du-Bois, p. 55.

Gilles de Ronsart, seigneur de Glatigny, fils de Claude de Ronsart, p. 44 et 53.

Girard, vicaire de la paroisse de Saint-Laurent, en 1666, p. 57.

Gletteraye (François), notaire royal à Beaumont-la-Ronce, en 1621, p. 299.

Godeau (René), conseiller du roi, assesseur à la prévôté royale du Mans, p. 48.

Godefroy, chroniqueur français du XVIIe siècle, p. 186.

Gondy (famille de), p. 82.

Goujet (l'abbé), historien, p. 32.

Grevin (Jacques), littérateur et médecin du XVIe siècle,

Guérin, notaire au duché de Touraine, en 1548, p. 39.

Guillaume de Ronsart, seigneur des Roches (XVIe siècle), p. 61.

Guillaume de Ronsart, épouse Françoise de Vimeur, en 1503, p. 69.

Guillon (Jehan), serrurier à Beaumont-la-Ronce, en 1573, p. 313.

Guillot (Jacques), poète du XVIIe siècle, p. 228.

Guise (duc de), chef de la ligue, p. 41.

Guise (cardinal de), avertissement de son médecin à Ronsard, p. 137.

Guitton (Nicolas), vicaire de Saint-Nicolas, au Mans, p. 46.
Guy de Tours, poëte du xviie siècle, p. 230.
Gyves (de), conseiller au siége présidial d'Orléans en 1560, p. 312.

Habert (François), poète satirique, p. 239.
Hamelin, seigneur de Vendomois, père de Jeanne de Vendomois, p. 16.
Hames (sieur de), p. 20, 273.
Hardian, lieutenant de Leroy de Chavigny, gouverneur du Mans, p. 42.
Haureau (M.), continuateur de la *Gallia christiana*, p. 36.
Haygné (Michel), avocat au Mans, en 1608, p. 47.
Haygné (Françoise), femme d'Édin de Ronsard, p. 47.
Henry, duc d'Orléans, fils de François Ier, p. 25.
Henri IV n'avait que neuf ans à la mort de son père, en 1562, p. 40.
Hopwood, graveur, reproduit un portrait de Ronsard, de Léonard Gaultier, p. 125.
Hortense (la reine), Hortense-Eugénie de Beauharnais, fille de Joséphine de Tascher de la Pagerie et du vicomte de Beauharnais, mère de Napoléon III, p. 55.
Houdayer (Julien), curé de Saint-Nicolas, au Mans, 47.
Hozier (d'), Armorial général cité, p. 69.
Hue, conseiller au siége présidial d'Orléans, en 1560, p. 312.
Hurault (Jacques), littérateur, ami de Ronsard, p. 228.

Illiers des Radrets (famille d'), p. 79.
Illiers des Radrets (Jeanne d'), femme d'Olivier II de Ronsart (xve siècle), p. 20.
Illiers des Radrets (Jehanne d'), sœur de la précédente et femme de Jean de Bourbon, seigneur de Bonneval (xve siècle), p. 20.
Irvoy, statuaire vendomois, p. 113.
Isabeau, fille de Jacques de Ronsart de Beaumont-la-Ronce, p. 60, 68, 100.
Isabelle, fille de Gilles de Ronsart, seigneur de Glatigny (xviie siècle), p. 54.

Jacqueline de Ronsart, dame de Béziers, fille d'Olivier II de Ronsart, p. 22.
Jacques de Bourbon, fils de Jean de Bourbon et de Jeanne de Vendomois (xve siècle), p. 17.

Jacques de Ronsart, pronotaire apostolique; son différend avec le chapitre de la cathédrale du Mans, p. 21.
Jacques de Ronsart, fils de Loys, p. 44.
Jacques de Ronsart de Beaumont-la-Ronce, p. 60.
Jacques de Ronsart, seigneur de Monchenou, la Roche, la Denysière, p. 68.
Jamin (Amadis), poète, ancien page de Ronsard, p. 229.
Janet, éditeur d'un portrait de Ronsard, p. 113, 127.
Jean, fils de Gervais de Ronsart (xve et xvie siècle), p. 17.
Jean, fils de Gilles de Ronsart de Glatigny, p. 53, 56.
Jean de Ronsart, archidiacre de Laval, chanoine du Mans et curé de Bessé au xvie siècle, p. 21.
Jean II, fils d'André de Ronsart (xve siècle), p. 18.
Jean III de Ronsart, abbé de Saint-Calais (xve et xvie siècle), p. 18.
Jean II, fils de Jean Ier de Ronsart de Beaumont-la-Ronce, p. 61, 104.
Jean-Baptiste, dit le Jeune de Beaumont, fils de Philippe de Ronsart de Beaumont-la-Ronce, (xvie siècle), p. 61, 103.
Jeanne de Vendomois, fille d'Hamelin Ier de Vendomois et d'Alix de Bessé, épouse Gervais de Ronsart (xive siècle), p. 16.
Jeanne, fille d'Olivier II de Ronsart, épouse Mâcé, seigneur de Ternay, p. 22.
Jeanne, fille de Philippe de Ronsart de Beaumont-la-Ronce, p. 61.
Jeanne, fille de Gilles de Ronsart, seigneur de Glatigny, (xviie siècle), p. 54.
Jehan de Ronsart, était prieur de Tuffé et abbé de St.-Calais au xve siècle, p. 14.
Jehan de Ronsart, curé de Bessé, chanoine du Mans au xvie siècle, p. 13.
Jehan I, fils de Philippe de Ronsart de Beaumont-la-Ronce (xvie siècle), p. 60 et 103.
Jehan Roussart, seigneur de la Roche, Monchenou, la Denysière, etc., p. 68.
Jehanne d'Albret, gouverne le duché de Vendôme après la mort de son mari en 1562, p. 40.
Joachim de Ronsart, seigneur des Roches, p. 69.
Jodelle (Etienne), littérateur, ami de Ronsart, p. 139, 214.
Joséphine de Tascher de la Pagerie, impératrice des Français, p. 55.

Joubert (Françoise), marraine de Françoise de Ronsart en 1613, p. 46.
Jourdain (Vincent), provincial, docteur en théologie du chapitre provincial de Montoire, p. 265.
Joursanvault, archives dispersées par le vent des enchères; elles ont formé entr'autres un fonds de la Bibliothèque de Blois, p. 24, et un fonds de la Bibliothèque du Louvre, p. 141.

Korsart, nom primitif de la famille de Ronsart, p. 11.

La Chénaye des Bois, généalogiste cité, p. 69.
Lacroix du Maine, bibliothécaire cité, p. 135.
Lacroix (Paul), éditeur des œuvres choisies de Ronsard, p. 127. 226.
Ladoyreau (Martin), notaire royal à la châtellenie de Beaumont-la-Ronce, au XVIᵉ siècle, p. 103, 294.
La Fresnaye-Vauquelin, poète français du XVIᵉ siècle, p. 215, 239, 242.
La Haye (famille de), propriétaire du château de la Poissonnière, p. 87.
La Martinière (Bruzen de), géographe, p. 26.
Lambin (Denis), docte professeur au XVIᵉ siècle, p. 208.
L'Angelier, libraire à Paris, en 1584, p. 192.
La Porte (Marie-Anne-Renée de), alliée aux Rousselet de Château-Regnaud, p. 83.
Larçay (Catherine de), femme d'André de Ronsard (15ᵉ siècle), p. 18.
La Roche (Pelletier de), famille de Jehanne, mère de Françoise de Vimeur, p. 69.
Lasne (M.), auteur d'un portrait de Ronsard, p. 130.
Lasne, procureur au châtelet d'Orléans, en 1666, p. 275.
La Trémouille, famille alliée aux Ronsart, p. 14.
Laudun (Pierre de), poète du XVIIᵉ siècle, p. 231
Laudun (Robert de), littérateur du XVIIᵉ siècle, p. 231.
Lavardin (Beaumanoir, baron de), p.
La Veille, spadassin, un des meurtriers du sieur de la Curée, p. 43.
Le Besgue (Jules-Cœsar), poète du XVIᵉ siècle, p. 220.
Le Bourdais (Marguerite), femme de Michel II de Ronsart, p. 48.
Le Bourdais (Guillaume), bourgeois du Mans, en 1633, p. 48.

Le Bourdais de Chassillé (Fr.-Louis-Jean), conseiller au présidial du Mans, en 1730, p. 48.
Le Bourdais (Jehan), président en l'élection du Mans, en 1634, p. 48.
Le Bourdais (Jehan), assesseur en la maréchaussée, en 1655, p. 48.
Le Camus (Nicolas), notaire à Paris, dans la seconde moitié du xvie siècle, p. 12.
Leclerc (Henri), paroissien de Bessé, au xve siècle, p. 19.
Leclerc (François), libraire à Lyon, en 1563, p. 136.
Lecomte, littérateur du xvie siècle, p. 225.
Lefèvre (Nicolas), bourgeois de Paris, en 1646, p. 95.
Le Gay (famille), p. 44 et 82.
Lelièvre (Joseph), seigneur de la Voûte, paroisse de Troô, p. 14 et 55.
Lelièvre (Catherine), femme d'Anselme de Ronsart, p. 46.
Lelong (Bibliothèque du père), ouvrage cité, p. 130.
Le Mareux, notaire en 1504, p. 274.
Le Masle (Jean), poète français du xvie siècle, 215.
Lenoir (le chevalier), son cabinet de curiosités, p. 127.
Leroy de Chavigny, gouverneur du Mans, tient pour la ligue, p. 41.
Lescaldin (D. M.), nom que l'on croit déguiser celui de *Montméja*, p 137.
Le Vasseur (Joachim), sieur de Coigners, huguenot, gouverneur de Vendôme, pour Jehanne d'Albert, p. 40.
L'Hermite-Souliers, généalogiste cité, 69.
L'Aoste (André), greffier de Beaumont-la-Ronce, p. 293.
Loges (Jacques des), seigneur de la Chapelle-Gaugain, p. 90.
Lorme (Philibert de), p. 256.
Lorme (Mathurin de), un des commissaires du Conseil chargé de rechercher les usurpateurs de noblesse, p. 57, 272.
Louault (Olive), p. 102 et 282.
Loault ou Roault (Louis), seigneur de la Maslouère, p. 101.
Louet (Marie de), femme de Jean II de Ronsart, p. 104.
Louis de Bourbon, fils de Jean de Bourbon, et de Jeanne de Vendomois (xve siècle), p. 17.
Louis XI a pour échanson Olivier II de Ronsart, au xve siècle, p. 20.
Louis de Ronsart, chevalier des ordres du roi, fils d'Olivier II, né en 1479, p. 22-38.
Louis de Ronsart de la Poissonnière, neveu du poète, p. 267.

Louis de Ronsart, chevalier, seigneur de Glatigny, dernier de cette branche, résidait dans les paroisses de Poncé et de Saint-Rimay, p. 34, 15 et 57.
Louis de Ronsart de la Linoterie et de Thurigny, p. 272.
Louise de Savoie, mère de François Ier, p. 26.
Louise de Ronsart, dame de Villegaye, fille de Louis de Ronsart et femme de François de Crevant, p. 36.
Loys de Ronsart, abbé de Tyron et de Beaulieu, au XVIe siècle, p. 37.
Loyer (Pierre le), poète comique du XVIIe siècle, p. 234.
Loyer (Marguerite le), femme auteur du XVIIe siècle, p. 235.
Luxembourg (famille de), p. 80.
Luxembourg (Marie de), fait une transaction avec Jean III de Ronsart, abbé de Saint-Calais, p. 18.
Luxembourg (Philippe de), représente le clergé du Mans aux États généraux de Tours en 1483, p. 18.

Macé, famille établie dans la paroisse de Ternay, vers 1500, p. 22, 80.
Macé (René), poète vendomois, p. 22.
Magdelaine, fille de Michel II de Ronsard, p. 49.
Magny (Olivier de), littérateur du XVIe siècle, p. 214.
Maillé (famille de), p. 80.
Maillé (Jean de) épouse Louise de Fromentières, p. 100.
Maillé (Jeanne de), femme d'Olivier de Ronsart au XVe siècle, p. 19.
Maillé (Jehan et Antoine), couvreur à Neufries, en 1573, p. 313.
Mainferme, conseiller au siége présidial d'Orléans, en 1560, p. 312.
Mainville (M. de), ancien propriétaire de la Chapelle-Gaugain, p. 91.
Maire (Le), conseiller au siége présidial d'Orléans, en 1560, p. 312.
Mairie (P. de la), supplément aux Recherches historiques sur la ville de Gournay-en-Bray, ouvrage cité, p. 107.
Malherbe, famille alliée aux Ronsart, p. 69.
Malherbe, son portrait gravé, p. 128.
Marans, prêtre à Laval, en 1578, p. 272.
Marboutin (Guillaume), potier à Paris, en 1563, p. 96.
Marcassus (Pierre), commentateur de Ronsard, p. 207, 242.
Marchault (Louis de), conseiller du roi, en 1667, p. 57 et 272.

Marçon (Jean de Fromentières, seigneur de), était fils de Jehan de Fromentières, p. 99.
Marescot, famille alliée aux Ronsart, p. 14.
Mayenne (duc de), chef de la ligue, 41.
Marguerite Renée, fille de Michel II de Ronsart (fin du xviie siècle), épouse René Gauvain, 49.
Marguerite de France, duchesse de Savoie, protectrice de Ronsard. Lettre de cette princesse à la reine mère, p. 182.
Marguerite de Valois, protectrice de Ronsard et poète elle-même, p. 244.
Marie de Ronsart, épouse François de Laval, p. 22.
Marie, fille d'Edin de Ronsart, p. 46.
Marie, maîtresse de Ronsard, p. 214, 226 et *passim*.
Marot (Clément), poète français du xvie siècle, p. 128, 235.
Martel (Louis), poète rouennais du xviie siècle, p. 234.
Martigny (de), chef du gobelet du roi, à la fin du xviie siècle, p. 59.
Martin (Jean), commentateur de Ronsard. p. 236.
Martin (Henri), historien cité, p. 34.
Martonne (M. de), sa collection de portraits, p. 125.
Marucini ou Maracina, nom primitif des Ronsart, suivant M. Ubicini, p. 11.
Masson (Papyrius), panégyriste de Ronsard, p. 129.
Massue (Louis-François), procureur du roi en la sénéchaussée des eaux et forêts de Château-du-Loir, p. 90.
Matignon (famille de), p. 79. 83.
Mauclerc (Jean), notaire à Lavardin, en 1683, p. 278.
Médicis (Catherine de), reine douairière de France, duchesse de Touraine, p. 41, 213.
Mellet ou Meslet (Jean de), seigneur de Fretay, paroisse de Savigny, p. 55.
Mellan (Cl.), graveur d'un portrait de Ronsard, p. 126.
Menou (de), alliance de cette maison avec celle de Fumée, p. 104.
Mesnil (Agathe du), fille de Simon du Mesnil, p. 60, 100.
Mesnil (François Simon du), chevalier, seigneur de Beaujeu, épouse en secondes noces Jehanne de Fromentières, p. 60, 100.
Mesnil (Jacques du), fils de Simon du Mesnil et mari d'Isabeau de Ronsart, p. 60, 68, 100.
Michel, fils d'Édin de Ronsart, notaire royal au Mans, p. 47.
Michel II, fils de Michel I de Ronsart, avocat au siège présidial et sénéchaussée du Mans, en 1665, p. 47.

Michel III, fils de Michel II de Ronsart, écuyer, fourrier ordinaire du duc de Berry, en 1690, p. 49
Michel (Claude), fils de Michel III, lieutenant général de Beaumont, p. 50.
Mineroy (Bernardin de), seigneur d'Avarzay et du Tertre, épouse en 1504 Jeanne d'Illiers, veuve d'Olivier de Ronsart, p. 20.
Miron, émissaire catholique, en Vendomois, p. 41.
Moloré de Saint-Paul (Perrine-Françoise), femme de Michel Claude de Ronsart, 50.
Monceaux (famille de), alliée aux Ronsart des Roches, p. 61.
Monchenou (branche de), de la famille des Ronsard, p. 67 et *passim*.
Monier (Martial), poète limousin du xvie siècle, p. 223.
Monin (Édouard du), poète latin et français du xviie siècle; mauvais écrivain, p. 160, 236.
Monnoyer lithographie un portrait de Ronsard, p. 127.
Montmorency (M. de), grand maître de France, p. 27.
Montmorency (famille de), alliée aux Rousselet de Château-Regnaud, p. 83.
Mont-Dieu (B. de), nom supposé de Chandieu, p. 135, 136.
Montplacé (Perrette de), femme de Guerin de la Bonninière, p. 101.
Moreau (Sébastien), chroniqueur du temps de François Ier, p. 27.
Morel (Camille de), chantée par Ronsard, p. 185.
Morenne (Claude de), poète du xviie siècle, p. 233.
Mory, notaire royal à Argentré, près Laval, en 1578, p. 267, 272.
Motius, écrivain du xviie siècle, p. 238.
Muret, commentateur de Ronsard, p. 119, 204, 215.

Neilz (André), lieutenant du bailly de Vendôme et maître des eaux et forêts, achète le domaine de Fleurigny à Louis de Ronsart, en 1683, p. 56, 278.
Nepveu de Rouillon, famille noble alliée aux Le Bourdais, p. 48.
Nicolas de Ronsart, seigneur des Roches, au xvie siècle, p. 64.
Nicolas-Horace de Ronsart, prêtre, seigneur des Roches, littérateur, p. 13, 45.

Noailles (famille de), alliée aux Rousselet de Château-Regnaud, p. 83.

Odieuvre, marchand d'estampes, rue d'Anjou, à Paris, au XVIe siècle, p. 125.
Olive, maîtresse de du Bellay, p. 212.
Olivier de Ronsart, fils de Jean II (XVe siècle), p. 19.
Olivier de Ronsart, IIe du nom, fils d'Olivier I (XVe siècle), p. 19.
Olivier de Ronsart de la Poissonnière, échanson du roi, p. 266.
Oratoriens, leur collége à Vendôme agrandi par l'acquisition de la maison de Ronsart, p. 97.
Orléans (famille d'), p. 80.
Orry, conseiller du roi, parrain de Marie de Ronsart, en 1618, p. 47.

Palliot (armoiries de Ronsard données par), son erreur expliquée, p. 10.
Papillon, *Histoire de la gravure*, ouvrage cité, p. 119.
Pasquier (Etienne), *Recherches de la France*, ouvrage cité, p. 196.
Passerat, ami de Ronsard, p. 181.
Pelletier, dessinateur d'un portrait de Ronsard, p. 127.
Pelletier (Jacques), traducteur de Pétrarque, p. 192, 239.
Percil (Hélène de), Percy ou Porzay, femme de Jean de Ronsart (XVIIe siècle), p. 56.
Pernay (Françoise de), première femme de François-Simon du Mesnil, p. 60.
Perray (Guillaume de), épouse Anne de Monceaux, p. 62.
Perron (cardinal du), évêque de Sens, panégyriste de Ronsard, p. 12, 31, 260.
Peruse (Jean de la), poète tragique du XVIe siècle, p. 237, 245.
Petigny (de), historien du Vendômois, p. 10, 39.
Pétrarque (sonnets de), trad. par Hierosme d'Avost, p. 192.
Phélines (Louise de), femme d'Isaac de Tascher de la Pagerie, p. 54.
Phélines (Julien de), seigneur de la Basse-Bichetière, p. 54, 79.
Philieul (Vasquin), poète français, p. 192.
Philippe VI de Valois, était sur le trône lorsque le premier marquis de Ronsart vint en France, p. 12 et 16.

Philippe de Bourbon, fils de Jean de Bourbon et de Jeanne de Vendôme (xv⁰ siècle), p. 17.
Philippe de Ronsart, fils de Jacques de Ronsart de Beaumont-la-Ronce, p. 60, 100, 282.
Philipot, fils de Blanc de Ronsart, p. 67.
Picheray, notaire à Prunay, en 1683, p. 278.
Pierre de Ronsard, le poëte, p. 13 et *passim*.
Pierre de Ronsart, prêtre, licencié ès-droits (xv⁰ siècle), p. 13.
Pierre de Ronsart, prêtre, archidiacre de Château-du-Loir (xvɪ⁰ siècle), p. 13.
Pierre, fils d'Édin de Ronsart, p. 46.
Pierre de Bourbon, fils de Jean de Bourbon et de Jeanne de Vendomois (xv⁰ siècle), p. 17.
Pillon (Anne), femme de Michel III de Ronsart, p. 49.
Pimpont, littérateur du xvɪ⁰ siècle, p. 201.
Ponthus de Thiard, évêque de Châlons-sur-Saône, et un des poètes de la Pléiade de Ronsard, p. 216, 245.
Porte (Vᵉ Maurice de la), éditeur des œuvres de Ronsard, p. 119.
Prangé, poëte tragique du xvɪɪ⁰ siècle, d. 179.
Pretesenge (Mᵉ Jacques), curé de Beaumont-la-Ronce, en 1555, p. 287.

Quélen (Sébastien de), premier mari de Marie-Anne Stermant, p. 50.
Querhoent (marquis de), seigneur de Tréhet, p. 74.
Queyroy (Mʳ A.), sa collection de portraits de Ronsard, p. 125.

Rabelais (François), lié avec René Mâcé et Ronsard, p. 22, 209.
Racan, poëte français, p. 71.
Rasse-des-Nœuds, fonds de la Bibliothèque impériale, à Paris, p. 137.
Regnier (Mathurin), poëte satirique, p. 237.
René de Ronsart, seigneur de la Roche, la Denysiere, Monchenou, 68.
René de Ronsart, seigneur des Vaux, 69.
Renusson (Thomassine de), femme de Jean de Ronsart (xvɪ⁰ siècle), p. 17.
Rigaud (B.), libraire à Lyon, en 1568, p. 137.
Richelet (Nicolas), commentateur et éditeur de Ronsard, cité, p. 112, 207.

Robert, conseiller au siége présidial d'Orléans, en 1560, p. 246, 312.
Robert de Fauz, généalogiste angevin, p. 14.
Rochebouet (Jehan de), licencié ès-lois, avocat au présidial de Tours, en 1555, p. 287.
Rochepot (M. de), Henri I, duc de Montmorency, 2ᵉ fils du connétable Anne de Montmorency, p. 70.
Roches (famille des), p. 79.
Roissy (de), conseiller privé du roi et chancelier de Navarre, p. 301.
Rolin Baraigne, libraire à Paris, en 1530.
Ronsart (famille de), fait l'objet de cet ouvrage, *passim.*
Rossart, Roussart, Ronsart, Ronsard, diverses orthographes du nom de la famille qui fait l'objet de cet ouvrage, p. 11.
Rouaux, famille alliée aux Ronsart, 14.
Rouault, voyez Louault, p. 101.
Rouget (Louis), sieur de Montrieux, conseiller aux grands jours de Vendomois.
Rouher (Jehan, seigneur d'Authon et de la Couterie), p. 103.
Rousselet de Château-Regnaud (famille de), p. 82 et suiv.
Roville, éditeur d'un portrait de Ronsard, p. 120.

Saint-Allais (Viton de), généalogiste cité, p. 69.
Sainte-Marthe (Scévole de), dont le vrai nom était Gaucher, poète français et latin, p. 201, 242.
Saint-Pol (comte de), p. 56.
Saintrailles (Rothelin de), seigneur de la Chapelle-Gaugain, p. 90.
Salmon (Jean de), IIIᵉ du nom, seigneur du Chastellier, près Savigny, p. 56.
Samuel, fils de Gilles de Ronsard, seigneur de Glatigny (xviiᵉ siècle), p. 53.
Sandoval, historien espagnol, p. 26.
Sanzay (famille de), 259.
Saurs (Clément), poète français, p. 255.
Saussaye (Mʳ de la), donne un buste de Ronsard au musée de Vendôme, p. 113.
Savardan (dʳ), ancien propriétaire de la Chapelle-Gaugain, p. 91.
Savary (Jacques), écuyer, seigneur du Frêne, p. 102.
Savary (Marie), épouse Jehan de la Bonninière, p. 102.
Schelandre (Jean de), poète du xviiᵉ siècle, p. 140.

Sepulveda, biographe de Charles-Quint, p. 30.
Selve (Jean de), premier président du parlement de Paris, ambassadeur d'Espagne, p. 27.
Sigogne, écrivain du xviiie siècle, p. 238.
Simon (l'abbé), Vendôme et ses environs, ouvrage cité, p. 31, 141.
Scalion de Virblumeau, sieur de l'Ofayat, mauvais poète, p. 253.
Scève (Maurice), poète lyonnais du xvie siècle, p. 215, 216, 250.
Sorbin (Arnaud), poète du xvie siècle, p. 250.
Soultray (Jacqueline de Montigny, dame de), p. 300.
Soupplet (Sébastien), notaire royal à Clermond-Ferrand, p. 302.
Sponde (J. de), Epitome des annales ecclésiastiques, ouvrage cité, p. 134.
Stermant (Marie-Anne), veuve de Sébastien de Quélen, épouse Michel III de Ronsart, p. 50.
Sugères (Hélène de), dernière maîtresse de Ronsard, p. 225.
Susane (Louis), Histoire de la vieille infanterie française, ouvrage cité, p. 83.
Suzanne, fille de Gilles de Ronsart de Glatigny (xviie siècle), p. 55.

Tabourot (Etienne), écrivain du xviie siècle, p. 251.
Taffu, notaire, en 1550, p. 39.
Tahureau (Jacques), poète manceau, p. 38, 243.
Taille (Jean de la), écrivain du xvie siècle, p. 249.
Taille (Jacques de la), poète du xvie siècle, p. 249.
Taillevis de Jupeaux ou La Mézière (Françoise de), épouse Gilles de Ronsart, seigneur de Glatigny, p. 44.
Tascher de la Pagerie (Isaac de), père de Pierre de Tascher, p. 54.
Tascher de la Pagerie (Pierre de), épouse Jeanne de Ronsart en 1619, p. 54.
Tarin (Catherine), femme de François-Michel de Ronsart, p. 50.
Thibaut (Pierre), chapelain de Saint-Gatien de Tours, en 1545, p. 281.
Thibault (Jean), écuyer, seigneur de Bresseau, p.
Thibout (Samuel), libraire à Paris, en 1530, p. 208.
Thoreau (Gilles), p. 279.
Thou (de), historien cité, p. 35.

Tourniol (Philippe), poète français, p. 247.
Tiercelin (famille), réside dans le Maine, p. 90.
Tiercelin (Catherine), femme de Claude de Ronsart, p. 38, 39.
Tillet (Tithon du), auteur du *Parnasse*, ouvrage cité, p. 120.
Tillier (François), poète tourangeau, p. 248.
Tillier (Germain), p. 279.
Tiphaine de Ronsart, épouse en 1407 André de Marcé, p. 69.
Trelon (Claude de), poète français du xvie siècle, p. 246.
Triphault, conseiller au siége présidial d'Orléans, en 1560, p. 312.
Tronchet (Étienne du), poète français, p. 192.

Ubicini (Origine du nom de Ronsart expl. par M. A.), p. 11.
Utenhove (Charles), poète flamand, p. 245.

Vacherie (de la), lieutenant criminel à Orléans, en 1560, p. 312.
Valois (famille de), p. 79.
Varillas, *Histoire de Charles IX*, ouvrage cité, p. 134.
Veilliard (Jacques), auteur d'une oraison funèbre latine de P. de Ronsard, p. 216.
Vendôme (famille de), p. 80.
Vendôme (Louis-Joseph, duc de), tenait à foi et hommage la baronnie de Lavardin et les fiefs en dépendant, p. 280.
Vendomois (Christophe de), seigneur de Bessé, en 1420, p. 16.
Vendomois (Michelet de), p. 18.
Vetus (Jean), conseiller du roi, maître des requêtes ordinaires de son hôtel, p. 63, 307.
Verrières (Briande de), femme de Jean II de Ronsart (xve siècle), p. 18, 79.
Victor (Jehan), maître ouvrier en soie à Tours, notable commerçant, en 1555, p. 287.
Vié, notaire en Vendomois, le 3 mai 1619, p. 44, 54.
Villon (François), poète satirique, p. 239.
Vimeur de Rochambeau, famille alliée aux Ronsart, p. 69.
Violes (des), famille noble du xvie siècle, p. 211.
Vivier, contresigne un acte émanant du roi Louis XI, p. 20.

Widde (Jehan), menuisier à Neufriez, en 1573, p. 313.
Xaintrailles (famille de), p. 80.
Zamarlel (A.), nom supposé de Chandieu, p. 135.

TABLE ANALYTIQUE
DES NOMS DE LIEUX
CONTENUS DANS CE VOLUME.

Andelys (Election des), p. 106.
Arcueil, où s'est passée la farce du bouc de Jodelle, p. 139.
Areines, commune du Vendômois, p. 88.
Artins, commune du canton de Montoire, bas Vendômois, p. 74.
Augustins de Montoire (église des), Olivier II de Ronsart y fonde plusieurs services religieux, p. 19.
Auhs (pays d'), patrie de du Bartas, p. 198.
Auterres, seigneurie près d'Argentré, p. 272.
Authon, seigneurie située près de Saint-Amand en Vendômois, p. 102.
Auvines, seigneurie appartenant à Jean de Salmon, 2ᵉ du nom, p. 56.

Barrairie (la), lieux dits près de Beaumont-la-Ronce, p. 295.
Baratoire, seigneurie appartenant à Martin Fumée, p. 104.
Barillerie (rue de la), au Mans, p. 96.
Baronnière, seigneurie, p. 36.
Barre (la), bois situés près de Beaumont-la-Ronce, p. 283.
Bastie (la), en Dauphiné, seigneurie appartenant à la famille de Rousselet, p. 82.
Bas-Vendômois, province qui fut le berceau en France de la famille de Ronsart, p. 13.
Beaujolais, la famille de Phélines dans ce pays, p. 55.
Beaulieu, près du Mans. Il y avait là une abbaye dont Charles de Ronsart était titulaire, en 1575, p. 36, 37.

Beaumont-la-Ronce, bourg et manoir situés dans l'élection et généralité de Tours, siége d'une branche de la maison de Ronsart, p. 59, 97 et suiv.
Beauvais, fief appartenant aux La Bonninière, p. 102.
Bellozanne, ancienne abbaye de Prémontrés, située dans le pays de Bray en Normandie; Pierre de Ronsard, le poète, en fut abbé, p. 14, 37 et 106.
Bessé (Jehan de Ronsart était curé de), p. 13 et 21.
Betancourt, seigneurie, p. 20, 273.
Bidassoa, rivière, frontière de la France et de l'Espagne, p. 25.
Blacourt, seigneurie possédée par la famille de Monceaux, p. 61, 308.
Blois (grand bailliage de), 64.
Boismoreau, seigneurie appartenant à Jean de Salmon, IIIe du nom, p. 56.
Bonninière, fief voisin de Beaumont-la-Ronce, p. 101.
Bordeaux, patrie du poète Pierre de Brach, p. 222.
Boudaroy, en Beauce, patrie de Jacques de la Taille, p. 249.
Bouffry, paroisse de l'élection de Châteaudun, p. 54.
Bouloire (baronnie de), p. 90.
Bourdinière (la), seigneurie appartenant à Amaury de Ronsart, p. 69.
Bourg-Belay, paroisse de la Couture, quartier du Mans, p. 117.
Bournais, métairie dépendant de Beaumont-la-Ronce, p. 99.
Braye, rivière qui sépare le département de Loir-et-Cher de celui de la Sarthe, 74.
Brehemont, fief appartenant à Charles de Ronsart, de Beaumont-la-Ronce, puis à Guionne de la Bonninière, p. 60, 101.
Breviande, fief appartenant aux Ronsart, de la branche de Glatigny, p. 53.
Brulon, prieuré dépendant de l'abbaye de la Couture du Mans, p. 35.
Bulgarie, pays d'origine des Ronsart, p. 12.

Cambrai (traité de), conclu en 1529 entre la France et l'Espagne, p. 30.
Challonge, bois situés près de Beaumont-la-Ronce, p. 283.
Champmarin, seigneurie près Bessé, p. 95, 288.
Chapelle-Gaugain, seigneurie située près du Château-du-Loir, p. 19, 89.

Chapelle-Huon, commune du département de la Sarthe, p. 54.
Chappelet (lieu dit), près de Beaumont-la-Ronce, p. 294.
Chartres (grand bailliage de), p. 64.
Chartres, La Poissonnière dépendait pour le temporel du pays chartrain, p. 74.
Chastelier, fief de la paroisse de Savigny-sur-Braye, p. 56.
Chastelliers (les), fief appartenant aux La Bonninière, p. 101.
Château-du-Loir (Pierre de Ronsard était archidiacre de), (département de la Sarthe), en 1580, p. 13.
Chaulnes (seigneurie de), p. 36.
Chumynière, lieu dit près de Beaumont-la-Ronce, p. 294.
Cingé, seigneurie, p. 36.
Coqueret, collége où Antoine de Baïf faisait des cours, p. 193, 211.
Cour ou Court de Cram, fief situé près de Bessé (Sarthe), p. 94.
Courdemanche (Sarthe), p. 42.
Couterie (la), seigneurie appartenant à Jehan Rouher, seigneur d'Authon, p. 103, 293.
Couture, commune d'où dépend le château de la Poissonnière, canton de Montoire, département de Loir-et-Cher, p. 13 et 73.
Croixval, ancien prieuré situé dans la commune de Ternay, canton de Montoire (Loir-et-Cher). Pierre de Ronsard en était prieur commendataire, p. 14, 37, 94.

Dandizières, seigneurie, p. 20, 273.
Danube, les premiers Ronsart habitaient les rives de ce fleuve, p. 6, 12.
Denysière (la), manoir féodal, près de Couture, dans le Bas-Vendômois, p. 61, 303.

Estanges, seigneurie appartenant à Jean de Salmon, 3e du nom, p. 56.
Etangs l'Archevêque (les), seigneurie appartenant aux Fromentières, p. 100.
Evaillé, paroisse du diocèse du Mans, Pierre de Ronsard n'a jamais été curé d'Evaillé, p. 34, 133.

Fauxigny, fief appartenant aux Ronsarts de la branche de Glatigny, p. 53.

Faye, fief et paroisse situés dans le canton de Selommes, p. 100.
Fertière (la), seigneurie appartenant à Jean Salmon, 3ᵉ du nom, p. 56.
Feuillet de Conches, collectionneur français, p. 184.
Fillonyere (la), lieu dit près Beaumont-la-Ronce, p. 294.
Fleurigny, ancien fief situé dans la paroisse de Saint-Rimay, canton de Montoire, près Vendôme, p 56, 92.
Fontaine (la), paroisse de Savigny. Seigneurie appartenant à Jean de Salmon, 3ᵉ du nom, p. 56.
Fontarabie, ville d'Espagne où François Iᵉʳ, prisonnier de Charles-Quint, fut échangé contre ses fils, p. 25.
Fosse de Roumigny (la), ancien fief de la paroisse de Bessé, p. 19.
Frêne (le), manoir appartenant à Jacques Savary, p. 101.
Fresnoy (canton de), Sarthe, p. 95.
Fretay, seigneurie de la paroisse de Savigny, p. 55.

Gaillac, en Guyenne, patrie de Clément de Saurs, p. 255.
Gallia Christiana, ouvrage cité, p. 107.
Ganachère (la), lieu-dit sis entre l'étang de la Barre et le chemin de Beaumont-la-Ferrière, p. 102, 289.
Garlière (la), fief ayant appartenu aux Ronsart, paroisse de Savigny (Sarthe), 16, 92.
Genêts (les), seigneurie appartenant à Jean de Ronsart (xviiᵉ siècle), p. 56.
Genillé, seigneurie appartenant à Martin Fumée, p. 61, 104.
Gervaisye (la), bois situé près Beaumont-la-Ronce, p. 283.
Gillotière (la), seigneurie appartenant à Jean de Salmon, IIIᵉ du nom, p. 56.
Glatigny, ancien fief situé dans le vallon de la Braye, près de Savigny (Sarthe); siège d'une branche de la maison de Ronsart, p. 15, 45, 53, p. 89.
Gournay (Hugues III, seigneur de), p. 106.
Grange de Brehemont (la), fief situé dans la paroisse de Sainte-Geneviève de Maillé, p. 283. — Guionne de la Bonninière était dame du fief de la Grange, p. 101.
Grapperie (la), fief appartenant à Jehan de Fromentières, seigneur de Meslay, 100.
Guéret, patrie du poète Tourniol, p. 247.

Hanboilles, seigneurie possédée par la famille de Monceaux, p. 61.

Houdan, seigneurie possédée par la famille de Monceaux, p. 61.
Hongrie, pays d'origine des Ronsart, p. 12.
Houssaye (la), seigneurie possédée par la maison de Monceaux, p. 61.
Huchigny, manoir, commune de Coulommiers, p. 88.

Jaunaye, seigneurie appartenant à la famille de Rousselet, p. 82.
Javarière (la), seigneurie appartenant à Jean de Salmon IIIe, p. 56.
Jouy, seigneurie appartenant à la famille de Malherbe, p. 69.
Jumilhac, seigneurie, p. 36.

La Cour, métairie dépendant du fief de Glatigny, p. 54.
La Cour, manoir situé près Saint-Paul-le-Gaultier (Sarthe), p. 51, 95.
La Flotte, manoir féodal, ancienne demeure des Du Bellay, rebâtie par le marquis de la Rochebousseau, p. 74.
Lancé, village du Vendomois; l'abbaye de Marmoutier y avait un prieuré, p. 184.
Landes, seigneurie appartenant à Jean de Mellet, seigneur de Fretay, p. 55.
Langres en Champagne, patrie de Christoffe de Beaujeu, p. 202.
La Pardieu, seigneurie appartenant à la famille de Rousselet, p. 82.
La Roche-Turpin, château près de Couture (canton de Montoire). Il appartenait à Filhet de la Curée, p. 74.
Lavardin, Jehan Rouher, seigneur d'Authon, demeurait à Lavardin au XVIe siècle, p. 103.
Liencourt, seigneurie appartenant à la famille Malherbe, p. 69.
Lilli, en Normandie, seigneurie appartenant à la famille de Rousselet, p. 82.
Linoterie (la), seigneurie située dans la paroisse de Prunay (Bas-Vendômois), appartenait à la branche de Glatigny de la maison de Ronsart, p. 15, 56.
Loir, rivière, affluent de la Sarthe, passe au pied du domaine de la Poissonnière, p. 13, 74.
Limoges, patrie du poète Martial Monier, p. 223.
Limousin, la famille de Phélines dans ce pays, p. 55.

Lyon. — Le palais des Arts de cette ville possède un beau portrait de Ronsard du XVIe siècle, p. 124.

Maisons-Neuves (les), métairie dépendant du fief de Glatigny, p. 54.

Mans (le), Jehan de Ronsart était chanoine du Mans, p. 13. La Poissonnière était du diocèse du Mans, p. 13. Cette ville a été la résidence d'un grand nombre de membres de la famille de Ronsart, p. 17, 21 et *passim*.

Marçon, seigneurie appartenant à Jean de Salmon, 3e du nom, p. 56.

Martroy (place du), à Orléans, p. 64.

Marignan, Louis de Ronsart y accompagna sans doute François Ier, p. 23.

Martincourt, seigneurie possédée par la famille de Monceaux, p. 61, 308.

Maslouère (la), Guionne de la Bonninière était dame de la 4e partie de la Maslouère, p. 101.

Massard, seigneurie, p. 36.

Mazangé, en Vendômois, où fut baptisé Samuel II de Ronsart, prêtre, docteur en Sorbonne, p. 53.

Mazures (les), seigneurie appartenant à Jean de Salmon, 3e du nom, p. 56.

Meslay (église de), contient une tombe des Fromentières, p. 100.

Meudon, résidence de Rabelais, p. 209.

Minimes (Chapelle des), au Mans. Marguerite Le Bourdais, femme de Michel II de Ronsart, y fut ensevelie, p. 48.

Monceaux, seigneurie possédée par la famille de ce nom, p. 61.

Monchenou, fief situé dans la paroisse de Vancé, près Bessé, entre la Chapelle-Gaugain et Vancé (Sarthe), fut le siège d'une branche de la famille de Ronsart, p. 15, 67, 91.

Moncenis, en Bourgogne, patrie de Guillaume-des-Autels, p. 208.

Montrieux (Louis Rouget, seigneur de), paroisse de Naveil, p. 280.

Montargis (grand bailliage de), p. 64.

Montcinier, seigneurie appartenant à Jean de Salmon, IIIe du nom, p. 56.

Monthet en Quercy (Gascogne), patrie de Sorbin, p. 250.

Montumyer, terre et bois des environs de Bessé, p. 19.

Morfondus (rue des), ancien nom de la rue Neuve-Saint-Étienne-du-Mont, p. 95.
Moulin-Ronsart, moulin à farine, situé à Couture, p. 88.

Neustria pia, ouvrage cité, p. 107.
Neuve-Saint-Étienne-du-Mont (rue), à Paris. Ronsard y avait une maison, p. 95.
Nicolas (Chapelle de Saint), à la cathédrale du Mans. Jean de Ronsard, archidiacre de Laval, chanoine du Mans et curé de Bessé, y fut inhumé au XVIe siècle, p. 21.
Nogent-le-Rotrou, patrie de Remy Belleau, p. 203.

Orgères (les), seigneurie appartenant à Jean de Mellet, seigneur de Fretay, p. 55.
Orléans (généralité et bailliage d'), p. 63.

Palleteau, seigneurie appartenant aux Tascher de la Pagerie, p. 54.
Passais (Charles de Ronsart était abbé et archidiaire de), au XVIe siècle, p. 13, 36.
Pedraza della Sierra, bourg de la vieille Castille, à quelques lieues de Madrid, p. 26, 28.
Picherie, seigneurie appartenant aux Montmorency, p. 70.
Pins (les), près de La Flèche, patrie de Lazare de Baïf, p. 192.
Poissonnière (la) ou Possonnière, château seigneurial, situé dans la paroisse de Couture, Bas-Vendomois, berceau de la maison de Ronsart, p. 13, 16, 73 et *passim*.
Poncé, commune du canton de La Chartre, arrondissement de Saint-Calais, p. 57, 74.
Pont (le), métairie située près de Beaumont-la-Ronce, p. 103, 283, 293.
Portais (le), seigneurie appartenant à Claude de Ronsart de la Poissonnière, p. 266.
Puits de Fer (rue du), ancien nom de la rue Neuve-Saint-Etienne-du-Mont, p. 95.

Rastellerie (la), seigneurie appartenant à Claude de Ronsart de la Poissonnière, p. 266.
Rebets, seigneurie appartenant à la famille Malherbe, p. 69.
Riaudière (la), seigneurie appartenant à Philippe de Ronsart, p. 102 et 287.
Ribochère (la), manoir féodal près de Couture, p. 74.

Roches (Nicolas-Horace de Ronsart était seigneur des), p. 13. C'était un château situé à Poncé et qui donna son nom à une branche de la maison de Ronsart, p. 56, 64, 69.

Roches-l'évêque (châtellenie des), située près Montoire, p. 92.

Roche-d'Alais (la), seigneurie près de Beaumont-la-Ronce, appartenait à Martin Fumée, p. 61, 104. Prend au XVIe siècle le nom de la Roche-Menou, p. 104.

Roche-Turpin (la), ancien fief, p. 42, 74.

Roncière (la), seigneurie appartenant à Jean de Salmon, 3e du nom, p. 56.

Rouen (parlement et intendance de), p. 106.

Rouergue, pays d'origine de la famille d'Estaing, p. 84.

Roumanie (M. Ubicini explique l'origine du nom de Ronsart dans son introduction aux chants populaires de la) p. 11.

Roumigny (la fosse de), fief situé dans la commune de Bessé, p. 91.

Ruvel, château d'Auvergne où est né l'amiral d'Estaing, p. 84.

Saint-Amand, chef-lieu de canton de l'arrondissement de Vendôme, p. 59.

Savigny-sur-Braye, résidence de Jean de Bourbon, seigneur de Savigny et de Carency en Artois, au XVe siècle, p. 16 et 17.

Saint-Benoît, paroisse du Mans, où habitait Michel II de Ronsart, p. 47.

Saint-Calais, abbaye des Bénédictins fondée an VIe siècle par saint Carilef ou Calais, p. 14. — Jean III de Ronsart, abbé de Saint-Calais au XVe et XVIe siècle, p. 18. — Les moines de Saint-Calais massacrés par les Huguenots, p. 40. — Châtellenie de Saint-Calais, p. 90.

Saint-Cosme-lès-Tours, prieuré de l'Ordre de Saint-Augustin, situé dans une île près de Tours, p. 14, 37, 105. Pierre de Ronsard en était prieur commendataire, p. 14.

Saint-Denis de Corme, p. 50.

Saint-Gatien de Tours. Tibaut, chapelain de cette église, en 1545, p.

Saint-Georges-du-Bois, près Montoire en Vendomois, abbaye qui devint en 1075 un démembrement de St-Georges-de-Vendôme, p. 55.

Saint-Georges de Vendôme, collégiale du château, ses tombeaux, p. 133.
Saint-Gilles, prieuré situé à Montoire, p. 92.
Saint-Laurent, paroisse de Montoire, p. 57,
Saint-Léonard, chapelle contigüe à Saint-Lubin de Vendôme, p. 55.
Saint-Lubin de Vendôme. Gilles de Ronsart était curé de cette église, 55.
Saint-Maixent (Deux-Sèvres), p. 50.
Saint-Martin de Tours, monastère d'où partirent les chanoines de Saint-Cosme, p. 105, 106.
Saint-Nicolas, paroisse du Mans, p. 96.
Saint-Oustrille, quartier de Montoire, p. 92.
Saint-Paul-le-Gaultier, p. 50.
Saint-Rimay, commune du canton de Montoire, p. 56.
Saint-Sanxon, seigneurie possédée par la famille de Monceaux, p. 61.
Saint-Sauveur, chapelle de l'église des Augustins de Montoire, p. 266.
Saint-Vincent-de-Lorouer (Sarthe), p. 42.
Say, seigneurie possédée par la famille de Perray, p. 62.
Sougé (camp romain de), p. 74,

Ternay. Un seigneur de Ternay, appelé Macé, épouse Jeanne de Ronsart, vers 1500, p. 22.
Tholose, patrie de Claude Trelon, p. 246.
Thueil, métairie dépendant de Beaumont-la-Ronce, p. 99.
Tiron. Charles de Ronsart était abbé de Tyron de 1564 à 1575, p. 13, 36.
Tout-luy-Fault, métairie située près de Beaumont-la-Ronce, p. 283.
Tour-au-Bègue (la), seigneurie appartenant à la famille de Malherbe, p. 69.
Trehet, commune du canton de Montoire, p. 74.
Troô (tombelle de), p. 55, 74.
Tuandières (les), seigneurie appartenant à Jean de Salmon, IIIe du nom, p. 56.
Tuffé, prieuré du Maine, p. 14.
Tusson, ruisseau qui passe à la Chapelle-Gaugain, p. 89.

Vanssay ou Vancé (Sarthe), p. 91.
Vauboion, fief attenant à Fleurigny, p. 58, 279.
Vauchonay, métairie située près Beaumont-la-Ronce, p. 283.

Vaudoux (fief), seigneurie appartenant à Jean Salmon, IIIe du nom, p. 56.
Vaujour, seigneurie possédée par la famille de Houssaye, p. 62.
Verdunois, pays du poète Schelandre, p. 240.
Vezelai en Bourgogne, patrie de Nicolas Bargedé, p. 197.
Villacoublay, seigneurie possédée par la famille de Monceaux, p. 62.
Villaret, seigneurie, p. 36.
Villegager, seigneurie appartenant à Jean de Salmon IIIe, p. 36 et 56.
Villegaye, seigneurie, p. 36.
Villiersfaux en Vendomois, habitation de la famille de Phélines pendant plusieurs siècles, p. 54.
Vitry-le-Français, patrie du poète Le Besgue, p. 220.
Voulte (la) ou la Voûte, paroisse de Troô, p. 55.

TABLE DES MATIÈRES

CONTENUES DANS CET OUVRAGE.

	Pages
Introduction................................	5
Chapitre I. — Généalogie de la famille de Ronsart...........................	9
I. Branche de la Poissonnière.........	15
II. Branche de Glatigny.................	53
III. Branche de Beaumont-la-Ronce....	59
IV. Branche de Monchenou............	67
V. Branche des Bordes................	68
Chapitre II. — Propriétés seigneuriales possédées à diverses époques par la famille de Ronsart.................................	73
I. La Poissonnière.....................	73
II. Les Moulins Ronsard...............	88
III. Les Roches.......................	88
IV. Glatigny...........................	89
V. La Chapelle-Gaugain...............	89
VI. Monchenou........................	91
VII. La Fosse de Roumigny............	91
VIII. La Garlière......................	92
IX. Fleurigny.........................	92
X. Saint-Gilles........................	92
XI. Croixval..........................	94
XII. La Cour de Crann................	94
XIII. La Cour........................	95

XIV. Les Maisons de ville	95
XV. Beaumont-la-Ronce	97
XVI. Saint-Côme-lez-Tours	105
XVII. Bellozanne	106

Chapitre III. — Iconographie et souvenirs du poète Ronsard........................ 109

Chapitre IV. — Mélanges sur P. de Ronsard. 131

I. Epoque de la naissance de Ronsard.	131
II. Ronsard a-t-il été prêtre?	132
III. Conversion de Pierre de Ronsard..	142
IV. Remonstrance à Pierre de Ronsard.	148
V. Deuxiesme remonstrance à Pierre de Ronsard	172
VI. Epistre à la populace de Paris....	178
VII. *Ad Petrum Ronsardum*	180
VIII. *Ad Ronsardum*	180
IX. Passerat à Ronsard	181
X. Marguerite de France, duchesse de Savoie, recommande Ronsard à la reine-mère	182
Morceaux inédits de P. de Ronsard	183

Chapitre V. — Pierre de Ronsard, ses juges et ses imitateurs........................ 191

Chapitre VI. — Pièces justificatives......... 265

Errata et Appendices...................... 321

Table analytique des noms de personnes contenus dans ce volume.................. 325

Table analytique des noms de lieux contenus dans ce volume..................... 347

FIN.

Nogent-le-Rotrou, imprimerie de A. GOUVERNEUR.

www.ingramcontent.com/pod-product-compliance
Lightning Source LLC
Chambersburg PA
CBHW070859170426
43202CB00012B/2124